一帶一路研究叢刊

中國和約旦

的·故·事

劉寶萊 主編

絲路精神譜新篇
—— 寫在「我們和你們」叢書之中國和阿拉伯國家故事
系列圖書出版之際

中國同阿拉伯國家友誼源遠流長。
歷史上，陸上絲綢之路和海上香料之路
就已把中國和阿拉伯國家連在一起，甘
英、鄭和、伊本·白圖泰都是耳熟能詳
的友好使者。近代以來，特別是自萬隆
亞非會議之後，中國同阿拉伯國家承前
啟後開創了友好交往的新紀元。一九五六年至一九九〇年，中
國同全部二十二個阿拉伯國家建立外交關係。

中阿友好交往已經走過一個甲子。六十年來，無論國際和
地區風雲如何變幻，阿拉伯國家在中國外交版圖中始終占據重
要位置。中國堅定支持阿拉伯民族解放運動，堅定支持阿拉伯
國家捍衛國家主權和領土完整、爭取和維護民族權益、反對外
來干涉和侵略的鬥爭，堅定支持阿拉伯國家致力於實現和平穩
定、發展民族經濟、建設國家的事業。阿拉伯國家也在台灣等
涉及中國核心利益問題上給予中方長期有力支持。一九七一
年，十三個阿拉伯國家投票支持中國恢復聯合國席位，「兩阿
提案」永載史冊。迄今為止，中國同八個阿拉伯國家建有戰略
性關係。阿拉伯國家已成為中國第一大原油供應方和第七大貿
易夥伴，是中國最重要的工程承包和海外投資市場之一。

站在新的歷史起點上，習近平主席高屋建瓴地指出，中國
同阿拉伯國家是共建「一帶一路」的天然合作夥伴，雙方在各
自實現民族振興的道路上要結伴而行，共同弘揚和平合作、開

放包容、互學互鑑、互利共贏的絲路精神。習近平主席為中阿關係發展規劃的宏偉藍圖，貫穿了以發展促和平的深刻理念，體現了中國負責任的大國風範。

當前，儘管國際形勢經歷深刻變化，但堅定中阿友好始終是雙方的政治共識，中阿共建「一帶一路」成為新時期雙方發展關係的引領。中阿以能源合作為主軸，以基建、貿易投資便利化為兩翼，以核能、航天、新能源三大高新領域為突破口的合作格局進一步夯實；以「促進穩定、創新合作、產能對接、增進友好」為支撐的四大行動計畫正全面向前推進。

「我們和你們」叢書之中國和阿拉伯國家故事系列圖書就是共建中阿友好的一些親歷者們的講述，在他們筆下，中國同阿拉伯國家關係發展的一幕幕情景、一樁樁大事、一件件細節，溫暖、鮮活地呈現。書中一個個動人的故事，老一輩政治家的決斷，外交前輩的親歷，普通人的交往……中阿之間政治、經貿、軍事、人文等各領域友好合作發展的點滴，讓我們重溫先輩的開拓，感受歷史的厚重，寄望未來的輝煌。

歷史車輪滾滾向前，西亞北非地區必將翻開新的一頁。我們將繼續同阿拉伯國家世代友好、守望相助，為實現中華民族偉大復興的「中國夢」和阿拉伯國家人民過上安寧、幸福生活的美好願望而攜手而行。

謹以此序向為中阿友好事業作出貢獻的先輩、同事、朋友們致敬。

王毅

中華人民共和國外交部長

序
——
二

在約旦哈希姆王國和中華人民共和國建交四十週年之際，我謹致以最誠摯的祝賀和最美好的祝願，祝願兩個友好國家進一步發展、繁榮和進步。

約中關係是建立在相互尊重和共同合作的堅實基礎之上的。約旦支持「一個中國」原則，是最早支持「一帶一路」倡議的國家之一，也是中國倡議設立的亞洲基礎設施投資銀行的創始成員國。相應地，中國堅定支持約旦的穩定與安全，為約旦的發展項目提供支持，支持地區問題的解決，首先就是巴勒斯坦問題。

兩國關係在四十年間經歷了幾個發展階段：已故的侯賽因國王為其打下了基礎；真主護佑的尊敬的阿卜杜拉二世·本·侯賽因國王陛下在二〇一五年九月最近一次對華正式訪問中宣布將其提升為戰略夥伴關係，這反映出約旦領導人對加強與中國的友誼紐帶和開發對華合作的新的前景的高度重視，表明其充分意識到中國在地區和國際問題上所發揮的重要作用。

約旦哈希姆王國希望與中華人民共和國發展各個領域的關係，並認識到我們共同的努力和持續的合作將為深厚的友誼和持久發展的關係打開更廣闊的前景。

再次感謝你們給我這個機會用有限的語言來表達我們對中國懷有的無限敬意，以及我們對擴大與中國在各個層面合作的期待。

順致崇高的敬意！

艾曼·薩法迪

約旦外交與僑務大臣

目　錄

合作篇

友誼合作四十年，
「一帶一路」譜新篇

——寫在中約建交四十週年之際

潘偉芳

（中國駐約旦大使）

對多數中國人來說，約旦是一個遙遠而神祕的中東國度，令人神往。但對我而言，特別是來約履職一年多以後，我深深地感受到了約旦的美麗、親切和友好，猶如一杯香醇的紅酒，入口溫潤，回味無窮。

說到美麗，約旦雖然面積不大，但旅遊資源卻十分豐富，歷史、文化、宗教、古蹟、療養、探險等多種形式的旅遊吸引著世界各國遊客。遊客們可以在耶穌受洗之地接受約旦河水的洗禮，在佩特拉參觀鬼斧神工的玫瑰古城，在傑拉什欣賞雄偉壯觀的古羅馬遺跡，在死海體驗舉世無雙的漂浮和泥療，在亞喀巴享受紅海的陽光沙灘，在月亮谷感受大漠孤煙和星河蒼穹。碧海、藍天、黃沙、紅石成就了五彩斑斕、壯美秀麗的約旦，也賦予了這片土地主人豁達的胸襟。

講到親切，可能是因為同在亞洲、擁有相近的東方文明背景，約旦人民同中國人民一樣積極、樂

觀、有人情味兒，讓我覺得這裡毫不陌生。約旦人
民熱情似火，大方好客。有當地朋友告訴我，按照
傳統，一個陌生人可以在約旦當地人家中免費吃住

三天，主人要熱情招待還不能追問緣由。在約旦，到任何地方，好客的主人一定會用一杯香氣四溢的阿拉伯咖啡或是溫潤甜美的阿拉伯紅茶拉近與客人的距離。每每出席當地友人舉辦的各種家宴、婚禮，菜餚之豐盛，主人之好客，讓人流連忘返。我稍有推辭，他們就會說：「我們阿拉伯有句俗語：即使當你覺得吃飽了的時候，你一定還可以再吃四十口！」

　　再談友好。中約交往淵源已久，可以追溯到古絲綢之路時期。今天，約旦國家博物館中還展示著在馬弗拉克地區發現的雙峰駝岩石畫，生動記錄了

約旦國家博物館展示的在馬弗拉克地區發現的雙峰駝岩石畫。

約旦先民描繪的中國商隊中的雙峰駱駝形象（中東地區只有單峰駝），反映了古代絲路上中國與約旦的往來。進入現代，一九七七年，兩國建立大使級外交關係，雙邊關係由此進入嶄新的發展時期。作為中國人民的老朋友，已故的約旦侯賽因國王於一九八三年親自駕飛機訪華的故事在中約兩國家喻戶曉，傳為佳話。今天，漫步在約旦街頭，熱情的當地朋友幾乎人人都會主動用中文向我們問候「你好」，更令人深切感受到中約友誼枝繁葉茂、根深柢固。

二〇一七年是中約建交四十週年。四十年來，中約兩國在維護國家主權獨立和促進經濟、社會發展的道路上，攜手努力，風雨兼程，推動雙邊關係發展取得纍纍碩果。可以說，當前，兩國關係正處於歷史最好時期。

二〇一七年四月，作為慶祝建交四十週年活動的一部分，中國國務院副總理劉延東女士對約旦進

行了成功訪問，開展了一系列重要官方會見和人文
交流活動，並出席了使館舉辦的中約建交四十週年
座談會，在約旦社會各界產生了熱烈反響。座談會
上，劉副總理全面回顧了中約建交以來各領域取得
的豐碩成果，並總結出四點重要經驗：第一，中約
雙方始終堅持相互尊重、平等互利、互不干涉內
政，彼此信任，相互理解，支持對方的核心利益和
重大關切；第二，兩國領導人始終從戰略高度和長
遠角度看待和發展雙邊關係，把中約友好合作視為
兩國人民的寶貴財富；第三，兩國人民始終坦誠相
待、友好相處，中約友誼深深植根於兩國人民心
中，兩國關係基礎牢固；第四，雙方始終高度重視
以各種方式培養繼承和發展中約友誼的接班人，讓

年輕一代自覺承擔起傳承和弘揚中約友誼的歷史責任。

這四點經驗深刻揭示了雙方關係順利發展的重要內在因素，給予我們重要啟示。作為駐約旦大使，我深深感到，中約雙方需要很好地汲取這些寶貴經驗，順應形勢，抓住機遇，推動雙邊關係不斷邁上新台階。對此，我願談一些自己的體會和看法。

首先，要把夯實政治關係作為發展雙邊關係的基礎。四十年風雨歷程中，政治關係和和平共處五項原則始終是中約關係發展的基礎。中國一貫尊重約旦的主權和領土完整，堅定支持約方維護國家團結、社會穩定和促進經濟發展的努力，長期以來在力所能及的範圍內向約方提供了供水、公路、住房、醫院、體育場、城市安全監控系統等各類經濟援助，近年來也為幫助約方緩解接收敘利亞難民的壓力提供了多批緊急人道主義援助。不久前，我出席了由中國政府設計、援建的約旦魯薩伊法水網升級改造二期項目竣工啟用儀式。該工程總造價逾三百萬美元，能解決五十萬人的供水問題。我們也讚賞約方在台灣、涉藏、涉疆等問題上秉持「一個中國」原則。近十多年來，中約高層交往頻繁，阿卜杜拉二世國王八次訪華，中國領導人也多次訪約。二〇一五年九月，習近平主席同阿卜杜拉二世國王簽署聯合聲明，將雙邊關係提升至戰略夥伴關係水平。在聲明中，雙方再次強調在涉及對方核心利益的問題上相互支持。我認為，這是保障雙邊關係持

續、健康、穩定發展的前提和基礎，值得我們備加珍惜。

　　其次，要開闢一條互惠互利、務實高效的合作新路。四十年來，中約經貿關係快速發展，中國已成為約旦的第一大進口來源國和第二大貿易夥伴。二〇一六年，雙邊貿易額達三十一點七億美元，較一九八〇年增長了七十五倍。約旦地理位置優越，是連接亞、非、歐三大洲的交通中樞。儘管受地區動盪和金融危機影響，約旦經濟面臨較大困難，但約旦人民在阿卜杜拉二世國王領導下取得了來之不易的發展成就。走進剛剛落成不久的安曼阿布達裡新區，可以看到這裡高樓林立，生機盎然；在亞喀巴特區的 ayla 新區，滿眼別墅、遊艇，儼然一副「小迪拜」景象。作為約旦人民的朋友，我為約旦取得的進步感到欣慰。同時，我也深深地感到，同為發展中國家，中約兩國目前均面臨著發展經濟、促進就業、改善民生的重要任務，需要兩國結合各自特點，做好彼此發展戰略對接，努力開闢新的合作增長點。習近平主席提出「一帶一路」倡議，就是要帶動有關國家攜起手來，實現共同發展，這為中約關係的進一步發展提供了十分寶貴的機遇。在此背景下，中方願促進「一帶一路」倡議同約方的「二〇二五願景」規劃對接，幫助約方克服暫時經濟困難，解決貧困、失業等問題。約旦亟需外來投資和合作共建大型基礎設施項目。中國不少企業技術實力強，施工經驗豐富，在投融資方面有獨特優

二〇一七年五月八日，潘偉芳大使出席「中約建交四十週年雙邊關係研討會」。

勢，中國政府也鼓勵本國企業來約旦投資興業，這些均為兩國開展務實合作提供了現實可能。同時，中國實行社會主義市場經濟體制，在對外經貿投資合作中堅持按市場規律辦事，政府尊重企業的主體地位。我認為，在兩國企業加強溝通、形成合作意願和基本合作條件的基礎上，兩國政府根據實際情況加以支持，是雙方在大項目上開展務實合作的理想模式。

典型的例子是，經過充分的前期溝通，在兩國政府的支持下，阿塔拉特油頁岩發電站項目不久前已完成融資關閉，開啟了施工建設階段。眾所周知，約旦缺乏油氣資源，每年都要花費大量財政資金用於能源進口。但約旦境內遍布油頁岩，卻因各種原因始終得不到開發，十分可惜。此次中國成為

阿塔拉特項目的投資者、融資者和建設者，融資額約達十六億美元。該項目將有效幫助約方開發利用本國自有資源，顯著減少對進口能源的依賴，並提供數千個工作崗位。目前，中方企業還在跟蹤紅海至死海引水工程、核能、可再生能源、煉油廠、油氣管線等項目，應該講，中約雙方開展合作的前景廣闊，希望不斷有新的項目落地開花。

第三，要動員社會各界更廣泛地參與人文交流合作。「國之交在於民相親，民相親在於心相通」。中約雙方應投入更大的精力，推動文化、教育、旅遊、衛生、青年等領域的友好交流合作，築牢中約關係發展的社會基礎。近年來，「歡樂春節」「非遺展演」等中國文化展演在約舉辦，受到約旦人民越來越廣泛的重視和熱烈歡迎。兩國教育交流日益密切，中國政府和有關教育機構向約方提供的來華留學獎學金數量持續增長，約旦境內目前已有兩所孔子學院和八家院校教授中文。約旦是中國公民組團出境旅遊目的地國，近幾年，來約的中國遊客數量明顯增多。無論在首都安曼還是其他主要景區，經常能夠看到滿載中國遊客的大巴車。佩特拉一家高檔酒店的負責人曾高興地告訴我，目前該酒店近一半的客人來自中國。我們還欣喜地看到，雙方民間交往也更加活躍，致力於兩國友好事業的人士越來越多。約中友好協會、參眾兩院約中友好小組和其他來自兩國社會各界的友好機構和人士，都在努力共建中約民間友誼的橋樑。今年以來，我們圍繞

二〇一七年五月二十三日，潘偉芳大使在 TAG 孔子學院出席第 8 屆「長城—佩特拉杯」漢語比賽暨第十六屆「漢語橋」世界大學生中文比賽約旦賽區決賽頒獎儀式。

慶祝兩國建交四十週年舉辦了一系列活動，包括兩國領導人和外長互致賀電，接待劉延東副總理訪約，在安曼舉行建交招待會、媒體吹風會、中約關係研討會，邀請約中友協代表團訪華，接待中國貿促會率數十名中方企業家訪約等。我們已經並將繼續邀請約旦各界友好人士訪華，組織多個中方文藝團組來約展演。我們還正在推動在約旦建立中國文化中心和中約大學，相信它們建成後將成為兩國民間交流新的橋樑和紐帶，有助於加強兩國人民特別是青年人之間的人心相通。

歷史上，古老的絲綢之路將相距萬里的中約兩國人民聯繫在一起；而今，共建「一帶一路」、實現共同發展和繁榮的目標再次把我們緊緊相連。中約友好符合兩國人民的根本利益和共同願望，兩國務實合作潛力巨大，大有可為。讓我們站在建交四十週年的新起點上，登高望遠，腳踏實地，為實現中約關係更加美好的明天而攜手努力！

出使中國的美好記憶

葉海亞・卡拉萊

（約旦駐華大使）

「一下子，就去中國！」我心想。接著，幾十個問題不斷向我拋來，這些問題要麼我回答不了，要麼找不到人指點，哪怕能給一些提示好讓我心裡有個底。

當時，這並非我的追求、希望或夢想。我壓根沒有考慮過，或遠或近都沒有那個打算，但同時絕對不可能拒絕任命。就這樣，我在意外、惶恐不安、不知所措中過了好幾天。

幾天後，我平靜下來，內心的驚濤駭浪也停息了。我打算順其自然，就像平時遇到類似問題那樣。然而，到了出發的當晚，這種情緒再次向我襲來。跟母親的最後一次見面並不容易，絕不平常，如同突然颳起的風暴，幾天來內心的各種糾結都堆積在眼前：複雜的語言、有著無數典故的飲食、敏感的宗教信仰問題、無邊無際的距離，等等，沒完沒了的問題。

那不是我第一次坐飛機，卻是我第一次距離真正的危險如此之近：顛簸不斷的氣流把我們推向死亡的邊緣，讓人感覺存活的希望極其渺茫，剛開始

是頭痛，接著耳鳴，後來劇烈嘔吐。然而，最麻煩的就是想到自己還懸於天地之間，無能為力，便失去了所有希望和訴求，除了依靠至高無上的真主，只能把自己的性命交付給一種隱秘力量。

北京的街道人聲鼎沸，兩旁蔥綠的樹木枝葉繁茂，醉人的微風讓人特別安心，高樓大廈表明一個充滿希望的國家正在崛起，一張張臉龐、活躍的身姿和歡聲笑語，無不洋溢著幸福。

二〇〇〇年，我第一次被派往約旦哈希姆王國駐華大使館工作，由此結識了很多中國官員、普通百姓、企業家。我努力了解這個古老國度的風俗習慣。踏上中國大地的第一刻起，我便不由自主將在我們約旦和在中國這裡見到或經歷的所有場景、事件、處事態度進行比較。這是認識他人、認識自己，同時認識各國文化的一種自然、自發、合理的方式。

中國人樸實、平易近人，但語言不通又拉開了你與他們的距離。中國有些傳統習慣與阿拉伯存在某種相似，都屬於東方傳統；然而，雙方的思想文化源泉卻不同。是否符合伊斯蘭教法決定著我們約旦人的思維言行，而禮儀和邏輯決定了中國人的處事方式。

我所談到的這段時期，中國的改革開放剛剛二十年有餘，但已經撼動了社會各個方面，改變了諸多法規和觀念。數百萬家公司、機構、組織在大地上誕生，向四面八方生長，為當代中國崛起作貢

獻。數億貧困線以下的人口也徹底擺脫了貧困,過上了富裕的小康生活。幾十年前還被描述成多災多難之地,滿目瘡痍,遍地貧困、飢餓、病痛的國度,如今被公認為商人、實業家和學生嚮往之邦。不過,經濟開放也帶來了一些負面現象,有些人拋開了數千年根深柢固的傳統和觀念。或許,其中最突出的就是家庭忠誠度降低、女性衣著脫離社會傳統以及結婚方式的變化等。

在約旦駐華大使館工作不到五年,我告別中國前往巴勒斯坦,在那裡擔任了五年多大使。此後,我回到安曼,在外交部阿拉伯中東局擔任局長。不久,我再次來到北京,從二〇一二年五月起擔任駐華大使。

我生性並不愛好旅行,尤其是長途旅行。不

葉海亞·卡拉萊大使
出席活動致辭。

過，這次的心情與第一次前往中國時完全不一樣了，或許因為早年在中國的記憶起了作用，或許因為個人喜歡時空與職位不時有所變化，或許還有其他因素。重要的是，我再次回到了北京。北京已不再是五年前的北京，城市已經向所有方向延伸輻射，高樓大廈直衝雲霄，數百座綠色花園和寬廣的休閒地分布在市中心，寬闊的大街、玻璃幕牆、具有設計感的建築、各式汽車、公交車等幾乎全部跟過去不一樣了。

短短幾年間，北京的一切都有這樣或那樣的變化，只有使館大門、辦公室以及裡面的一切還是原來的模樣，彷彿我不過離開了短短幾天。

阿拉伯各國駐華大使紛紛打電話或前來使館祝賀我上任。隨後，我們在各種節慶之際不斷進行個人、集體、正式以及非正式的會面。通常我們每週見一次面，在不涉及各自隱私、有基本共識的前提下，就各國關切、國家願景、阿拉伯民族期盼等交換意見。

初到使館，我便明顯感覺到新工作與二〇〇〇至二〇〇五年的工作在性質、強度與層次上的不同。在北京和中國其他城市的約旦僑民數量有了大幅度增長，分布在各行各業；約旦學生人數翻了一番，所攻專業不斷增加，各種關切越來越多。同時，我們與中國官員的聯繫會面更加密切、深化，這反映了雙方關係發展水平、經濟文化交流的規模和彼此理解、協調、合作的程度。

最初幾週裡，我便深刻感受到中國在國際舞台上的新地位。起初，我從新聞報導和各種數據、研究成果中感受到這一點。後來，在與中國官員們正式會面後，從中國領導人與其他各國元首互訪的水平和成效中，我切實體會到這一點。探索太空項目、軍備製造，以及中國在中東和其他地區建造的煉油廠、鐵路線、基礎設施等展示出的高水平、高效率，更讓我肯定了這一點。

中國人十分欽佩約旦已故的侯賽因·本·塔拉勒國王（願真主保佑他），把他看作親民的典範。很多中國人提到他，就會想起他親自開飛機從安曼飛到北京，精神抖擻地走出機艙的場景。同時，中國人也讚賞老國王執政時期約中關係的發展。

中國人認為，阿卜杜拉二世·本·侯賽因國王的偉大集中體現在他的活力和效率上，尤其是他親自選定兩國合作項目，直接指導各項協議治談和督促協議實施，關心工作細節。中國人把阿卜杜拉二世國王看作高效成熟治國的年輕領導典範，欽佩他縱橫捭闔，達到各種協調平衡。

中國人都知道阿卜杜拉二世國王是訪華次數最多的阿拉伯領導人。他多次以個人名義出席中阿博覽會，與中國官員就雙邊關係和其他各種問題交換意見。國王陛下二〇一三年參觀了中阿博覽會。二〇一五年中阿博覽會期間，作為主賓國元首，國王出席了在寧夏銀川市舉行的開幕式，這強有力地推動了雙方關係發展，為它注入了新鮮血液和嶄新的

希望。

　　這次訪華期間，即博覽會開幕前兩天，阿卜杜拉二世國王對中國進行了國事訪問，在北京與中國國家主席習近平、國務院總理李克強及多位中國領導人會面，簽署了將雙邊關係提升到戰略合作夥伴關係的協議，並簽署了在約旦合建中約大學的協議。

　　同樣，國王陛下也高度關注當代中國崛起的進程及其獨具特色的科學發展。他向約旦相關官員下達指示，要重視、關注、學習中國在相關領域的成果。為此，國王陛下參觀了位於北京和上海的多家公司，了解中國的重要創新。

　　近年來，很多中國人來到約旦駐華大使館申請辦理約旦簽證。為了進一步了解約旦的自然資源，很多中國大型企業與約旦公司建立了直接關係。幾年來，中國多個領域的多項產業已經在約旦投產。最近的代表性項目就是斥資二十一億美元的約旦油

頁岩發電項目，中國人作為合作夥伴和投資人參與其中。同時，約旦國內也在進行鐵路建設的研究，我們期待中國企業在這一領域和其他領域都發揮重大作用。中國公司有經驗、效率高，在這一領域有著良好的聲譽。

過去幾年，約旦哈希姆王國駐華大使館通過各種渠道對促進兩國關係發展發揮了引領作用，包括與公司企業、大學、研究中心互動，向企業家和投資者敞開大門，提供圖書、刊物和各類統計數據，舉行高級別投資論壇和會議等。

客觀地說，兩國關係並非停留在官方層面，或者侷限在公司企業間，很多約旦人都實現了個人人生的成功，獲得了跟一些創業公司類似的成就。讓我感到驕傲的時刻之一就是中國國家主席習近平在北京會見阿拉伯各國外交部長時提到了約旦青年穆罕奈德・沙勒比，他剛到中國時生活條件很艱苦，後來創辦了一家阿拉伯餐廳，還與一位中國姑娘喜結連理，取得了巨大成功。習主席這番話的重要性在於，他指出穆罕奈德只是數百名在華約旦人的一個代表，他們融入中國社會，與當地人共同為建設繁榮、多元、全面、包容、寬容的社會作出貢獻，收穫成功，實現目標，過上了穩定富足的生活。

這本書在紀念約中兩國建交四十週年之際出版，慶祝這一關係的成功和發展。約中兩國關係建立在健康、積極、向上的氛圍裡，符合雙方訴求，與時俱進，在平穩順利、高度透明、彼此信任的環

境中得到不斷發展，雙方在國際政治事務中加強磋商和協調合作。幾十年友好且富有成果的交往，雙方互相尊重、互惠互利，使約中關係成為全世界外交的榜樣。

近年來，兩國在推動雙方經濟發展戰略倡議方面保持了強勁勢頭，並取得了重大成功。未來，雙方在互惠互利基礎上，將實現更多溝通與合作。可以證明這一點的是，雙方已取得的成功為兩國人民帶來了福祉，創造了就業機會，並推動兩國實現更多成功。隨著形勢不斷變化，兩國對彼此的需求與日俱增。約旦非常重視中國，中國這位值得信賴的朋友一直支持我們阿拉伯的正義事業，首先是巴勒斯坦問題。同時，約旦認為中國在以高水平技術轉移、通信、能源、醫療、機械等為代表的領域蘊藏著可以投資合作的巨大機遇，尤其在兩國領導人就國際事務加強溝通協調，成功推動雙邊貿易加速發展，加強文化、教育、旅遊領域合作之後。如今的中國是世界經濟發展最強勁的國家之一，是世界第二大經濟體，其重要性不斷提升，就像她的歷史地位一樣。中國文化是一種古老、包容、尊重他人的文化，這一文化讓人感受到人性和尊嚴，這是社會穩定、發展成功、建設社會公平的必要條件。

約旦對於中國也十分重要。憑藉獨特的地理位置、開明的領導、良好的政策，約旦維護了國家主權和領土完整，挖掘了各種潛力。它在歷史的關鍵轉折點，在席捲本地區多國的嚴重危機面前屹立不

倒，頑強不屈，是一個可靠可信的國家，成為一方穩定的投資之地、值得信任的真正夥伴。同時，約旦也為化解地區衝突、實現和平發揮了重要作用。

中國信仰伊斯蘭教的民族有地位、有影響。許多中國穆斯林在商貿、農業、服務業等領域工作，他們有著自己獨特的傳統習慣，擁有自身堅持的飲食習俗和藝術，擁有進行禱告、舉行儀式的清真寺。他們是中國社會和文化的組成部分，為自己的身分感到自豪，為中國崛起作貢獻，珍惜中國的團結、民族性和凝聚力。這樣，所有人都能收穫團結帶來的成果，享受安全的福祉，而你在世界其他地方都難以找到類似的國家。因此，一方面，中國社會有著多民族共存的氛圍；另一方面，思想豐富和文化多元化得以實現。或許，在一片像中國這樣廣袤的土地上，真正的團結、融合、全面和諧，正是實現民族崛起與國家繁榮的原因之一。

中國國務委員楊潔篪會見約旦駐華大使葉海亞・卡拉萊。

中國各級政府機構都有穆斯林工作人員，代表穆斯林反映特別訴求。近年來，中國政府加緊建設重大項目，發展基礎設施，包括在穆斯林聚居區修建鐵路。同時，中國穆斯林聚居區得到特別重視，在「一帶一路」建設中迎接美好的明天。

「一帶一路」是一項恢宏的經濟和戰略項目，是由中國國家主席習近平在上任之初提出的。他遍訪世界各國，介紹這一倡議，闡釋一系列即將改變沿線地區的規劃、目標和機制，其積極影響延伸到全世界，尤其是中國和阿拉伯地區。

很顯然，阿拉伯人對這一倡議的認同並積極參與、努力推動是其成功的必要條件。該倡議在阿拉伯地區的落地，對於阿拉伯人的發展、復興和子孫後代都十分重要。而約旦正處於我們所談到的地區核心位置，是政治穩定、經濟發展的標竿，對阿拉伯地區和國際社會的影響力不斷提升。約旦極有潛力從這一倡議中的諸多項目、今後中國帶來的機會中獲益。

約旦對中國領導人、政府和人民有極大的信心，它是亞洲基礎設施投資銀行的創始成員國之一，希望在世界各地投資大型項目。

二〇一六年，中國政府發布《中國對阿拉伯國家政策文件》，充分體現了友好與忠誠，發出了如朋友、如兄弟般相互對待的倡議，在阿拉伯民族兒女的心中扎根。或許，部分阿拉伯國家近些年遭遇的悲劇和流血衝突妨礙了投資保障。這一文件進一

步夯實了阿拉伯國家與中國的關係，因此得到阿拉伯官方和民間的歡迎、讚賞和好評。終有一天，這份文件會得到積極貫徹，將其中所含的崇高理念轉化成切實行動舉措，造福雙方。

無疑，我在中國度過的這幾年將留下永恆的、難以忘懷的美好回憶。回憶裡既有在各種場合見過的諸多中國官方和民間人士的名字，更裝滿了在各大部委、高校的外交和學術會議的場景，以及我在展覽、論壇、會議、旅遊等場合親眼所見的點滴。

就個人經歷而言，我與子女、家庭成員在這個美好國度的時光占據了我記憶的大部分：有一個兒子在中國的大學求學、畢業；第二個兒子娶了一位中國姑娘，生育了三個孩子。同時，這個國度也見證了我與約旦以及其他阿拉伯國家官員建立起日漸深厚的兄弟情誼。

無疑，我愛這個友好的國度，由於生活於此，我認識了很多新鮮事物，了解到中國在政治、哲學、思想、文化等領域的驚人成就。如果這些年沒在這個國家生活，我就沒有機會在此駐足，仔細觀察她。

我在中國一些高校內外作的多次講座、在不同場合發表的很多講話，得到了大學教授們的讚賞，其中一些內容被編入這些高校的年鑑。北京語言大學為了表彰我為其活動所作的貢獻，於二〇一六年十二月底為我頒發了榮譽教授聘書，還聘請我擔任該校阿拉伯研究中心理事會的理事。寧夏大學二〇

一五年聘請我為客座教授，以表彰我在該校所作的多次講座和在不同活動上發表講話。

我切身了解了幾千年來形成的中國個性，了解了中國人靈巧的雙手。讓我驚訝並認為屬於中國特色的是，中國不像其他一些國家，她的發展、建設和現代化並非僅侷限於首都。你可以在中國其他城市體會到與北京相當或更勝一籌的發展、繁榮與進步。

當然，我也不會忘記提到中國社會的安全問題。當你在居民住宅小區、地鐵站、火車站、大街小巷，或進入企業、學校、大樓的入口；從一個城市到另一個城市，乘坐公共交通工具，進行行李查驗時，會發現到處都有嚴格認真的預防措施，依法執行，以確保安全，減少衝突和糾紛。我完全相信，這些措施的有效實行很大程度上得益於中國人的淳樸、遵紀守法、尊重規範。

在中國工作生活期間建立和發展的關係、在推動約中和阿中關係發展領域所取得的成就，將永遠留在我的心中，讓我一生引以為豪。中國歷任和現任領導人對於已故的侯賽因‧本‧塔拉勒國王（願真主保佑他）、阿卜杜拉二世‧本‧侯賽因國王陛下（願真主讓他長壽）的印象以及在各種場合表示的讚賞，對於我們、對於政府官員、對於有幸在外代表國家的約旦外交官們而言，將是指引其前進的永恆燈塔。

在這短短的文章裡，我用墨水記錄下了我對一

個文明古國的友愛和喜歡，我熱愛她的土地、人民和文化。我希望能有幸看到她與我的祖國約旦哈希姆王國關係不斷發展提升，在兩國領導人的英明領導下為雙方人民帶來福祉。願兩國繼續保持這樣強勁發展的勢頭，夯實傳統友誼、戰略關係、長久合作、深厚理解、磋商協調，攜手共建「一帶一路」。

阿中關係史上的赤誠之心

賈邁勒・達穆爾博士
（約中友好協會主席）

　　談到中國與阿拉伯世界的關係，人們總是興致盎然。許多人熱情地致力於對這一歷史進行研究，長期關注雙方源遠流長的關係及其在兩千多年中凝結成的文明概念。

　　遊歷是一項古老的人類活動，其形式和要求受多種因素的影響，隨著時間和物質條件而變化。從久遠的過去，到被稱為知識時代的現在，遊歷與尋找他者都是各民族共同的法則，並不侷限於某個民族或某個國家。中國從國家出現起直到現在，都是一個完整的國家，它對人類作出的貢獻難以言表。我認為，中國的貢獻是絕對的，任何研究者或歷史學家都無法概括中國從蒼茫的古代直到日新月異的當代對人類作出的貢獻。

　　這篇隨筆，靈感源自我童年的記憶和一些歷史片段，我無法將其向中國的天空和大地傾訴。記憶是美好的，它沉澱了童年的回憶。我出生在約旦的農村，當時的學校教學條件十分簡陋，可是對於一年級的孩子來說意義非凡。我們當時學習了字母，從而認識了自然界與每個字母相關的東西，無論是

有生命的或者沒有生命的。不過，故事還要從數字說起。一天，老師帶著一塊裝有金屬條和彩色珠子的木板走進課堂，於是我們好奇地發問。他說那是中國算盤，我們要用它來學習加減法的計算。這東西是從哪兒來的？老師告訴我們，它是中國製造的，在數學課上用來寫字的鉛筆也是中國製造的，用來書寫的紙張也是首先由中國人發明的。於是，「中國」這個名字深深印在了我的腦海裡。從學校一回家，父親喊全家聚在一起，端出了盤子，「別忘了喝一壺中國茶」。「中國」這個詞在我的腦海中更加揮之不去。這時母親告訴我們，鄰居家女兒要出嫁了，新郎送給她一大包中國絲綢。母親給我們描述了絲綢上精美的圖案。有朋友遠道而來時，父親用中國製造的杯子盛上阿拉伯咖啡款待尊貴的客人。「中國」一詞跟我們的生產、教學、學科工具聯繫在一起，從算盤、鉛筆到紙張，再到家居用品和新娘身著的漂亮的絲綢衣服。在學校裡，校長時常教導我們知識、學習、求知的重要性。他告訴我們的先知穆罕默德曾論述過的關於求知與知識的話在我們耳邊重複著：「知識，雖遠在中國，亦當求之。」還有關於知識與道德的一行詩：「中國是知識、思想、道德和創造的家園。」——這幾方面相輔相成。偉大的中國，多麼美麗！從孩提時代起，你就在我們的腦海中扎根，你是一個無限奉獻的國度，在歷史的長河中為人類播撒幸福和歡樂。

我們阿拉伯的祖先們對了解中國充滿了熱情

（尤其是對於她的各種偉大發明），距今兩千年前就通過海陸抵達了中國，由此開始了交流知識、互利互益的故事，建立了合作的橋樑。一個中文名為「陳綸」的敘利亞商人西元二二六年從大馬士革出發，通過陸路前往中國，當時的東吳太祖孫權接見了他。他了解到，皇帝重視地理、希望了解世界其他民族的各個方面。皇帝讓他介紹阿拉伯國家的情況，那兒的人們關注什麼、使用什麼樣的生產工具、有些什麼產業，農業手工業如何。皇帝想通過這些信息使得自己國家獲益，還問到了商人的祖國與外部世界的關係、阿拉伯世界與拜占庭在哪些領域有合作等。因為當時的大馬士革以棉花和羊毛產業而聞名，於是商人聊起了相關的生產工具，他發現中國人十分擅長養蠶取絲，編織各種精美的絲織品。自古以來，中國發達的絲綢業吸引世界各國商人不辭辛勞，沿著一條以這種珍貴暢銷製品命名的道路來到中國，來尋求它。陸上絲綢之路穿越中亞，抵達巴格達附近的提希努，將中國張掖與伊拉克、敘利亞、埃及聯結起來。而「海上絲綢之路」或者說「香料之路」則是後來才出現的，是第二條將中國與阿拉伯世界連接在一起的路線，從中國沿海城市起始，包括廣州、泉州、揚州、杭州和明州，通過馬六甲海峽、霍爾木茲海峽，向北折向巴士拉和巴格達，另一條分支從霍爾木茲海峽起始，向西穿過今阿曼蘇哈爾市、也門亞丁市，沿著紅海海岸北上抵達敘利亞、埃及，從而揭開了中國與阿

拉伯世界交流史的首頁。航海帶動阿中雙方在製造
船隻與航海用具方面進行交流，成為科技知識交流
的重要轉折點，雙方互相學習，在改進海運方面實
現了質的飛躍。阿拉伯人當時主要使用棕櫚葉製成
的繩索來固定甲板，而中國人則使用鐵釘來固定木
製甲板，這樣雙方都吸取了對方的長處。特別是在
航海用具上，阿拉伯人開始使用羅盤，在觀察星
象、海陸活動中識別方向。航海不僅促進了貿易往
來，也帶動了知識、文化和實踐經驗交流，雙方關
係不斷密切，一些穆斯林統治者開始派使團訪問中
國。伊斯蘭國家建立之初，第三位哈里發奧斯曼‧
本‧阿凡就在中國唐朝時（651年）派使者前往中
國，後來的哈里發又在唐永徽六年（655年）再次
派使者前往。據史料記載，從哈里發奧斯曼‧本‧
阿凡起一直到伍麥葉王朝，阿拉伯國家共往中國唐
朝派去了三十七個使團，當時的中國人將他們稱為
「白衣大食」。開元九年（721年），中國皇帝冊封
伍麥葉王朝的一個使者為「禁軍左統領」，還賜給
他一件紫色鑲金長袍──這是外國元首才能享有的
至高榮譽。天寶十二年（753年），二十五名黑衣
大食（阿拔斯王朝）人來到中國，當時的皇帝給他
們賞賜了鑲金腰帶的紫色長袍。從那時起，中國與
阿拉伯世界的貿易、文化、政治關係就綿延不斷，
這一合作達到高潮的標誌是西元七九三年在巴格達
建立了第一座造紙廠，於是紙取代獸皮成為當地人
的書寫工具。造紙業在巴格達引發了巨大改變，極

大促進了思想知識的傳播，學校不斷增多。至今，巴格達還有許多市場叫「紙商市場」，就是因為造紙業在巴格達曾經十分興盛。阿拔斯王朝哈里發艾布·賈法爾·曼蘇爾與唐肅宗締結了深厚友誼；這一友誼得到傳承，在哈里發拉希德時期，兩國建立了阿中同盟。有關這一阿中同盟，歷史學家約瑟夫·尼德漢姆談到：阿拉伯人學到了中國生產和使用火藥的技術，中國與阿拉伯世界南部尤其是阿曼蘇丹國之間的航海不斷發展。廣東舊時被阿拉伯人稱作「漢古」，是阿拉伯國家與中國貿易往來的中心。歷史學家斯拉夫描繪道，那裡有「停滿船隻的繁華港口，阿拉伯人和中國人做生意的匯聚地」；歷史學家穆魯茲形容它是「偉大的港口」。中國政府當時制定了特殊的貿易政策，斯拉夫描述過其中一方面，即當時的法規對於海員和商人來說十分公正，中國有專門的官員監督海洋貿易，登記所有商人的名字、貨物數量，還檢查帳目和商品質量，禁止某些種類商品的貿易——那是在西元九七一年。

中國與阿拉伯世界之間關係的這一光輝歷史從未產生利益衝突。絲綢之路和萬隆會議將中國人民與阿拉伯人民團結在一起，中國曾進行百萬人的大遊行抗議（英、法、以）三國侵略蘇伊士運河。新中國在國際關係中採取了新模式，即注重三大因素：發展、和平、合作。同時，中國在確保穩定的前提下，推行漸進式改革，避免國家和社會發生突變或向西方世界敞開大門帶來的風險。約旦的戰略

願景與中國的方向一致，兩國領導層互訪不斷，兩國貿易量持續增長，從而推動了中國國家主席習近平二〇一三年提出的「一帶一路」倡議的實施。這一倡議已成為中國內政外交的重要動力，得到近七十個沿線國家的響應，為首的有包括約旦在內的中東國家。阿卜杜拉二世國王陛下訪華期間表示，期望加深戰略關係，使得約旦能從中國計畫在全球實施的重大項目中受益，尤其是與規劃中的公路鐵路航空網絡、輸油管線覆蓋的那些國家一併實施的項目。中國建設全球經濟新體系的願景包括大約二千多個項目。約旦作為一個中東國家，具有戰略位置優勢，是通往歐洲和地中海北部的主要通道之一。二〇一七年四月一日在開羅召開的「一帶一路」工商協會聯盟首屆研討會──「一帶一路」中埃商務論壇致力於加強落實阿拉伯世界與中國之間合作的重大項目。在我們慶祝約旦與中國建交四十週年之際，約中雙邊關係在各層面都取得發展，在實施重大項目、中國企業投資約旦等方面簽署了一系列協議，涵蓋能源、礦產資源、鐵路等領域。此外，中國將與約旦共建中約大學，在亞喀巴建工業城，加強對電力、頁岩油開採、開發替代能源等的投資。二〇一六年雙方貿易額達到三十六億美元，中國占據順差地位，這將刺激我們兩國之間進一步增加投資，加強貿易、文化、軍事合作。

　　阿拉伯世界與中國之間的歷史和貿易關係是一個綿長、深沉、豐富的故事，其中包羅了人類文

明、貿易、科學知識和宗教文化的交流。我們從孩提時代起就接觸到這些，它在幾十年的歲月沉澱後仍植根在我們的頭腦中。光陰荏苒，我們依然保持著心靈的純淨，繼續行走在愛的道路上。兩千年前，阿拉伯民族和中華民族的祖先們就為我們鋪就了溝通的道路；今天，我們將繼續搭建溝通的橋樑，北京將永遠是阿拉伯首都的兄弟。安曼樹膠散發出的馥郁芳香將永遠瀰漫在中國水手們的房間，他們曾經受到熱情歡迎，得到溫暖關懷。中國的機器設備運達阿拉伯國家的港口，然後一路高歌，奏出最美妙的旋律。而中國製造的算盤和鉛筆永遠留在我的記憶中，在我之後，我的孩子們將繼續講述這個故事——熱愛一個國家的故事，這個國家我們未曾去居住過，但它一直住在我們心裡。中國有幾千年的文明，有富饒的土地、善良高尚的人民和英明的領導者。阿拉伯人的心裡承載著對你的熱愛與忠誠！海陸絲綢之路將見證這種文明的交流與合作不斷發展壯大，這一切都是為了讓全人類過上體面的生活，遠離暴力和極端主義，讓這條道路成為人類穩定、發展、合作的生命動脈。

約旦侯賽因公園中的「中國園」

羅興武　董　竹

（中國前駐約旦大使和夫人）

　　在約旦首都安曼市西區的哈希姆山麓，有一座侯賽因公園。它是現任國王阿卜杜拉二世為紀念其父、已故國王侯賽因而命名的。公園順山勢而建，呈圓形。道路在山丘間盤繞，園中樹木蔥蘢，花草繁盛，景色宜人。最高處有氣勢恢宏的侯賽因清真寺和兩座高聳入雲的宣禮塔，下一層是侯賽因汽車博物館和侯賽因國王曾駕駛過的飛機。再下一層是音樂噴泉和運動場。在兩層之間的綠地上，坐落著一片十分醒目的建築，那就是侯賽因公園中的「中國園」。

珍貴禮物，北京贈送

　　侯賽因公園中的「中國園」，是北京市為慶祝中約建交二十五週年而捐贈給大安曼市的一座中國古典園林景觀，占地面積二千五百平方米，由北京市園林古建築公司負責規劃和設計。為美化園林，中國政府還向安曼市捐贈了四百五十棵圓柏樹苗。二〇〇一年一月十四日，時任中國國家副主席胡錦

「中國園」入口處

濤訪問約旦時，同安曼市市長哈迪德一起出席了在侯賽因公園舉行的捐建「中國園」奠基儀式，兩人共同為這一景觀鏟土奠基。黃色的奠基石上，「北京市人民政府立」幾個鮮紅的大字格外耀眼奪目。隨後，兩人分別種植了象徵中約友誼萬古長青的圓柏樹，還發表了熱情洋溢的講話，共贊中約友誼。

哈迪德市長在致辭中說，中國與約旦雖相隔萬里，但中國的悠久歷史和古老文明早已為約旦人民所熟知。他堅信，約中兩國關係將會像圓柏樹一樣，茁壯成長，繁盛茂密，永遠成為中國人民和約旦人民之間文明交融的標誌。此後，經過雙方近兩年的共同努力，二〇〇二年十月十五日，「中國園」順利落成。它集中國園林藝術、造型藝術、建築藝術和繪畫藝術於一體，別具一格，引人入勝。進入

阿拉伯文化氛圍中的這一獨特新穎的中國古典園林，令人感覺彷彿置身於中國皇家園林之中。

古典園林，美輪美奐

　　進入「中國園」，首先映入人們眼簾的是漢白玉龍柱。它是中華民族特有的標誌性建築——「擎天柱」，它莊嚴秀美，氣勢非凡。龍柱上雕刻著盤龍和祥云，栩栩如生。龍是中華民族的象徵，是人們崇拜的圖騰；祥云代表著吉祥如意，萬事順遂。龍騰直飛云端，寓意繁榮昌盛、國泰民安、五穀豐

登，蘊藏著「金龍攀玉柱」的典故。四周的圍欄也是用漢白玉做成的，地上鋪著白色的大理石，乾淨潔白。地上的白色襯以天上的藍天白雲，交相輝映，真是景中有景，園林之大境也。「中國園」中，假山奇石嶙峋，小橋精美。

在漢白玉石橋的一側，人們會把目光投向日晷，它是中國古代普遍使用的計時儀，利用太陽折射的影子測定時辰，在七彩日光的映襯下，恰似今天羅馬字母的美麗表盤，也有人稱之為「赤道經緯儀」。日晷是由銅製的指針和石製的圓盤組成的。銅製的指針垂直地穿過圓盤中心，石製的圓盤安放在石台上，南高北低，使表面平行於赤道面。根據中國古代計時法，表面上刻有十二個大格，每個大格代表兩個小時，通過指針在圓盤上各個時刻的不

同投影顯示時間。日復一日，年復一年，它像徵著中國悠久的歷史。漢白玉的日晷廣泛應用於皇家園林的建築景觀，蘊含著「行勝於言」「一寸光陰一寸金」「惜時如金」「時不我待」之意。

「中國園」中的長春亭為金黃色的皇家六角亭建築，磚木結構，六角飛簷，形似巨傘，可供遊人在這裡小憩，為遊客遮風擋雨。由許多拱形條紋組成的尖頂，用六根紅色的柱子支撐，在陽光的折射下，金黃色的琉璃瓦射出耀眼的光芒。園中的小道曲徑通幽，地上綠草如茵，樹木蒼翠，從中國運來的四百多棵圓柏樹連成一片，十分壯觀。樹冠呈塔形，傲寒斗雪，耐旱不朽，堅毅挺拔。圓柏樹芳香四溢，具有清熱解毒、燥濕殺蟲、緩解抑鬱、穩定情緒的功效。它是百木之首，常年蔥綠，是十分珍貴的「國之瑰寶」，寓意「江山永固，萬代千秋」。這些圓柏樹經約旦園藝專家精心培育，已適應這裡的土壤和氣候，並深深地扎根在約旦的土地上，茁壯成長，枝繁葉茂。侯賽因公園中的「中國園」是一首無形的讚美詩，是一幅有形的風景畫，正是：秋天如鏡空，亭台盡玲瓏；水暗余霞時，山明落照中；鳥行看漸遠，柏韻聽東涌；今日登臨意，多歡笑語同。

中約情深，友誼象徵

侯賽因公園「中國園」是安曼的一道靚麗的風

景線。它小巧精緻，典雅美觀，卻又顯出了廣闊的空間，給人以無限的遐思，真有「三五步，行通天下；六七人，雄會萬師」的感覺。「中國園」是古老的中華文化和阿拉伯文化相互交融的典範，是中華人民共和國和約旦哈希姆王國友好的象徵，是海外華夏兒女睹物思鄉的地方，是年輕的情侶們最青睞的去處，也是人與大自然的完美結合。每逢節假日，許多約旦朋友攜家帶口，遊覽「中國園」。在這裡，老人們互致問候，親切交談；年輕人山南海北，談笑風生；孩子們奔跑玩耍，追逐嬉戲，呈現出和諧歡樂的氣氛。圓柏樹散發出芳香的氣味，對人們的健康十分有益。一些國家開展森林療法，就是讓人們到柏樹林中去。「中國園」中的柏樹林，正是人們進行森林療法的最好去處。清晨，百鳥爭鳴，小松鼠在草地上跳躍，處處可見良好的生態。不少市民在圓柏樹林中散步，呼吸新鮮空氣，進行有氧運動，強身健體，延年益壽。侯賽因公園「中國園」，猶如中國紹興的沈園，吸引著許多約旦青年來此談情說愛。黃昏時，一對對戀人倚靠在長春亭的紅木柱旁或坐在長凳上，相識相愛，訴說衷腸，真是一幅「芳草有情，斜陽無雨，雁橫南浦，人倚西樓」的美景。約旦孔子學院的學生也常利用閒暇時間來「中國園」，他們不單是觀賞風景，更重要的是學習和了解中國古典園林的深刻內涵。當他們得知日晷在中國已有近三千年歷史，並於十七世紀前傳入歐洲，龍柱上的雕刻早在中國東

漢時期就已出現，距今已有近兩千年的歷史時，無不對中國燦爛的文化和古老的文明肅然起敬，讚嘆中國古人的聰明智慧和才幹；他們表示一定要學好中文，做促進約中文化交流的友好使者。在約旦生活的華人華僑，經常帶著親人遊覽「中國園」，他們觸景生情，並動情地說，「中國園」讓他們找回了兒時的記憶，也找回了中國傳統文化的傳承與共融。他們經常教育自己的兒女及後代，要牢記自己的祖先和根。

「中國園」使安曼市民足不出城，就能領略到來華旅遊才能享受到的美麗風光。每當我們陪同訪問約旦的中國代表團來到這裡時，遊覽「中國園」的約旦人，無論是大人、小孩，還是老人、婦女，都向我們伸出大拇指，並用阿拉伯語說：「塞尼，哥意思。」（意為「中國好！」）小夥子們還會用漢語說一句「你好！」頓時歡聲笑語，立即拉近了彼此的距離。在中約建交的重要紀念日和中國高級代表團到訪時，約旦新聞媒體和電視台往往在「中國園」裡採訪中國大使。這裡的一山一石、一草一木，都使我們感到無比的親切和驕傲。

侯賽因公園「中國園」裡，龍柱威嚴聳立，長春亭精巧瑰麗，圓柏樹四季常青，漢白玉純潔無瑕。這一渾然天成的壯麗畫卷，是中約友誼的象徵，它將載入史冊，萬古長青！

塔拉勒‧艾布‧格扎萊集團與中國

瓦爾拉夫‧馬哈茂德‧蓋米哈
（約旦塔拉勒‧艾布‧格扎萊國際集團
黎巴嫩分部執行官）

　　塔拉勒‧艾布‧格扎萊博士作為塔拉勒‧艾布‧格扎萊集團（TAG-Org）的創始人和董事長，因在時代變革的前沿不斷服務社會而廣為人知。集團在全球擁有八十六個辦事處、一百五十個代表處。

　　塔拉勒‧艾布‧格扎萊集團已經與諸多國際組織建立了聯繫，如聯合國、世界貿易組織和國際商會，對於影響未來世界構築的不少諮詢委員會和工

二〇一七年四月二十日，中國國務院副總理劉延東訪問約旦期間在安曼考察 TAG 孔子學院。圖為塔拉勒‧艾布‧格扎萊博士向劉延東副總理贈送紀念品。

作團隊發揮著領軍作用。塔拉勒・艾布・格扎萊博士榮獲了多項榮譽獎和勛章，如法國榮譽軍團勛章、半島電視台終身成就獎、知識產權名人堂學術證書、一級獨立勛章，以表彰他在約旦經濟、教育和技術領域所作的先鋒性傑出貢獻。

塔拉勒・艾布・格扎萊博士深信中國在諸多領域將占據主導地位，因此高度重視中國文化。他曾打算沿著絲綢之路行走，作深入探索，為他的商業帝國在世界範圍內奠定強大的戰略地位。

塔拉勒・艾布・格扎萊博士長遠的眼光和全球視野使得他將目光投向了中國，在這個國家設立了三個高效運轉的辦事處（北京、上海和香港），提供世界最大的職業和教育服務集團——塔拉勒・艾布・格扎萊集團的所有服務。

對華業務簡介

1・塔拉勒・艾布・格扎萊集團駐華辦事處

塔拉勒・艾布・格扎萊集團是一家在中國開設辦事處並高效運營的國際實體，提供有關知識產權、諮詢、教育等各種服務。駐北京辦事處獲得了中國政府與商界的認可和支持。

二〇一四年，集團駐北京辦事處獲得了為期二十年的新版營業執照，這是集團在中國取得的一項重要成就。辦事處位於北京市中心，始終致力於為客戶提供最優質的服務，保護客戶權益，享有良好聲譽。

塔拉勒・艾布・格扎萊集團駐華辦事處特別關注知識產權問題，與中華人民共和國國家知識產權局一同致力於保護商標和專利相關問題，與中國商界諸多重要力量建立了良好關係，提供知識產權保護服務。

此外，集團駐華各辦事處還配備了最先進的技術和訓練有素的工作人員，提供塔拉勒・艾布・格扎萊集團向全世界提供的各種服務。

2・塔拉勒・艾布・格扎萊知識產權辦公室

集團駐華知識產權辦公室幫助保護知識產權所有者在中國與當地實體有關的權益，提供多種服務，包括商標註冊、發明專利申請、版權、工業模型、域名，以及涉及侵權、訴訟、註銷等程序。

該辦公室因其從事的各種主要知識產權保護活動在中國受到歡迎，已成功幫助許多新客戶維護知識產權。

該辦公室成功處理了許多商標專利案件，多次舉辦知識產權研討會和研修班。

塔拉勒・艾布・格扎萊知識產權新聞社是在北京舉行的世界知識產權大會的媒體合作夥伴。

3・塔拉勒・艾布・格扎萊集團簽證服務部（TAG-Visa）

塔拉勒・艾布・格扎萊集團簽證服務部自二〇〇九年起成為中國駐約旦大使館唯一的官方合作夥伴，並參與了在約旦舉行的最大規模的中國產品

展覽——中國博覽會的組織工作。

服務部幫助來自伊拉克、敘利亞、也門和利比亞等遭受戰爭摧殘的國家，具備前往中國的必要文件的人在中國從事商貿活動。服務部自成立以來，已經成功辦理了十一萬七千零九十五份簽證（其中約旦公民 85700 份、伊拉克公民 23150 份、敘利亞公民 1620 份、利比亞公民 2030 份、也門公民 530 份、其他國家公民 4065 份）。塔拉勒・艾布・格扎萊集團簽證服務部期待未來能在其他阿拉伯國家開設類似的服務中心。

您可以通過訪問塔拉勒・艾布・格扎萊集團簽證服務部的網站（www.tag-visa.com）來了解有關中國和申請中國簽證的必要信息。

4·阿中實業與文化論壇

塔拉勒・艾布・格扎萊集團的商務服務在中國產生了重要影響，成為許多產品、設備和先進技術的重要國際來源。隨著阿拉伯國家與中國之間關係的不斷發展和雙方貿易額的持續增長，塔拉勒・艾布・格扎萊集團創立了阿中實業與文化論壇，旨在研究分析中國的發展經驗，推動有關經驗在約旦和阿拉伯地區的實施，加強包括約旦在內的阿拉伯國家與中國在經濟發展、文化科學交流等領域的合作。

二〇一四年，塔拉勒・艾布・格扎萊集團提出倡議，制定二〇一五至二〇四〇阿中經濟夥伴關係

戰略計畫，旨在為雙方海陸空、網絡領域的合作創造更廣闊的前景。

文化教育領域合作

1．TAG 孔子學院

塔拉勒·艾布·格扎萊博士特別重視將中國文化和語言引入阿拉伯世界。二〇〇八年，他創立了約旦第一所孔子學院，命名為「TAG 孔子學院」，旨在介紹中國語言文化，加深阿中文化的進一步相互理解。這也是全球第一所由中國高校與外國企業合作建設的孔子學院，為約旦大眾了解偉大的中國歷史、感受數千年延綿不絕的悠久文化打開了大門。

塔拉勒·艾布·格扎萊集團與中國瀋陽師範大學之間還簽訂了獨家協議，由學院為非母語的漢語學習者開設漢語課程，並特意邀請來自中國的語言學者和教授為商界人士及政府部門代表舉辦講座和研修班，以促進相互了解和文化交流。該協議還致力於為那些堅持學習漢語、在約旦達到基本要求的學生提供獎學金，幫助他們進一步認識當代中國。

以下是 TAG 孔子學院開辦的主要業務：

（1）教授漢語，為學生提供必要資源；

（2）為兒童教授漢語，在合適語境中採取有趣的方式，使學習成為快樂的體驗；

（3）培訓漢語教師；

（4）對具備一定語言知識背景的學生進行語言水平測試，以確定其語言水平；

（5）進行漢語能力測試；

（6）為教學提供諮詢服務；

（7）為不同階段學生提供在華留學獎學金；

（8）組織晚會，播放中國影片。

二〇一七年四月二十日，中國國務院副總理劉延東訪問約旦期間考察了 TAG 孔子學院。劉延東參觀了約旦孔子學院文化成果展，觀看了 TAG 學院學生的中文匯報演出。孩子們流利的中文、聲情並茂的演唱和優美的舞蹈，贏得了陣陣熱烈的掌聲。

劉延東表示，語言是文化的載體，是溝通心靈的橋樑，越來越多的約旦年輕人開始學習漢語。約旦的兩所孔子學院為幫助當地學生和民眾學習漢語、了解中國文化，為促進兩國人文交流發揮了重要作用。希望中約雙方精誠合作，把約旦孔子學院辦成阿拉伯世界乃至全球最好的孔子學院之一，為中約兩國培養更多的民間友好使者。

2・塔拉勒・艾布・格扎萊中國阿拉伯語教學中心

教育在塔拉勒・艾布・格扎萊的事業中起著關鍵作用。集團與中國瀋陽師範大學簽訂了協議，建立「塔拉勒・艾布・格扎萊中國阿拉伯語教學中心」，該中心有望成為中國最大的阿拉伯語教育中心。此舉得到了廣泛讚賞。該協議是在約旦哈希姆

王國阿卜杜拉二世國王訪華期間簽訂的。

3．塔拉勒・艾布・格扎萊漢語教育學院

同時，集團還成立了塔拉勒・艾布・格扎萊漢語教育學院，開設兩種漢語教學課程：面向成人和在職人員開設的商務漢語課程、面向成人和兒童提供的漢語培訓班。

經濟和科技合作

塔拉勒・艾布・格扎萊博士對於科技的熱愛眾所周知。與別人對科技的態度不同的是，他對科技的熱情是推動塔拉勒・艾布・格扎萊集團管理方式改變的動力，這也體現在集團為全球客戶提供的服務上。

1．與華為的合作

隸屬於塔拉勒・艾布・格扎萊集團的塔拉勒・艾布・格扎萊國際信息技術公司（TAGITI）與華為技術有限公司（駐約旦辦事處）簽署了合作諒解備忘錄，雙方將在通信和信息技術領域加強合作。

雙方一致同意通過信息技術、通信產業的基礎設施建設加強兩國關係，這正是「絲綢之路經濟帶」倡議的一部分。雙方還商定共同研究開發潛在的合作項目與領域，制定各種戰略，在「絲綢之路經濟帶」倡議的支持下促進信息和通信技術在約旦市場的發展。

2·推動建立阿中經濟夥伴關係

塔拉勒·艾布·格扎萊博士主張，制定二〇一五至二〇四〇年阿中經濟夥伴關係戰略計畫，實現雙方在陸海空以及網絡領域更廣闊的合作。

塔拉勒·艾布·格扎萊博士在中國國際問題研究院（CIIS）舉辦的研討會上發表講話時提出了這一計畫，並發布了相關研究成果。該研討會的主題是探討中阿合作建設「絲綢之路經濟帶」和「二十一世紀海上絲綢之路」，與中阿合作論壇部長級會議同期舉行。

格扎萊博士強調，有必要建立共同投資基金，以促進絲綢之路沿線國家貨物流通和貿易服務，並考慮與全球經濟力量的潛在競爭，以及在相關法律框架下阿拉伯國家的經濟一體化。

此外，格扎萊博士還提出了多項建議方案，以實現絲綢之路的繁榮。其中包括與絲綢之路沿線國家共同建設「電子城市」；面向簽訂直接或間接貿易協定的國家，每兩年進行一次相關產品的展覽；成立絲綢之路科學文化委員會，推動知識傳播。

3·簽署約中貿易協議

塔拉勒·艾布·格扎萊集團在廣州與中國對外貿易中心（CFTC）簽署了合作協議。該協議的目的是通過公共推廣、互訪、交易會、商務考察、洽談等方式，加強約中企業合作。

協議內容包括，在中國進出口商品博覽會和中

國對外貿易中心的官方網站上添加塔拉勒‧艾布‧格扎萊集團網站的鏈接。集團方面調動所有資源，在本地市場推廣中國進出口商品博覽會（CIEF），並將幫助中國對外貿易中心/博覽會在推廣活動中吸引潛在客戶和參展商。

這份協議旨在提升約旦和中國之間的貿易額。中國是世界第一大出口國，還是約旦最大的貿易夥伴之一，在兩國貿易中處於順差地位。約旦正努力增加向中國的出口，吸引中國新一輪面向約旦的投資。

中國進出口貿易博覽會也被稱為「廣交會」，自一九五七年春創立起，每年春、秋各舉辦一次，是中國最大規模、最高水平的貿易博覽會，貨物種類齊全，參展商雲集，商貿洽談頻繁。

4‧促進約中企業合作

為了服務商業活動，塔拉勒‧艾布‧格扎萊集團與隸屬於上海環球展覽有限公司的上海國際推廣公司簽訂了全面商務合作協定，雙方將在多個領域進行合作。

根據協議，雙方將採取有效措施，通過公共營銷、互訪和商業展覽等形式，促進中國和約旦企業之間的合作。

塔拉勒‧艾布‧格扎萊集團簽證服務部為希望在中國和其他阿拉伯國家經商的商務人士和企業家辦理簽證提供便利。

中阿合作的寧夏故事

塔里克 馬玉花

（塔里克，約旦籍巴勒斯坦人，義烏阿萊米亞
貿易公司董事長）

　　中阿友誼，源遠流長；絲綢之路，綿延千年。
在千年的友好交往中，在千年的絲綢之路上，無數
的中阿友好使者傳承和見證了中阿合作的篇章，或
者是阿拉伯人來到中國，或者是華人遠赴阿拉伯國
家。塔里克就是這其中的一員。

來到中國

　　塔里克・阿卜杜拉・馬基德一九七八年五月十

一九九八年，塔里克
與來華訪問的巴勒斯
坦民族權力機構主席
阿拉法特在北京合
影。

二○一○年九月，塔里克在銀川參加中阿經貿論壇並在分會場演講。

一日出生於約旦哈希姆王國，家裡有五個兄弟姐妹——兩個姐姐、一個哥哥、兩個妹妹，家境良好。

一九九七年，塔里克在約旦大學機械專業讀一年級時，作為巴勒斯坦人後裔被政府公派到中國留學，先後在北京語言大學、浙江大學學習漢語。當有了一定的漢語基礎，再加上對中國的好感，他認定中國是個適合阿拉伯人生活的好地方：這裡沒有戰亂，國泰民安，社會穩定，經濟發展；而且，中國生活著很多穆斯林，在很多地方都能看見熟悉的清真寺和宣禮塔，以及書寫著阿拉伯文字的清真餐館。這些都讓他倍感親切，有一種賓至如歸的感受，於是，他決心留在中國開始新的人生。

一九九九年，塔里克到義烏參觀，被這裡豐富的產品震撼，而且，中國人的友好和善良深深感染了他。他決定把這些好產品分享給自己的祖國，於是，便開始經營中阿商貿事業。

落戶寧夏

促使塔里克留在中國的，除了中阿商貿的事業之外，還有一個非常重要的人，這就是後來成為他妻子的馬玉花·索菲亞。

馬玉花出生在寧夏石嘴山市惠農區一個普通的回族農民家庭，父母一生務農，但非常重視教育，堅持供養他們姐妹讀書。馬玉花初中畢業後，又進入銀川保伏橋阿語學校學習阿拉伯語。畢業後，她回到石嘴山市的一所民辦阿語學校當了三年教師。當時的教學條件十分艱苦，但她通過教學不斷提高阿語水平。而此時的中國東南沿海，中阿商貿已經是如火如荼，阿語翻譯奇缺。她被推薦到深圳一家從事中阿貿易的公司做翻譯，後又去了義烏工作，從此便扎根南方。

同一個時間、同一座城市、同一個工作領域，來自異國的兩個年輕人相遇相識，後又同在一家公司工作。這些偶然和意外促成了兩人的緣分。這位阿拉伯年輕人工作上的責任心、舉止言行的紳士風度吸引了馬玉花。她還發現，塔里克特別有家庭觀念，有人情味兒，他平時生活很節儉，可每當回約旦時，總會為父母家人及七大姑八大姨購買各種禮

物。通過細心的觀察，馬玉花越來越覺得，塔里克是個待人真誠、樂於助人、品質優秀的好男人。同時，馬玉花善良淳樸、正直開朗的個性也慢慢地吸引了塔里克。不過，由於塔里克性格靦腆，馬玉花身上又有回族傳統女性的矜持，使得他們很長時間裡都沒有捅開這層窗戶紙。

或許是前世所定，有一天，塔里克終於提出，要帶馬玉花去約旦見他父母。對於這突如其來的表白，馬玉花驚喜萬分，但是，出於中國女性特有的自尊，她立刻就斬釘截鐵地回絕了：「這絕對不行！我又不是商品，咋能把我帶回去讓你父母挑選！」於是，兩人商定，先讓塔里克把馬玉花的照片寄回約旦，徵求父母意見。那段日子裡，他倆經歷了雙方父母都不同意的痛苦折磨。約旦的父母、寧夏的父母，都不約而同地以國籍不同、相互不了解為由，堅決反對他倆的婚事。

二〇一六年，塔里克、馬玉花夫婦旅遊期間合影。

在這種情況下，讓馬玉花感動的是，塔里克絲毫沒有打退堂鼓的意思，總是不斷地給她打氣：「我們一定要堅定信念，耐心等待雙方父母的同意，直到獲得父母的祝福！」他還主動邀請馬玉花的父親和弟弟來到義烏。讓馬玉花驚訝的是，自己當初見到塔里克時沒有一見傾心，而父親卻對他「一見傾心」了。她純樸的父親說：「這位阿拉伯小夥子家教好，人實在。」當然，他也沒忘了幫女兒問那關鍵的一句話：「你在約旦有老婆沒有？」當他確認塔里克還沒有結過婚時，便欣然把女兒許給了這位阿拉伯年輕人。

穆斯林相信造化。二○○一年六月二十四日，兩位異國的年輕男女終於步入了婚姻的殿堂。

申請獲得一張中國「綠卡」，是塔里克最大的渴求和心願。二○一一年，按照《外國人在中國永久居留審批管理辦法》中外國人與中國人結婚五年以上、有固定經濟收入、房產等相關規定，已經完全具備上述條件的塔里克向寧夏自治區公安廳出入境管理局申請在華永久居留證，獲得批准。二○一二年十一月二十日，塔里克收到了寧夏回族自治區公安廳出入境管理局頒發的中華人民共和國外國人永久居留證，有效期為十年。這是寧夏給外國人頒發的第一張「綠卡」，塔里克也由此正式成為寧夏的「上門女婿」。事實上，塔里克早已把中國當成了自己的第二故鄉，他對寧夏有一種特殊的感情。他先後多次受邀參加在寧夏舉辦的中阿經貿論壇、中阿

博覽會，得到了自治區政府主席等領導的接見和讚賞。

創業義烏，商貿中阿

塔里克是一個「中阿通」，作為阿拉伯人，他十分了解中國的風土人情、社會經濟；作為「寧夏女婿」，他比中國人更清楚阿拉伯國家的市場需求、法律法規、外貿稅收等。所以，在從事中阿貿易方面，他有自己獨到的基礎優勢和見解。

如今，他的阿萊米亞貿易公司每年出口額達一千多萬美元，出口貨物達到每年三百到五百個集裝箱，目前主要出口目的地是約旦、沙特、阿聯酋等中東國家。作為義烏阿萊米亞貿易公司的董事長，塔里克的創業之路也經歷了艱難而長期的過程，實現了從無到有、從少到多的成長。

回想當年，被中國小商品集散地的大名吸引，塔里克於一九九九年來到義烏，經過市場調研，他發現義烏的小商品名不虛傳，於是決定留在當地創業。二〇〇〇年，他首先與另一位外國商人合夥開了一家阿拉伯風味的清真餐廳。同時，他還租用別人的公司開展貿易嘗試。通過市場資源的收集、經驗的積累，隨著貿易量的不斷增加，塔里克夫婦有了底氣，註冊成立了自己的公司──義烏阿萊米亞信息諮詢公司。二〇〇七年，他們又在香港創辦了義烏阿萊米亞貿易有限公司。

　　「阿萊米亞」是阿語的音譯，為「世界、國際」之意。阿萊米亞公司起初主要是給很多中東國家來義烏採購的客商提供後續服務，如配送、翻譯，採購、驗貨、通關等。

　　阿萊米亞貿易公司目前有十七名員工，主營業務有貨物貿易、服務貿易、金融投資等。公司目前代理的商品多達幾十種，與多個國家有業務往來。

　　公司在做好主營業務的同時，繼續發揮自身特色和優勢，籌劃投資新興中阿合作類項目。塔里克坦言，他們夫婦以及阿萊米亞貿易公司今天取得的成績，與源遠流長的中阿合作、義烏良好的營商環境和經濟全球化的趨勢是分不開的。

篇 交流

為什麼是中國（崛起）？

薩米爾・赫利・艾哈邁德

（約旦作家、安曼市文化局局長）

我和中國

中國對於發展中國家來說，是一個充滿機會的地方。

二〇〇七年第一次來中國時，我就注意到了這點，隨後我便著手寫作《文明的追隨：中國的崛起與阿拉伯人的未來》一書，推動阿拉伯世界從文化上更加接近中國，建立戰略關係。

二〇〇七年九月的一個傍晚，我與來自不同阿拉伯國家的朋友們在北京街頭閒逛。我們剛從中國南方盡興旅遊歸來，便萌生了寫一本書的念頭。我們都在追問：為什麼中國崛起了，而我們阿拉伯人擁有巨大的潛能和資源，卻未能復興呢？是缺少人才和規劃能力？是缺少可行的實際理論？還是整個民族在制定復興規劃和工作綱領方面太落後？

因此，研究中國崛起就成為我的重中之重，尤其是我們阿拉伯人很少向東看，模仿與研究通常都與西方有關。同時，我還反覆琢磨著另一個重要問題：如果未來力量的天平向東方傾斜，達到東西方

薩米爾・赫利・艾哈邁德與中國朋友劉欣路

平衡，我們在世界上的情況會怎樣？中國人的熱情、對祖國的自豪感成就了如今中國在世界上的重要角色，我們該如何作好準備，借此為我們的復興大計提供更廣闊的可能性？

我的《文明的追隨：中國的崛起與阿拉伯人的未來》二〇〇九年由迪拜穆罕默德‧本‧拉希德‧阿勒馬克圖姆機構首次出版，共二百七十頁，從兩方面論述了中國與阿拉伯人的關係：一是阿拉伯人有必要關注中國在社會發展、經濟和文化領域取得的系列成功，二是阿拉伯人必須為未來作好準備 —— 可以預計中國短短幾十年後在世界的地位 —— 使得雙方能從彼此文明的影響中受益。本書在阿拉伯國家得到了高度重視，幾大阿拉伯重要報

紙紛紛發表有關分析評論。二〇一二年、二〇一三年，本書由安曼貝魯尼出版社、約旦文化部兩次再版。本書獲得二〇一二年謝赫‧扎耶德圖書獎，這是阿拉伯最重要的文化獎項。《文明的追隨》還榮登八部最佳阿拉伯圖書名單（青年作家），二〇一三年獲約旦費城大學最佳圖書獎。

接下來幾年，我與很多中國朋友建立了深厚友誼，比如認識了劉欣路博士，他是北京外國語大學阿拉伯學院副院長。

劉先生首先將我的書翻譯成中文，二〇一四年由北京師範大學出版社出版，在第二十一屆北京國際圖書博覽會上首發。隨後，英譯本也由北京師範大學出版集團與英國的 Chartridge books Oxford 合作出版，在二〇一五年美國書展上首發。

二〇一四年，《文明的追隨：中國的崛起與阿拉伯人的未來》中文版在第二十一屆北京國際圖書博覽會上首發。

我在中國數次拜訪過劉欣路，他到了約旦也多次來看望我。我倆建立了深厚的友誼，我稱他是「我的中國另一半」，他叫我「我的阿拉伯另一半」。我們在多個領域進行了文化合作：圖書翻譯、邀請中國學者和出版社參加安曼書展等；我也參加了北京和上海書展。這樣，我和劉欣路博士的友誼成為未來阿中關係可能達到的成功典範。

當下與未來

對於阿拉伯人來說，可以借鑑中國自一九七八年起改革發展的成功經驗——這一改革自二十世紀八〇年代中後期起在中國城鄉初見成效。阿拉伯人在九〇年代初期如果調整好了迎接全球化的態度，就能取得前所未有的發展，重拾自四〇年代提出後便一直未付諸行動的阿拉伯經濟一體化設想，同時充分利用全球化發展因素實現他們的復興志向。就像中國，在取得經濟地位後，成為世界一支重要力量，有能力實現自己的夢想。

而這一點並未發生。然而，推動發展、取得突破成就的「中國經驗」仍然適用，我們需要實現兩個基本條件：一是阿拉伯人在「經濟統一體」基礎上達成一致行動；二是這個統一體能支配自身的自然資源。如果缺失了這兩項條件，阿拉伯地區的自然資源無法整合，也將無法利用它服務於阿拉伯發展。

中國向世界展示的發展之路在許多發展中國家都難以複製，因為面積、人口、位置、資源、社會凝聚力等相關條件都無法實現，但是它肯定適用於阿拉伯世界。現實中並不存在阻礙阿拉伯人思考復興起步的絆腳石，只是缺乏執行計畫。

阿拉伯世界普遍拿自己與歐洲達到的水平進行比較：阿拉伯人早已在經濟領域提出一體化的初步設想，一九四五年就建立了阿拉伯國家聯盟，比歐洲開始推行經濟一體化更早——歐洲六國（比利時、法國、德國、意大利、盧森堡、荷蘭）於一九五一年才簽署《歐洲煤炭與鋼鐵共同體條約》，邁出一體化的第一步；一九五七年歐洲共同市場成立；一九九二年，十一國宣布成立歐盟，接著不斷擴大並邁向新階段，儘管歐洲各國國情不同、存在分歧，它們也做到了那一切。阿拉伯人有許多共同點，實現了文化利益上的一體化，卻至今未找到經濟一體化的切實途徑。當然，凡事都需要一定基礎，阿拉伯國家的工作規劃中缺少行動計畫，這涉及政治利益的競爭和爭吵，還有關於阿拉伯富國與窮國的比較。

除了發展，還有中國實現復興的經驗。經濟發展是前奏，讓中國敲響了復興的大門。阿拉伯人依然有志於重啟十九世紀上半葉開始的復興大業——復興大業由於殖民列強入侵阿拉伯世界而告停。

阿拉伯復興理念由利法阿·塔哈塔維首次提出，其思想精髓與中國改革先驅鄧小平提出的思想

相契合。塔哈塔維極力提倡他在法國學習到的社會和政治進步經驗，認為那樣能保障穆斯林們的利益，幫助他們實現文明進步；同時，他呼籲效仿法國思想中與伊斯蘭教法不衝突的內容，也就是說，先打好復興的堅實基礎，借鑑他人經驗，使之契合阿拉伯現實條件與文化，通過務實規劃，重結果而不是手段。這也是鄧小平的舉措，他認為應該學習西方資本主義經濟成功的經驗，對其改良使之符合中國國情，無論如何改良，其最終目的就是實現國家復興。

中國的實踐證明，建立在符合國情的牢固基礎上的務實綱領是成功的，而將手段置於目的之上的意識形態方針是行不通的。而阿拉伯人在努力復興的道路上拋開了務實綱領，遵循意識形態至上，於是在文明領域一次次遭遇挫敗。中國的成功向他們證明，有必要回歸阿拉伯復興理念最初的思想，將重視高尚的國家目標放在首位，置於手段之上，同時不忽視成功必備的道德保障。

但是，中國向期望重啟復興步伐的阿拉伯世界提供的不僅僅是經驗教訓。在中國，未來有無數機會，我們必須意識到並要好好利用它。自從被歐洲武力侵略、經歷過「拿破崙運動」，我們所認識的超級大國以各種理由在戰略上與我們敵對。而中國並沒有類似的理由，即便有一天中國成為有影響力的超級大國，它也不會敵視我們，而是與我們並肩作戰，為我們創造公正的國際環境，解決那些阻礙

我們文明進步的各類問題。

但這取決於我們如何處理與中國的關係，在涉及民族利益的問題上沒有互相吹捧的餘地。圍繞貿易資金的阿中友好關係可能帶來財富，但它無法實現更大的戰略利益，例如關乎復興大業的利益。因此，有必要從文明的視野看待與中國的關係，中國從我們這兒獲益，我們也從中國獲得有利於復興的物質和非物質因素。

對於期望未來更美好的阿拉伯人來說，中國帶來的機會巨大且豐富多樣，不容浪費。這些機會源自中國的發展經驗，包括與中國的文明互鑑──如何使阿拉伯與中國的良好關係促進阿拉伯再次踏上復興道路，尤其是在中國實現其「未來」之時。

新絲綢之路上的阿拉伯人

二〇一三年，中國國家主席習近平提出建設「絲綢之路經濟帶」和「二十一世紀海上絲綢之路」的倡議，這是有關中國與世界的關係、中國在未來世界的作用的最重要的規劃。

從字面上看，「一帶一路」倡議包括始於中國，途經中亞、俄羅斯，延伸到歐洲的陸上紐帶和跨越東南亞馬六甲海峽，到達印度、中東、東非的海上道路。阿拉伯地區成為此項中國規劃的核心地區，其中，包括建設能源管道、開採礦產的基礎設施、交通和通信設施等在內的發展計畫尤其意義重

大。

　　中國人認為，此項規劃對於新興市場與擁有巨大經濟潛力的國家的聯結有著重要作用，並能增加該地區的全球投資，增強其與中國、與世界經濟的互補性。在該規劃框架下，中國努力推動與這些國家的「產能一體化」，即阿拉伯的原材料和基礎設施有助於中國工業產能的持續增長，而通過承接轉移中國多領域的生產經驗和技術，也可增加阿拉伯國家的產能，如紡織業、輕工業。其中包括中國巨石公司在埃及的玻璃纖維工程，將在埃及注資三億美元，建設年產量二十萬噸的非洲最大生產線。

　　過去十年（2005-2015）間，中國與阿拉伯國家的貿易額翻了九番，中國在阿拉伯國家的承包合同額翻了十三番，中國在阿拉伯國家的非金融類直接投資增長了一百二十二倍。中國成為阿拉伯世界第二大貿易合作夥伴和九個阿拉伯國家的最大貿易合作夥伴。

約旦和中國

　　自一九九九年阿卜杜拉二世國王登基以來，約旦外交對與中國接近表現出越來越多的重視。近年來，國王陛下多次訪華，拉尼婭‧阿卜杜拉王后也多次單獨訪華。約旦重視與中國的關係，主要圍繞經濟和社會兩大核心內容。

　　回顧約旦在阿拉伯世界的現狀，我們應該把握

以下事實：

（1）約旦並非石油出產國，也並非有富餘資金可以在海外投資的富國；

（2）約旦長期致力於人類發展，重視教育與健康，近年開始重視小規模經濟發展；

（3）過去幾十年，約旦一直是一個核心的、重要的阿拉伯國家。由於實行活躍的外交政策，具有重要的地理位置，約旦在國際、阿拉伯世界和周邊地區都具有影響力。

基於以上事實，我們可以說，約旦在推動阿拉伯與中國的友好關係、將雙方交流從貿易領域更多轉向人文領域方面的預期作用集中在兩個主要方面：

第一，提高阿拉伯經濟融合度，用同一語言和具有一體化特色的目標與中國對話。這樣，阿拉伯人成為與中國對等的統一體，而不是作為多個小集體出現，阿拉伯人可以通過中國實現具有長遠戰略意義的文明互鑑。

就這點來說，約旦尚未實現其他具有重要政治影響的阿拉伯國家如埃及、沙特所取得的成就。其原因首先歸結於阿拉伯世界近三十年不穩定的政治局勢，從一九九〇年伊拉克入侵科威特起，阿拉伯國家開始分裂，二〇一一年又爆發了「阿拉伯之春」。

一九九六年在埃及舉辦的阿拉伯首腦會議，議題集中在建立「阿拉伯自由貿易區」。儘管阿拉伯

國家未能達成和諧，用同一種語言與世界對話，但是約旦仍然為阿拉伯經濟融合作出了貢獻。

約旦在與中國接近方面最顯著的成功表現為日益活躍的經濟關係，儘管如我們所說，約旦並不是產油國或富國。作為中東地區各經濟體的重要門戶，約旦仍然致力於向中國展示自己，以優越的地理位置和豐富的人力資源提供了投資沃土，還與美國、阿拉伯世界簽署了自由貿易協定。

這一領域最突出的成就是二〇一五年九月於寧夏銀川舉辦的中阿經濟合作論壇期間，作為主賓國的約旦與中國簽訂了七項協議，國王阿卜杜拉二世還親臨會場。這些協議包括能源、鐵路、通信、可再生能源發電等領域，合同總金額達七十億美元。

這意味著約旦極為重視在工業領域吸引中國投資，除了直接的經濟效益，從長遠來看，這有助於高科技轉移和人才培訓。需要指出的是，截至二〇一五年，中國在約旦的投資規模約為十八億美元，二〇一四年約旦對華出口額為一點八七億美元，進口額約為二十四億美元。而與阿拉伯產油國相比，由於中國從其進口的石油不斷增長，更顯得約中之間嚴重的貿易失衡。這也說明約旦需要不斷努力，盡量使自身經濟從中國受益。自中國提出「一帶一路」倡議之初，約旦就作為非常希望能從中國的新舉措中受益的阿拉伯國家之一，一直在考慮建設大型項目，如鋪設連接約旦與伊拉克巴士拉的石油管道，修建連接約旦與鄰國、延伸至歐洲南部的鐵路

等。

第二，發展與中國的政治文化關係，推動中國親近阿拉伯世界，推動中國人向阿拉伯文化開放。

在這一領域，約旦取得了良好的成果。顯然，約旦對於中國而言有著高度的政治可信度，兩國領導層的親密關係就證明了這一點。約旦在全世界奉行和平方針，致力於世界和平、合作與對話，這與中國反覆強調的外交政策不謀而合。在國王陛下親自主導的外交政策指引下，近十年內兩國關係達到了前所未有的密切程度。

從文化角度來說，跟埃及、突尼斯一樣，約旦是阿拉伯世界取得可喜成功的國家之一。這一成功體現在二〇〇八年瀋陽師範大學與安曼塔拉勒・艾布・格扎萊學院合作建設孔子學院以來，學習漢語在約旦高校和軍事院校得到了越來越多的重視。近年來約旦王室頻頻訪問中國各高校，也反映出約旦外交對於中國的重視不僅僅停留在商貿領域。

同樣，約旦也向中國派遣留學生，在教育領域接受中國的幫助，兩國政府還規劃在安曼共同建立約旦中國大學。每年都有數個中國技術團隊訪問約旦，雙方也舉行文化代表團的交流。在文化領域還有很多類似例子，無不表明中國在約旦有著強大的文化影響力。

然而，要取得更大成功，阿拉伯人必須向中國、向全世界展示自己，因為他們被認為是一個整體，有統一明確的綱領。需要注意的是，中國在文

二〇一五年，薩米爾‧赫利‧艾哈邁德獲得「中華圖書特殊貢獻獎」青年成就獎。圖為中國國務院副總理劉延東為他頒獎。

化往來中把阿拉伯世界看作一個整體，通過阿拉伯國家聯盟與阿拉伯世界進行文化交流。正如中阿合作論壇通過阿拉伯國家聯盟舉辦，中國面對使用同一種語言、擁有同一種文化的數個國家，採取同一立場是自然而然的事；阿拉伯國家需要採取同樣行動，作為一個整體與中國進行文化交流。

為了國家和全人類

自二〇〇七年起，由於與中國這個友邦的個人情誼，我已訪問中國十次：參加有關中國與世界關係的文化學術會議，參加中阿合作論壇，參加中國各類研修班，作為嘉賓受邀出席北京國際圖書博覽

會，帶領約旦藝術代表團參加中阿藝術節等。其中，我覺得最美好的莫過於二〇一五年獲得中華圖書特殊貢獻獎青年成就獎。我十分榮幸能夠跟來自世界各國的獲獎者們一起在北京人民大會堂舉辦的頒獎儀式上，從中國國務院副總理劉延東女士手中接過這個獎。

這十年來，我十分榮幸能與來自約旦和中國的朋友、同事們一起組織了諸多文化活動，加強兩國民間關係。比如在約旦與中國駐約旦大使館合作舉辦「中國文化周」，包括講座、展覽、文藝表演等；在約旦組織中國電影展、中國藝術家攝影藝術展；安排中國藝術團來約旦訪問，為其在安曼各大文化中心舉辦演出等。

另外，在有關加強阿中關係及其發展前景的各種會議上，我發表了多次演講，參與了多次研討，與中國作家、外交官探討雙邊關係，還在約旦和阿拉伯多份報紙上撰寫了數十篇有關這一主題的文章。

今天我發現，各國人民有能力通過政府民間渠道攜手建立面向未來的牢固友好關係，造福子孫後代，打造更美好的生活。我與劉欣路博士的友誼就是很好的例子，說明我們能共同建立這樣的關係，造福各國人民，致力於人類的和平與福祉。

我與約旦的情緣

劉寶萊

（中國前駐約旦大使）

上世紀八〇年代初，約旦國王侯賽因曾兩度訪華，我有幸參加接待。國王主動同我聊天，使我深感榮幸。一九九五年至一九九九年，我出任中國駐約旦大使，增加了同國王及其他王室成員的交往，也見證了中約兩國關係的發展，其中不乏一些鮮為人知的故事，至今難忘，令人激動，令人鼓舞，令人深思。

侯賽因國王訪華二三事

一九八二年十二月五日至九日，約旦國王侯賽因・本・塔拉勒訪華。這是自一九七七年兩國建交以來國王首次來訪。中國政府對此次訪問十分重視，予以熱烈歡迎和隆重接待。訪問共分兩段，五日至七日，國王率阿拉伯聯盟七國代表團（又稱七方委員會代表團）進行工作訪問；七日至九日，國王進行正式國事訪問。

五日傍晚，作為工作人員，我隨吳學謙外長、溫業湛副外長、外交部西亞北非司章曙司長等前往首都國際機場迎接侯賽因國王一行。六時四十五

分，侯賽因國王親駕專機由莫斯科飛抵北京。當專機徐徐降落，穩穩地停在專機坪時，吳外長等即到舷梯旁迎接。國王從容地走出駕駛艙，脫下飛行衣，穿上單薄的西裝，匆匆下機，同吳學謙外長等親切握手。吳學謙外長代表中國政府熱烈歡迎國王陛下率阿盟七方委員會代表團訪華。國王對中方的周到安排深表感謝，並將隨行的代表團成員向吳學謙外長一一作了介紹，他們是：敘利亞副總理兼外長哈達姆、沙特外交大臣費薩爾親王、摩洛哥外交國務大臣布塞塔、約旦外交大臣卡賽姆、突尼斯外長埃塞卡西、阿爾及利亞外長易卜拉欣、巴勒斯坦解放組織政治部主任卡杜米和阿盟秘書長卡利比。

然後，國王在吳學謙外長陪同下乘車前往釣魚台國賓館下榻。

六日清晨，一夜的北風之後，天藍地淨，晴空萬里。風停了，陽光普照，暖意融融。八時五十分，當國王邁著矯健的步伐進入人民大會堂時，我才近距離觀察到，他個子不高，中等身材，腰板筆挺，顯然是軍旅生涯磨煉的結果；兩道濃眉下的一雙大眼睛炯炯有神；兩鬢染霜，頭髮有些稀疏。這一切都向人們展示著他的閱歷和智慧。他身著考究的深色西裝，更顯出幾分英氣。九時許，國王一行步入會議廳，與中國總理舉行正式會談。中方參加會議的主要有黃華國務委員、吳學謙外長、溫業湛副外長、何英顧問、章曙司長和外交部國際司副司長李道豫。

1・率阿盟代表團訪華

中國總理首先代表中國政府熱烈歡迎侯賽因國王率阿盟七方委員會代表團訪華，並預祝訪問取得圓滿成功。

國王對此表示感謝。他說，受阿拉伯首腦會議委託，他率阿盟七方委員會代表團訪華，感到非常高興。訪問的主要目的，一是向中方通報「非斯方案」的內容，二是尋求中國政府支持。接著，他便滔滔不絕地談起當年九月七日在摩洛哥非斯市召開的第十二屆阿拉伯國家首腦會議的情況，強調「非斯方案」的第七條提及「這一地區各國」，即含蓄地承認以色列的存在，這體現了阿拉伯國家希望通過和平方式解決阿以爭端的良好願望。同時，他環視左右，笑著說：「我相信，我已代表他們完成了使命。」

中國總理對國王的通報深表感謝，並高度評價了阿拉伯國家首腦會議取得的積極成果，希望阿拉伯國家團結一致，推動中東問題的和平解決。

七日，吳學謙外長分別會見了阿拉伯七國外長，特別是同尚無外交關係的沙特外交大臣費薩爾親王進行了長時間的交談。吳學謙外長歡迎雙方繼續加強民間友好交往和經貿往來，兩國建交自然會水到渠成。費薩爾親王表示贊同。

2・進行首次國事訪問

十二月七日，侯賽因國王正式開始對我國進行

國事訪問。在天安門廣場舉行的正式歡迎儀式之後，九時，中國總理在人民大會堂同國王就中東局勢、兩伊戰爭、雙邊關係等問題舉行了會談。國王較詳細地介紹了約旦對中東問題的立場和這一問題同約旦的特殊關係。他強調，中東問題久拖不決，對阿拉伯國家不利。約旦政府堅持一九七四年阿盟首腦會議決議，承認巴勒斯坦解放組織為巴人民的唯一合法代表，支持巴建國。

中國總理重申中方對中東問題的一貫原則立場和對非斯方案的讚賞及支持，並對勇敢、剛毅的約旦人民久經滄桑，創造了許多反對殖民主義的英雄事蹟給予積極評價，稱偉大的阿拉伯文化寶庫中有著約旦人民勤勞智慧的結晶。二十年來，約旦人民為發展民族經濟和文教事業作出重大努力，取得了顯著成就。他說，兩國關係自建交以來在和平共處五項原則的基礎上取得了令人滿意的發展，這不僅符合兩國人民的共同願望和根本利益，也有利於推動世界和平的正義事業。

3・侯賽因國王主動給鄧小平點煙

八日上午，鄧小平會見侯賽因國王，賓主進行了親切友好的談話。國王非常尊重鄧小平，一直筆挺地坐著，認真聆聽鄧小平的談話。鄧小平讚揚約旦是文明古國，創造了人類古老的文明；中約之間沒有根本的利害衝突，只有友誼與合作。

當國王談及中東問題時，鄧小平一邊聽著，一

邊從煙盒裡抽出一支熊貓牌香煙，剛放到嘴邊，國王便拿出打火機給他點煙。鄧小平深表感謝，忙說「不敢當！不敢當！」其實，國王煙癮也很大，看到鄧小平吸菸，他可能也很想抽一支，但出於尊重和禮貌而控制了自己。鄧小平吸了一口煙後，說：中東地區是世界上第一個最敏感地區。那裡不但戰略地位重要，而且還有豐富的自然資源。中國對阿拉伯正義事業的支持是一貫的，衷心希望阿拉伯國家團結起來。一旦阿拉伯人民團結起來，一切問題都容易解決。

會見後，鄧小平設午宴款待國王。席間，鄧小平向國王通報了中國改革開放的有關情況。

4·國王要我同他坐在一起

國王訪華期間，有一段小插曲。七日晚，在人民大會堂的國宴結束後，外交部禮賓司安排我陪侯賽因國王回釣魚台國賓館。途中，國王看我坐在司機旁邊的前座，便主動打招呼說：「先生，你為什麼坐在前邊，而不同我坐在一起呢？」

「尊敬的國王陛下，作為譯員，我應該坐在這裡。」我用阿拉伯語回答說。

「你們偉大的國家主張人人平等，我也如此，因此，歡迎你同我坐在一起，這樣我們可以聊聊天。」國王笑著說。

「謝謝陛下。恭敬不如從命。」說著，我便換了座位，坐在國王旁邊。國王高興地說，他同中國

朋友的距離拉近了。接著，國王便同我拉家常，我也藉機問了他幾個問題。我說：「國王陛下，您駕機技術高超， 我們在機場親眼目睹，令人佩服。請問您何時開始學習駕機的？」國王微笑著，眼睛平視前方，略有所思地說：「此事說來話長。我年輕時就喜歡駕機，登基後國事繁忙，內憂外患，壓力很大，有時壓得喘不過氣來。因此，我喜歡駕機飛上藍天，開闊視野，換換環境，消除疲勞。久而久之，駕駛技術提高了，也成了一種嗜好，一上飛機，就喜歡自己駕駛。」

「現在約旦政局穩定，經濟發展，人民教育和生活水平均有了改善。應該說，陛下您的壓力大大減輕了。」我說。

「話是不錯，但我仍面臨兩大壓力，一是巴勒斯坦問題。迄今，以色列仍侵占包括約旦領土在內的大片阿拉伯領土。巴勒斯坦還沒有立國，它應該建立自己的國家。二是約旦經濟。你不要看GDP，要看約旦廣大農村農牧民的生活。他們生活很苦。看到中國經濟發展快，我既為你們高興，也很感興趣，願借鑑中國的成功經驗。這次訪問時間太短，來去匆匆，爭取明年再來一次。」國王說。

5 · 第二次訪華

一九八三年九月一日至九日，應李先念主席的邀請，侯賽因國王攜努爾王后，率由七十六人組成的龐大代表團對我國進行正式友好訪問。作為一位

外國元首，兩年內連續兩次訪華，是中國外交史上少有的。

這次訪問的重點是雙邊關係。國王在同李先念主席的會談中表示，約方願全面發展同中國的關係，特邀請李先念主席訪問約旦。李主席愉快地接受了邀請，表示：訪問時間通過外交途徑商定。中方對國王就發展雙邊關係提出的建議持積極態度，將由雙方對口小組具體會談和研究，相信一定會有令國王滿意的成果。

6・努爾王后背女兒登長城

訪問期間，國王陪努爾王后登上長城，在一片歡笑聲中合影留念。王后自己背著剛滿週歲的伊蔓公主同國王一起登上最高的烽火台。國王站在烽火台上，凝視遠方連綿不斷的崇山峻嶺和蜿蜒崎嶇的長城，陷入深思，久久不肯離去。他讚嘆長城是中國人民的一大壯舉。

努爾王后逗趣地說，如果尼克松、田中（角榮）、穆巴拉克等世界名人是隻身登上長城，那她是背著女兒登上長城的，她在這方面創造了一個世界紀錄。

7・參觀桂林、西安、上海

除北京外，侯賽因國王和努爾王后一行還到桂林、西安和上海參觀訪問。作為外交部亞非司主管副處長，我也有幸隨團前往。在桂林，國王遊覽了

那裡的旖旎風光和千姿百態的山水，稱讚「到了桂林就如同進入天堂一般，心情十分愉快，似乎年輕了許多」。

在一塊奇特的岩石旁，國王表示願同中方陪同人員合影。我們急忙上前，國王一眼便認出了我，主動過來打招呼，並說歡迎我到約旦訪問。我表示感謝，沒想到，十二年後，我被任命為中國駐約旦大使。

在西安，國王參觀秦兵馬俑時，饒有興趣地仔細端詳兩千多年前的秦代官兵服飾和使用的武器及戰馬，讚揚秦兵馬俑是「整個人類的財富」，「這些文物是我一生中最欽佩的」。他還滿懷深情地說：「我們非常高興有機會訪問西安這座著名的城市，因為它有著光輝的過去和燦爛的今天。過去中國人民創造了光輝的歷史，今天你們在繼續前進攀登新的高峰。」

努爾王后隨國王訪華時，年方三十二歲，已是三個孩子的母親，但仍亭亭玉立、美麗動人，加之她服飾考究，注重儀容，吸引了大批中外記者拍照，一時成為新聞人物。她個子高，同國王在一起時，從不穿高跟鞋，從不多講一句話。王后知識淵博，曾閱讀許多介紹中國的書籍，對參觀訪問興趣很濃，往往流連忘返。

國王訪問的最後一站是上海。上海市領導設晚宴款待國王和王后一行。王后身著天藍色的晚禮服，光彩照人。主人舉杯祝酒，王后一飲而盡。國

王驚奇地看著她說，努爾酒量大增！王后神祕地低聲說，這酒杯裡全是水！國王會心地笑了。

國王訪問結束，離滬前，再次邀請李先念主席訪約。為了增進兩國友好關係的發展，李主席於一九八四年三月訪約，受到了侯賽因國王的隆重接待。兩國領導人互訪有力地推動了兩國關係的發展，使兩國關係進入了一個新的發展階段。

力促中約關係升溫

1．融冰之舉

一九九五年四月，台灣當局領導人李登輝訪問約旦，對外造成極為惡劣的影響，使中約兩國關係跌入了低谷。事前，我的前任王世傑大使曾約見約旦外交部負責官員，進行多次嚴正交涉，要求對方不要同意李登輝來訪。儘管我方一再交涉，說明該問題的嚴重性，但約方仍同意李登輝訪約。

李登輝訪約前夕，約旦王儲哈桑親王因故推遲了原定訪華的行期。李訪問期間，哈桑王儲出面接待，前往機場迎送，與之會談。侯賽因國王回國後，也予以會見。當地媒體作了報導。據悉，李登輝向約提供了兩千萬美元的援助。此事是中約兩國自一九七七年建交以來發生的最嚴重的一次政治事件。從此，兩國關係降溫，處於冷淡狀態。

約旦一直是台灣當局在該地區開展「實質外交」的重要對象，約旦與台灣長期保持往來。通過

該事件，我們要使對方進一步認清台灣問題涉及中國的主權和領土完整，牽扯著包括台灣同胞在內的十二億中國人民的感情。約方此舉直接影響到中約兩國關係的發展，因此，約方應接受教訓。

同年十一月，我從阿聯酋奉調回國，轉館約旦。約方已接受我的大使提名。返京後，我向外交部述職，遞交了離任報告。不日，吉佩定部長助理接見我，談及中約關係。他說，中約兩國關係正處於困難時期。我們對約採取的一些措施已產生效果，約方開始意識到該問題的嚴重性和對雙邊關係帶來的不良後果。他對我提出，上任後要多做友好工作，繼續邀請侯賽因國王和哈桑王儲訪華；推動約朝野知名人士訪華；促成中約兩國外交部副部級官員定期或不定期磋商；儘快恢復兩國經貿、文化等領域的往來，可同對方商談落實使用我貸款的可能性……。

一九九五年十二月十六日，我赴約旦履新。是日清晨，我和夫人袁紹雲從迪拜轉乘約旦民航班機前往。由於大雨如注，航班延誤，我們只能在貴賓休息室等候。約一小時後，雨稍停，民航服務員通知我們登機。剛落座，飛機即開始緩緩啟動。隨著一陣轟鳴，這架波音 737 客機騰空而起衝向天空，穿過厚厚的云層，升入一萬公尺的高空。機上讓人們系好安全帶的字樣消失了，旅客們開始活躍起來，空中小姐送上盒飯，阿拉伯朋友一邊嚼著大餅，一邊開著玩笑。當他們得知我要去安曼赴任

時，都向我表示祝賀和致意。

到達使館，除同館員們見面外，我便忙於公務，並作好對外活動的準備。

翌日，天氣晴朗，空氣清新，天空蔚藍，白雲飄飄，冷風拂面，略有涼意。我請使館外籍司機哈里勒開車到處轉轉，這才看清安曼市的真面目。

原來，安曼是一座山城。現代化的建築、古老的建築和許多名勝古蹟記載了這座城市的悠久歷史、風雨滄桑和現代文明。各類銀白色的建築物均依山就勢，錯落有致地分布在十九個小山頭上。街道寬敞，蜿蜒起伏，四通八達，綠樹成蔭，鳥語花香。遠遠望去，這座城市很像《天方夜譚》中的千年古堡，千姿百態，縱橫交錯，令人陶醉。

上午九時，我去約旦外交部拜會禮賓司長艾哈邁德・哈桑，提出向國王遞交國書和向外交大臣遞交國書副本有關事宜。哈桑同我談話時，一會兒用阿拉伯語，一會兒用英語，一雙狡黠的眼睛盯著我的反應。最後，他發現我都可以應對，便半開玩笑地說：「閣下，您過關了。」

2・遞交國書副本

十八日，我向約旦外交大臣卡巴裡蒂遞交國書副本。外交大臣身材修長，文質彬彬，長臉，濃眉大眼，留著一撮阿拉伯小鬍子，身著一套黑色西裝，給人一種精明、幹練的感覺。他一見我，便起身同我熱情握手，嘴裡不停地說：歡迎，歡迎。我

一九九八年九月二十
六日，劉寶萊大使
（左３）在安曼出席中
國書畫展開幕式。

轉達了錢其琛副總理兼外長對他的問候，並向他遞
交了國書副本。

落座後，他主動問起阿聯酋總統扎耶德的身體
狀況和阿聯酋的有關情況。我藉機轉達了阿方希望
加強同約方關係的良好願望。他表示感謝，並發表
了一些個人的看法。這次會見長達一個半小時。外
交大臣希望再約我談一次。他悄悄說，自今年四月
台灣李先生（即李登輝）對約旦進行私人訪問以
來，第一次有機會同中國大使進行如此長時間的友
好交談。我重申了我國政府對台灣問題的原則立場
和對約旦政府接待李登輝訪約的態度，並希望今後
不要再發生類似事件。

卡巴裡蒂說，我們都應向前看，希望大使閣下
在任期間，進一步促進兩國關係的全面發展。我
說，絕對沒有問題，這是我的職責所在。

大臣表示，我遞交國書尚需時日，主要因為約
旦外交部禮賓司需要安排幾位新任大使一起分別向

侯賽因國王遞交國書。因此，我遞交國書副本後，可以進行外事活動。

為了推動兩國關係健康發展和儘快消除李登輝訪約的不良影響，我開始在當地朝野、新聞、經貿等各界人士中進行廣泛活動，宣講兩國友好，闡明我對台灣問題的一貫原則立場，揭露李登輝製造「兩個中國」或「一中一台」的圖謀。

3．約旦因小失大

首先，我拜會了約旦前外交大臣薩拉赫先生。他於一九七七年作為約旦駐美國大使，同我國駐美國聯絡處主任黃鎮先生分別代表約旦哈希姆王國政府和中華人民共和國政府簽署了兩國建交公報。

薩拉赫先生對我說，約旦接受李登輝訪約，有違兩國建交原則。他已向侯賽因國王諫言，約旦不能見利忘義、因小失大，這有損約旦的對外形象。

不久，我拜會了約旦前首相、外交大臣馬斯里。他出身望族，祖籍巴勒斯坦，在約旦政壇上十分活躍，深得侯賽因國王賞識和器重。他說，約中關係友好是一貫的。他曾兩次訪華，留下了美好而深刻的印象。接著，他指指窗外的積雪說：當然有時也會出現這種現象，這是人們不願看到的，但我相信，大使閣下的智慧和熱情定會融化冰雪。冬季很快過去，春天即將到來。我感謝他的讚揚，希望他為之作出努力。他說，他將不遺餘力。

另外，我去拜會其他許多知名人士時，他們多

數認為，約方不應同意李登輝來訪，因為這有違兩國建交原則。

與此同時，當地報刊陸續轉載我接受記者們的採訪，還專門報導了我國政府對台灣問題的一貫原則立場。有的報紙發表短評指出，約旦應接受海灣危機的教訓，不要捲入別國的內部事務，接待人家不歡迎的人士，從而直接影響兩國關係的發展。

截至一九九六年二月六日向侯賽因國王遞交國書前，我拜會了三十餘名各界知名人士。有一天，約旦外交部政治司長巴瓦布約見我時開玩笑說，大使閣下來約不久，但閣下的聲音幾乎傳遍全國各地。

我還接待了到安曼出席有關會議的我國兩位副部長，其中一位是外經貿部副部長谷永江，他率團出席在安曼召開的七十七國集團亞洲組部長會議。另一位是地礦部副部長張宏仁，他應邀出席一月二十日至二十七日在安曼召開的國際地質執委會會議。因為第三十屆國際地質大會將於同年八月在北京舉行，張副部長專程向執委會通報了我地礦部對會議的準備情況。

在我等待遞交國書期間，約旦舉行植樹日活動，請我參加植樹。那天下雨，辦公室的同志們勸我不要出席，我拒絕了。我認為，侯賽因國王將參加，我去一可見到國王，二可擴大我館在約的影響。在現場，我同巴基斯坦大使一起植樹，約電視台還特意攝像並轉播。國王接見使節們時，看到我

鞋上的泥，高興地說，感謝大使閣下與我們同樂。
他表示，將儘快接受我遞交國書。

4・喬石訪約

　　應土耳其、約旦和伊朗三國議長的邀請，中國
全國人大常委會委員長喬石率全國人大代表團於一
九九六年十一月對三國進行友好訪問。九日至十二
日，喬石委員長訪問了約旦。這是近年來我國最高
級別的領導人往訪，也是一九九五年四月李登輝訪
約後，我國訪約的第一個最高級別的代表團。對
此，約方給以高規格禮遇，訪問取得了圓滿成功。

　　九日清晨，喬石委員長抵達那天，我提前趕到
馬爾卡軍用機場，看到機場上懸掛了中國國旗，鋪
上了紅地毯，整齊地停放著包括防彈車在內的禮賓
車輛。按約方禮賓規定，外國元首來訪，約方在機
場懸掛來訪國的國旗，鋪紅地毯。因此，約方是按
元首級規格接待喬石委員長的。不一會兒，蘇魯爾
眾議長和其他政要、知名議員及歡迎群眾陸續到達
機場。

　　九時許，喬石委員長的專機安降馬爾卡軍用機
場。專機停穩後，我上機迎接喬石委員長。下機
後，蘇魯爾眾議長等政要熱情地同喬石委員長握
手，兩名兒童向他和夫人於文獻花。喬石委員長在
蘇魯爾陪同下步入貴賓室。路上，他不停地向歡迎
群眾招手致意。他在機場發表了書面講話，並接受
了約旦國家電視台的採訪。當晚，約電視台作了充

分轉播和報導。

　　隨著專機停穩，使館的五個接待小組迅速進入角色，各司其職，猶如一台機器上的齒輪一樣，有序地轉動起來。後勤組除安排好車輛、酒店房間和燒好開水外，很快將代表團的百餘件行李裝車送往酒店；安全組忙著同我民航機組和約軍方接上頭，做好看護專機和機組安置工作；新聞組熱情地陪隨團記者活動……總之，他們首先要使代表團和機組的八十八人一下飛機就能順利找到乘車位；進酒店後，能順利找到自己的住處；進房間後，能喝上一杯熱水。

5・侯賽因國王立即會見

　　在貴賓室，喬石委員長問我關於高層會見事，我說一直在聯繫。王宮方面，尚無消息。待代表團下榻希爾頓酒店後，我接到王宮典禮局的通知：侯賽因國王要會見喬石委員長。我馬上向他報告，他感到驚喜，高興地說，沒想到，我一下飛機，國王就見我。

　　在我等陪同下，喬石委員長步入王宮接見大廳。侯賽因國王主動上前同喬石委員長親切擁抱，並說，歡迎中國人民的偉大代表、向約旦人民派出的友好使者。喬石委員長轉達了江澤民主席的問候和邀請，歡迎國王在方便的時候再度訪華。國王表示感謝，請委員長轉達他對江澤民主席的問候和致意。他希望儘快訪華。喬石委員長讚揚約旦人民在

國王陛下領導下取得的可喜成就；相機介紹了中國全國人大的職能和國內經濟建設情況及訪約目的。侯賽因國王說，約旦為有中國這樣的真誠朋友感到驕傲。他說，在不結盟運動範圍內，我們將中國作為最主要的朋友。我們將繼續合作，以造福於人類。

會見後，喬石委員長對我說，侯賽因國王很有禮貌，在國際上知名度高，也很活躍。他對中國有好感，願同我國加強關係。

6・代表團喜歡稀粥

當晚，喬石委員長一行會見使館全體館員和中資機構代表，並同大家合影留念。會見後，代表團同館員們共進晚餐。為此，使館準備了百餘人的飯菜。館員們各家各戶還專門為代表團熬了稀粥。喬石委員長精神煥發，端著酒杯到各餐桌上祝酒。他一再表示，同志們辛苦了！大家都說，委員長辛苦！祝委員長身體健康，訪問取得圓滿成功。代表團一行和機組共八十八人，其中有不少人第一次出訪伊斯蘭國家，吃不慣牛羊肉，但又沒有辦法。這次他們能在使館喝上稀粥，太高興了。有些同志還用塑料袋裝些稀粥帶回飯店慢慢享用。

結束時，他們緊緊地握著我的手說，雖說到使館就到了家，但又吃又拿，總感到有點不好意思。我說，這沒有什麼不好意思！歡迎大家再來。

　　十日上午十時，喬石委員長一行同蘇魯爾眾議長在約議會大廳舉行會談。當時，廳裡幾乎坐滿了人，大約有一百人之多。入座後，蘇魯爾議長致辭，熱烈歡迎喬石委員長率領中國全國人大代表團對約旦進行友好訪問。他說在座的議員們都是約旦各行各業的菁英，他們聽說中國人大代表團來訪，都主動前來同代表團座談。喬石委員長也發表講話表示感謝。

　　雙方各自通報了議會的職能。約旦議員們向中方提出了類似中國經濟發展、吸引外資、穆斯林狀況、計畫生育、中以（色列）關係和對巴勒斯坦立場以及有關伊拉克等問題。喬石委員長和代表團的其他成員都熱烈發言，參加研討，回答了對方提出的問題。

　　會談氣氛熱烈友好，雙方一致同意中國全國人大同約旦議會經常交流情況，繼續加強友好往來與合作。喬石委員長邀請蘇魯爾眾議長率團訪華，蘇魯爾愉快地接受了邀請，時間待定。

　　會談後，曹志秘書長表示，約旦議員文化素質高，對中國友好，不論講話還是提問題，大都是正面的、積極的。因此，大家談得很融洽。

　　十二日，喬石委員長一行結束對約旦的正式訪問後乘專機飛往德黑蘭，繼續他的三國之行。蘇魯爾眾議長和我等前往機場送行。

　　登機前，喬石委員長說，訪約很成功，給他留

下了深刻印象。聽後，我精神振奮，頓覺輕鬆，月餘來的疲勞好像一下全消了。

同約旦王室成員的交往

1.向國王遞交國書

一九九六年二月四日晚，我正在使館院內散步，忽然哈桑禮賓司長來電話告，侯賽因國王將於二月六日接受我遞交國書。我立即召集有關部門負責人開會研究，作出具體安排。當然，辦公室的全體同志迅速忙起來。

二月六日，我同印度、土耳其、澳大利亞、意大利、阿聯酋和巴林六國新任大使，按抵達安曼的時間順序排列，依次向侯賽因國王遞交國書。上午九時，約旦禮賓車隊來到使館，我便攜帶國書，乘

一九九六年二月六日，劉寶萊大使向約旦國王侯賽因遞交國書。

坐英國老式轎車到王宮。在那裡待了約半小時，禮賓官前來請我到宮外檢閱儀仗隊。樂隊奏起中華人民共和國國歌，我心情特別激動，更為我們偉大祖國的強大感到驕傲和自豪，為神聖使命而感到榮幸。檢閱儀式後，哈桑司長陪我到接見大廳。

2．「我們是老朋友」

侯賽因國王一見到我，即主動伸出右手來，緊緊地握住我的手，並用左手搭到我的肩上，熱情地說：「真沒想到，十二年後，我們在安曼又見面了。大使閣下，你已由一位年輕的外交官成為貴國主席的代表。熱烈祝賀你，熱烈歡迎你！」

「見到國王陛下我感到十分高興。首先請允許我轉達中華人民共和國主席江澤民先生對國王陛下的親切問候和良好祝願。祝陛下身體健康；祝貴國繁榮昌盛，人民幸福；祝中約兩國友好合作關係得到進一步發展。」我用阿拉伯語說，接著向國王遞交了國書。

國王笑著說，「這只是個形式而已。其實，我們早已是老朋友。朋友相見，不必拘禮。」國王回顧了兩度訪華的經過及在北京、桂林、上海參觀的情景後，深情地說，訪華期間給他印象最深的是同鄧小平先生的會見，至今歷歷在目，言猶在耳，好像昨天發生的一樣。時間過得真快啊！轉眼十二年了，中國肯定已有很大發展，真想再去看一看。我即表示歡迎他方便的時候往訪，並多待幾天，多看

些地方。他說，一定去。

3．「鄧小平先生是一位偉人」

後來，我常陪國內來的高訪團拜會國王。有一次，國王對我說，如我有急事，可直接同宮廷總管聯繫，不必先通過外交部。他說，他原定一九九三年訪華，後因中東問題推遲。儘管如此，他仍希望有機會訪華，看看中國的巨大變化。

一九九七年鄧小平同志逝世後，侯賽因國王在哈桑王儲陪同下到使館弔唁，並在弔唁簿上寫道：鄧小平先生是一位世界偉人。

一九九八年下半年，侯賽因國王因病赴美國住院治療。期間，他通過宮廷總管向我提出，請江澤民主席派一名針灸大夫赴美協助治療。我報國內後，江主席即指示衛生部儘快辦理此事。大夫很快抵美，參加對國王疾病的治療。國王深為感激，他提出希望康復後於一九九九年上半年訪問中國、印度、韓國和日本等亞洲四國。但不幸的是，他病情突然惡化，醫治無效，與世長辭了。

4．幹練的哈桑王儲

一九九六年二月二十八日，我拜會哈桑王儲。當時，侯賽因國王出國訪問，他任代國王。我進宮後，他正忙於公務，秘書艾哈邁德接我到他辦公室裡等候。

不一會兒，哈桑王儲過來，像見到久違的老朋

友一樣，同我熱情擁抱。他拉著我的手到他辦公室，請我入座。他高興地說，大使閣下是國王陛下的老朋友，自然也是我的老朋友。這裡，沒有王儲，也沒有大使，只有朋友。

聽了他這番話，我原來的拘謹消失了。首先，我向他轉達了江澤民主席和李鵬總理的問候，重申對他的訪華邀請。對此，他表示感謝，並愉快地接受邀請說，原定去年訪華，因一時公務纏身，故予推遲，特表歉意。

他說，今年情況會好一些，不會太忙。他希望三、四季度成行，具體時間將通過外交途徑商定，他將提出訪華設想，以便能取得具體成果。

談及兩國關係和約旦國內情況，我表示，我的使命神聖而艱巨，熱切期望兩國關係的春天很快到來。同時，我積極評價了約旦人民在侯賽因國王陛下領導下取得的巨大成就，並說，這與王儲殿下的努力是分不開的。

哈桑王儲不假思索地說，約中關係是特殊關係，並非一般關係。建交近二十年來，兩國關係有了長足的發展。他說，隨著大使閣下的到任，兩國關係正打開新的一頁。前幾年，中國公司在約旦的承建市場上很活躍，希望今後兩國合作形式多樣，歡迎更多的中國公司來約考察、投資、辦企業。

當時，哈桑王儲已聽懂我講話的意思，他當即用兩國關係「正打開新的一頁」從容應對。這表明他很精明，不愧為一位經驗豐富的政治家。接著，

他將約中兩國的經濟發展情況作了比較，其中講道，中國地大物博，經濟騰飛，舉世矚目，令人高興，也讓包括約旦在內的阿拉伯國家朝野始料未及。他說，目前，因受海灣危機的影響，約旦經濟困難，昔日繁榮的亞喀巴港口現已冷冷清清。約旦的旅遊業也蕭條下來。但約旦的優勢是它地處該地區的中心地帶，是歐亞之間的樞紐之一，戰略地位重要，加之政局穩定，人力資源豐富，投資條件優惠，為外國投資者提供了良好的投資環境。

他還告訴我，他喜歡研究政治理論，特別是意識形態。他認為，當今世界各強國已接受兩次世界大戰的教訓，不會再發生新的世界大戰。除中東地區外，國際局勢總體趨於穩定。因此，世界人民希望和平、安定、幸福、繁榮，普遍淡化了意識形態。

他打著手勢說，世界上任何國家，不管是共和制，還是君主制，不管是社會主義，還是資本主

一九九九年七月，劉寶萊大使夫婦在中國駐約旦使館留影。

義，只要使本國人民安居樂業、生活富裕，就是好制度。約中兩國社會制度不同，但兩國關係比約旦同某些鄰國的關係還要好。

我引用了鄧小平先生關於對國際上存在的東西南北問題的看法後說，如果當今世界的和平與發展問題解決了，那麼世界將更安全、更發展，人民將更幸福。他笑著說，但願如此。

一個小時很快過去，他顯得言猶未盡，特別熱情。他請我轉達對江澤民主席和李鵬總理的親切問候和良好祝願。

我贈送他一匹複製的小型青銅馬，祝他像馬一樣，奔騰不息，勇往直前。他仔細觀察後，高興極了，再三表示感謝。

以後，我經常陪我國政府代表團會見他，並應邀出席他舉行的各種大型活動和招待會。

一九九八年二月，連戰夫婦訪約，他予以會見。對此，我很氣惱，認為他太實用主義。但我一直同他保持聯繫，正面做工作，同時加強感情投資，參加他長女的婚禮，祝賀他次女生孩子，還為他夫人薩爾瓦特公主領導的慈善機構捐助一輛大轎車。

他被廢黜王儲之位後，台灣當局不再理他。而我離任時，仍向他辭行。他認為，我是一個正直的人，是一位有遠見的優秀大使。

二〇〇〇年，應中國人民外交學會邀請，哈桑親王訪華，並讚揚中國經濟飛速發展。二〇〇四年

底，我出席第二屆中阿研討會期間，哈桑親王接見代表團，表示中國的發展模式值得阿拉伯國家研究、學習和借鑑。他說，美國「9·11」事件後，該地區國家開始奉行東向政策，特別是對中國、日本等東亞國家進行投資。

故地重遊

二〇〇四年十一月底，中國國際問題研究所同阿拉伯思想論壇在安曼聯合舉辦第二屆中阿研討會，馬振崗所長率中方代表團與會，我作為團員應邀出席。這是自一九九九年七月離任後我第一次重回安曼，自然要上街轉轉，會見一些老朋友，了解約旦五年來的發展變化。的確感觸頗深。

許多知名人士告訴我，近年來，約旦經濟有了新的發展。二〇〇三年約旦 GDP 為一百億美元，增長 3%，進出口貿易七十八億美元，作為三大經

濟支柱之一的僑匯收入達二十二億美元，人均國民收入為一千七百八十美元。而我離任那年（1999年），因受一九九七年東南亞金融危機和其他因素的影響，約旦 GDP 為六十七億美元，增長 1%，進出口貿易達五十二億美元，僑匯十億美元，人均國民收入一千五百八十美元。

當然，約旦失業率仍居高不下，已達 13.6%。這與當地人口以 2.8% 的速度增長和貧富懸殊拉大有關。約旦政府已經意識到該問題的嚴重性，正積極解決。我從電視裡看到約旦首相對記者講，他的首要任務就是抓好經濟，改善民生，為廣大人民提供更多的就業機會。

其次是安曼城建發展迅速，出現欣欣向榮的新氣象。我離任時，該市樓宇建築分布在十九個小山頭上，現已發展到二十四個小山頭上。新的別墅、旅館、商社及其他服務設施到處可見，夜幕降臨，萬家燈火，星羅棋布，十分壯觀。

據我的老朋友、前往機場迎接代表團的胡馬姆博士講，前來安曼投資房地產的人士主要來自三個方面：一是伊拉克富商。伊拉克戰爭後，大批伊商人不堪忍受國內的動盪局面，紛紛來約投資建公寓；二是海灣企業家和在那裡發財的約旦人，他們多為自己建別墅；三是前來投資辦企業的各國大公司。他們認為約旦地皮便宜，大都為公司建辦公大樓。

傍晚上街走走，市面治安良好，商店大開，綵

燈閃爍，市場供應豐富。我特意以「安曼新貌」為題賦詩一首：

　　繁花錦簇燈火豔，疑是銀河落安曼。

　　別墅小區錯落致，依山闢土連成片。

　　文明奇觀相輝映，遊人謀名方有緣。

　　商社云聚八方客，喜聞飲水大改善。

　　五年來，約旦旅遊業發展較快，軟、硬件都有了改善。我隨代表團參觀約旦古蹟佩特拉時發現了些新變化，比如由入城處到廣場的一點二八公里的賽格小道，曾鋪滿石子，走起來相當困難，現已平整路面。同時，在廣場的國王大石墓下又發現了新的城建。導遊的解說也豐富多彩，增加了不少娓娓動聽的故事。

　　會議期間，我分別拜見了阿卜杜拉二世國王的叔父阿里‧本‧納耶夫親王和姑母巴斯瑪公主，二人均十分熱情，自然回憶起我在約任職期間經常相聚的美好日子。我歡迎二人訪華，到中國各地走走，看看。他倆都說，從新聞媒體的報導上已看到中國經濟發展迅速，人民生活水平有了較大提高，這對一個擁有十三億人口的大國來說，真是了不起。約旦也有發展，但需要借鑑中國的發展經驗，以便使國民經濟發展更快。二人均表示，明年一定訪華。同時，我見到阿拉伯思想論壇主席、約旦前王儲哈桑親王。他談起二〇〇〇年訪華的情景，對

外交學會的邀請再次表示感謝。

此外，我很想會見約旦前駐華大使拉吉布先生。因為他離任時，我正在外地休假。我駐約旦大使羅興武先生告，拉吉布大使離任回國後，已任約外交大臣辦公室主任。羅大使立即同他聯繫，並陪我去外交部看望他。但不巧的是，他正會見瑞典大使。因我同羅大使正忙於去王宮拜會納耶夫親王，不能在外交部久等，故只好請秘書轉達我對他的問候。

當日傍晚，我們去死海遊覽。由於安曼夜幕降臨後氣溫下降，大家僅脫了鞋襪，光著腳到水裡泡了一會兒，誰也沒有勇氣去游一下。晚餐後，大家便匆匆趕回飯店。

待回到飯店，已是夜間十時四十五分。我立即給拉吉布大使打電話，約好次日中午到蒯松茂夫婦的中華餐廳用餐。蒯松茂的夫人杜美如女士是當年上海灘梟雄杜月笙的長女，當時已七十五歲。我在任期間，和他們常有來往。二人來京時，我也請他們吃過飯。因此，這次他們夫婦一定要請我。羅大使、我和拉吉布先生抵達時，夫婦倆早已在那裡等候。我帶著傻瓜相機，順便照了幾張合影。

席間，大家談起台海局勢。蒯松茂說：「我和美如堅決反對『台獨』。」我說，自己未去過台灣，現在從事的是民間外交，已是民間人士，希望有機會去台灣看看。蒯說，如果去，請先給他打個招呼，他可作些安排。我表示感謝。

我的中國行

阿拉法特・哈拉哈沙

（中國阿拉伯商人論壇主席）

　　動筆寫這篇文章之際，我腦子裡首先冒出的問題是：我是怎樣來到中國的？事實上，我是在約旦和中國互換獎學金項目的資助下前往中國的。這一項目始於約中一九七七年建交之後，而我申請了一九八七年夏去中國學習計算機工程的獎學金。我們在中國駐安曼大使館參加考試，競爭獎學金名額。在使館，我碰到一個之前去中國學習過的學生，他提醒我們要在約旦買好所有必需品，如日用品、衣物等，因為當時這些物資在中國找不到同等質量的。

　　我幸運地通過了考試，之後前往北京語言學院（今北京語言大學）學習。我到北京的第一天，就發生了一件有意思的事。當時沒人來接我，那天晚上我不得不住酒店。當時正是九月，北京一年中最美的時節。然而酒店都沒有房間，除了北京最大最貴的酒店，這裡也只剩下最貴的房間，即總統套房——外國元首訪華時住的房間。那晚，我花掉了口袋裡三分之二的錢：一百六十美元。當時，這些錢足夠我在北京生活一年多！

由於套房在大樓一角，有兩個朝向不同的陽台。第二天早上，我從一個陽台向外望去，看到大量的自行車——我從來沒見過這麼多自行車，於是心想：很幸運啊，正好趕上自行車馬拉松到了北京。接著，我從第二個陽台意外地發現了另一場「自行車馬拉松」，不過是朝著另一個方向的。我意識到，這不可能是一場馬拉松。後來我才知道，自行車是那時北京的主要交通工具。

　　在語言學院的學習生涯開始了。我刻苦學習，每天複習功課，只為順利完成我的主要任務——求學。北京語言學院中文系的老師們在教外國人漢語方面都擁有豐富的經驗，這為我們掌握這門語言提供了巨大的幫助。我到北京後最擔心的就是飲食問題，儘管學院為阿拉伯和穆斯林學生提供清真餐飲，我還是不習慣。於是，我開始學習自己做飯，後來慢慢克服了這一問題。

　　這一年，約旦只來了兩個學生：我和另一位同學。每年，兩國交換獎學金的名額一共有五個。學院裡還有很多其他國籍的人，其中阿拉伯學生來自也門、蘇丹和巴勒斯坦等國。

　　一九八八年初，我利用寒假經深圳去香港玩。那時，深圳的發展剛剛起步，與國際大都市香港之間存在巨大差距，難以形容。與大型商貿大廈和高層住宅樓遍地的香港相比，那時的深圳只有一棟高層建築。或許換個角度，只用說我們去香港是為了採購中國內地無法供給的優質日用品，就足以說明

阿拉法特‧哈拉哈沙和他的中國妻子

問題了。我提起這件事，也是為了證明迄今為止中國大陸已實現並一直持續的巨大、快速的發展。

一九八八年九月，我開始在上海交通大學學習專業知識，它是中國最有實力、最著名的大學之一，如今建校已有一百多年。作為這所歷史悠久的大學裡第一批外國學生，我們剛開始學習時十分吃力，因為專業課的學習要求很高。學生處為了幫助我們這些外國學生克服困難，特別是語言關，專門為我們開設了額外的課程，並給我們提供多向老師請教的機會。

大學位於市中心，它在郊外還有一個校區。前兩年，我們就在位於郊區的校區裡學習，還結識了鄰近的其他大學的約旦和阿拉伯學生。在當時的上海，毫不誇張地說，由於拆遷和重建速度驚人，如果我們離開一個月左右，回來就認不出這個地方了。

一九九二年，我順利完成了大學學業，並找到了一個工作機會——加入一家初到上海投資服裝廠的外國投資公司。期間，我參與了和政府、企業、職員及工人的談判。這就是我在實業領域的第一段經歷，我取得了成功，並從中得到了寶貴經驗。

一九九五年，我開始和朋友合夥創業，開辦了一家貿易辦事處，把中國的輕工業產品和中型工業產品出口到阿拉伯世界。

二〇〇〇年，我們開始涉足工業領域，與中國夥伴合作生產汽車零配件。對我來說，這是一次嘗

試、一次質的飛躍，使得我對中國領先的產業有了直接接觸和學習機會。

同時，我們的貿易事業也在持續發展。我開始致力於把中國的生產線引進阿拉伯世界。讚美真主，我們取得了巨大成功。

個人生活方面，我在學習期間認識了一位中國女同學，我們大學畢業後就結了婚。現在，我們有一個正在上大學的兒子和一個讀高中的女兒。

在長達三十年的個人經歷中，我見證了中國經濟巨變這一讓全世界矚目的偉大嘗試。

在這篇文章裡，我並非在書寫約中關係及其歷史，而是書寫作為一個約旦人的經歷。我經歷了中國改革開放的歷史，見證了其發展，無疑，這樣的經歷讓我受益頗多。

作為約中兩國教育交流項目下最早來華學習的學生之一，我們這個群體最初人數很少。對於約旦，當時很多中國人只知道侯賽因國王（願真主垂憐於他）。因此，當我決定去中國學習時，家人和朋友都十分不解。當時，兩國關係還處於起步階段，兩國人民間的相互了解十分有限。而現在，分布在中國各地的約旦學生共計有數千名之多。

接下來，我將描寫在中國的三十年間難以忘卻的記憶、學到的經驗和道理。

一九八七年我初到中國時，街道上自行車數量之多讓我驚詫，自行車專用道比汽車專用道還要寬敞。當時，自行車是主要交通工具，既環保又有利

健康，對我來說也是精彩的體驗。現在，這一出行方式通過共享單車再次流行起來。

我到北京語言學院報到時，領到了毯子、床墊等個人用品，更重要的是，我領到了熱水壺。在中國，任何人都離不開熱水，這讓我知道了飲用熱水對於人體的重要性和好處。

在中國，學生群體的文化之一是每天進行體育鍛鍊，這是一項十分健康的良好社會習慣。大學裡，體育課是基本科目，有人取得優異成績，也有人不及格。學生只有在身體素質達到一定水平後才能畢業，因為中國意識到了身體健康對於提高國民素質的重要性。

在當時的中國，大學生的努力程度非常罕見。晚飯後，所有學生都到教室或圖書館，從晚上六點半複習到十點，然後回到寢室繼續學習，直到 11 點熄燈。

作為一所語言學院，我們學院有很多來自世界各地的人，你可以了解很多民族的生活習俗和傳統文化。這一寶貴經歷幫助我更容易理解周圍的環境。當時，外國學生都在中國最著名和最有實力的大學學習，如上海交通大學、同濟大學、復旦大學、清華大學等。

前面談到，我在一九八八年初途經深圳去香港，當時這兩個地方存在天壤之別，然而現在，兩地發展水平不相上下。深圳的經驗值得在高校的政治、經濟院系好好傳授，這座城市由中國改革開放

的總設計師鄧小平在八〇年代初確定為經濟特區，作為實施新型開放模式即中國特色社會主義的試點。通過在深圳進行新型發展模式的嘗試，發現缺點後加以調整，進而將實踐證明行之有效的模式在全國推廣普及，中國逐步完成了從計畫經濟向有中國特色的社會主義經濟的成功轉變。事實證明了這一路徑的成功。當然，任何改變都會遭到反對，鄧小平通過他的名言「發展才是硬道理」，有力回擊了反對者。

一九九一年，我進入沙特巴拉卡銀行旗下的巴拉卡投資公司工作，這是中國金融開放前首批來華的國際投資公司之一。然而遺憾的是，他們並未達到目標，後來被進入中國市場的其他外國銀行超越。中國的投資機會需要毅力和非凡的努力。

九〇年代初，中國出台了很多減免稅收的法律以鼓勵外國投資，幫助吸引外國的資金、技術和管理經驗。憑藉這一政策，中國獲得了巨大的成功。

同一時期，私有制開始興起，出現了專門經營服裝和鞋等商品的商鋪。新的富人階層開始出現，這是後來國內國際貿易發展的基礎之一。

由於中國勞動力技能高、人力成本低，外國投資在中國不斷增加。後來，很多外國公司把開拓中國市場、提高其市場購買力作為重中之重。

為了最大程度地從向外國商品開放市場中受益，中國政府執行了英明的政策，它規定進入中國市場的部分產品必須在中國國內加工，手機就是最

好的例子。國家通過市場的力量獲取收益，同時解決了很多勞動力的就業問題。最重要的是，外企向中國轉移了技術，使之本土化。

隨著對外開放和經濟的發展，一大批人從貧困階層變成了中產階層，特別是個體商戶和工廠主。許多工廠一開始只是小作坊，發展到現在，有的甚至成為世界上最大的商貿和製造企業之一。中產階層對於國家經濟發展的重要性由此凸顯出來。

中國商品與其他國家的同類商品相比有價格優勢，因此受到世界市場的廣泛歡迎。我認為，這是幫助許多第三世界貧困國家提高生活水平的因素之一。比如，很多非洲民眾以前從來沒有想到能穿上嶄新的衣服和鞋子，而價格合理的中國商品讓他們的願望實現了。

中國政府在許多沿海城市和臨港地區建立了工業區，這些工業基礎設施為很多剛起步的生產企業提供了便利，企業可以承擔更少的製造成本和風險。

中國的不同地區擁有特定的產業，比如福建省的製鞋產業和童裝產業、深圳的電子產業、江蘇省多地的紡織業等。這極大地促進了這些產業的快速發展，有利於降低成本，增加這些商品在本地、全國乃至世界的競爭力。

還有其他因素能夠降低中國的生產成本、提高產品的競爭力，如國家投資建設生產所需的基礎設施、提高勞動力素質等，限於篇幅不再贅言。

　　中國製造在過去三十年裡取得了巨大發展，尤
其是電子、航空航天、鐵路等產業發展迅速，使中
國成為這些領域的世界領軍者。如今，中國的發展
不再依靠廉價勞動力，一些產業甚至依賴機器人和
人工智能。

　　在文化層面，過去只有少數中國人精通外語，
如今，國家對外語學習更加重視，特別是英語已得
到普及。當然，對其他語言的重視程度也不斷提
高，為此，在許多高校開設了各種外語專業。值得
一提的是，為了加強與阿拉伯國家的相互合作和文
化交流，中國特別重視阿拉伯語的教學。

　　在中國生活的這三十年，我發現在將阿拉伯文
圖書翻譯成中文、將中文圖書翻譯成阿拉伯文方面
還有很大的不足，這影響了中國與阿拉伯世界的文
化交流。雙方研究人員的參考資料十分有限，當然
從貿易角度來說，也為許多有關人士提供了諸多機
會。

根據我的見聞，中國人有很強的家庭觀念。不管工作有多忙碌、離家有多遠，各家各戶每年春節必須要團聚在一起。在中國文化裡，春節是最重要的節日。

　　在交通工具方面，從自行車到豪華轎車、再到共享單車的轉變，是值得敬佩和讚賞的巨大進步。

　　最後我想說，中國在過去三十年的嘗試是成功的，各方面都值得我們學習。我認為，中阿之間的文明交流仍然是最重要的，這一領域還有很多事業等著我們開拓，它有利於世界各民族互相了解、和平相處。

約旦紀行

朱威烈

（上海外國語大學中東研究所名譽所長、中阿

合作論壇研究

中心主任）

一九九七年七月下旬，我赴安曼參加約旦皇家
伊斯蘭文明研究院（現名伊斯蘭思想研究院）兩年
一度的年會。這是我第二次訪問約旦了。兩年前，
也是七月，我曾出席這家研究院第十屆年會，會後
曾由好友葉水林先生陪同，遊覽了約旦的佩特拉、
傑爾什、死海等古蹟名勝，留下極深的印象。這次
時間短，來回僅一週，只能待在安曼參加會議，讀
報、讀材料，會後會見朋友，促膝談心了。

約旦皇家研究院第十一屆年會是一次盛會。出
席會議的有二十九個國家的七十五名院士、通訊院
士和代表。開幕式在皇家文化宮舉行，由侯賽因國
王作長篇致辭。應邀蒞會的貴賓有埃及愛資哈爾清
真寺大教長穆罕默德・賽德・坦塔維和伊斯蘭會議
組織（現名伊斯蘭合作組織）秘書長伊茲丁・伊拉

基博士。這一年新聘為院士的是埃及著名文學史教授邵基‧戴夫博士和出身伊拉克宗教世家的阿卜杜‧馬吉德‧胡伊教長。皇家研究院與英國迪蘭大學中東研究中心聯合設立的阿卜杜拉國王獎，由兩位埃及學者分享，他們獲獎的論文是《阿拉伯文化和伊斯蘭文明一元框架中的多樣性》。

這屆年會的主題是「伊斯蘭和當代社會問題」，分兒童、青少年、移民和難民等幾個專題。組委會要求學者們從伊斯蘭角度進行分析、提出解決辦法。侯賽因國王的開幕詞實際上是主旨講話。他說，學者們須恪守（伊斯蘭）正統的恆量（核心價值觀），用來指導自己的思想、言論和行為，要與時代精神並行不悖，不落在新事物的後面，因為學者們肩負著建設當前、探索未來的使命。侯賽因國王認為，當前伊斯蘭世界缺乏一個建立在伊斯蘭

信仰和正統阿拉伯文化基本要素之上的用來解決貧窮、失業和發展等問題的科學而又實際的規劃。

　　侯賽因國王在談到兒童和青少年問題時，一方面強調他們是社會的弱者，容易受到成人的虐待、忽視，挨餓患病，遭到違背法律規定的剝削和僱用，被綁架、販賣，以及屈從大眾傳媒中暴力文化的侵蝕；另一方面，他著重闡述了伊斯蘭教對兒童的關注，應當讓他們從小就得到愛護，培養他們慣於獨立和自力。關於難民與移民，國王認為這並非新的社會現象，問題在於規模——近三十年內被迫離鄉背井的難民與移民，大約每天為七百人，其中百分之七十屬伊斯蘭國家，起因為武裝暴力、戰爭、教派爭鬥，人為的災難和人力難以抗拒的自然災禍。侯賽因國王提出，伊斯蘭文明的使命是為保護弱小階層制訂國際人道主義的準則，為制訂國家的和世界的有關法律作出貢獻。他建議多設立一些機構，如哈桑王儲已經倡議的天課和互保國際基金

會、國際伊斯蘭教基金會等組織，來幫助解決伊斯蘭世界的社會問題。

哈桑王儲每屆年會都在王宮設宴款待與會代表。這一次，在午宴進行到一半時，他也作了即興發言。他呼籲加強與周圍世界的文明對話，趕上世界互聯網絡的發展，建立伊斯蘭文明知識庫，確保伊斯蘭文明的存在；強化阿拉伯──伊斯蘭的文明屬性。哈桑王儲這些年一直十分注意加強與學術界的聯繫，他不僅兼任皇家研究院的最高領導，而且還掌管為數不少的約旦研究機構，是約旦「阿拉伯思想論壇」（Arab Thought Forum）的主席。他雖然不像其兄長侯賽因國王那樣頻繁出訪，但凡涉及思想文化領域，如伊斯蘭教與基督教、天主教的對話等活動，多半是他具體策劃或率隊前往。這次，他就侯賽因國王要搞一個規劃的意見，正式提出要形成一個伊斯蘭行為道德規範作為伊斯蘭教中庸之道的倡議。這裡應當指出，近年來不少阿拉伯國家的

一九九五年秋，約旦駐華大使薩米爾·努歐里設宴款待被聘為約旦皇家研究院通訊院士的朱威烈教授。

學術界都很重視中庸之道的研究，論著不斷問世。從政治背景上分析，這既是為了與激進的原教旨主義劃清界限，也是旨在區別於傳統的保守伊斯蘭勢力。

　　會議持續了三天，有十八人發言，都各有專家作評述。發言者列舉了目前伊斯蘭世界存在的嚴峻的社會問題，有的是因為缺乏有關的青少年保護法，有的是受西方文化的影響，更多的是伊斯蘭國家本身的政治問題、經濟困難造成的。個別發言帶有較強的反西方文化色彩，認為西方文化的滲透正在抹殺年輕一代的阿拉伯——伊斯蘭文化屬性，而西方社會中穆斯林遭受的壓力就更甚，實際上正在逐代淡化他們的民族、宗教身分。但來自德國、奧地利的通訊院士解釋說，單親家庭、吸毒販毒、宣傳暴力等也是西方國家力圖解決的問題，希望專家們能正確地客觀地認識西方社會。當時，在中東和平進程嚴重受阻甚至倒退的情勢下，約旦在地區內的處境十分艱難，它一方面必須站在阿拉伯——伊斯蘭一邊，反對以色列內塔尼亞胡政府的強硬政策，維護巴勒斯坦人民的權利，並積極改善與阿拉伯海灣國家的關係，希望它們恢復海灣戰爭前對約旦的援助；另一方面，約旦與美歐日的關係日趨密切，不僅能獲得不定期的援助、贈款，而且有望建立與歐盟的夥伴關係，因此，它在巴以爭端中一直擔任著調解者的角色，發揮著獨特的外交作用。本屆皇家研究院年會傳出了加強伊斯蘭法治、民主建

設、維護人權等呼聲的宣傳，也反映出這種謹慎地既不開罪阿拉伯——伊斯蘭傳統勢力，也不正面與西方衝撞的政策走向。

二

我是從曼谷轉機赴約旦的。一坐進約航班機，就從報上讀到了約旦軍事法庭審判達卡米薩槍殺以色列女中學生案件的報導。

在約旦的一週內，傳媒對此案的跟蹤報導仍在持續。對地處阿以衝突前沿的約旦，對目前停滯不前的中東和平進程，這一案件的處理無疑是令人關注的熱點。

案件的經過是，駐守在約旦河邊境的約旦軍隊一等兵艾哈邁德・穆薩・穆斯塔法・達卡米薩在今年三月十三日槍殺了七名以色列女中學生旅遊者，另有多名受傷。慘案發生後，世界各國為之震動。侯賽因國王事後曾親自前往以色列，向死者家屬表示慰問、哀悼。按理說，兇手達卡米薩在案發當場被捕，現場又有約旦、以色列的多名目擊證人，此案似乎並不難審理，但事實上，由於阿以矛盾衝突由來已久，民族、宗教積怨之深，決非幾份協議所能化解，因此，約旦當局在審案過程中是頗感棘手的。

此案的判決是，被告達卡米薩違抗軍令、破壞最基本的軍事紀律，判處終身苦役，降為二等兵，

開除軍籍。

　　達卡米薩是個一九八六年參軍的老兵。他起意槍殺以色列普通公民，並非臨時決定。早在一九九三年，他就計畫進入約旦河西岸，襲擊以色列巡邏兵，後因調防而未能實施。一九九七年三月七日，他回家鄉休假四天后，臨別鄭重地向妻子辭行，還一反常態地一一吻別自己的孩子。到營地出發去行兇前，他托同伴還清他欠一位軍官的借款。從精神狀態上，他表現出了一種「壯士獻身沙場」的情味。他作案的時間是在早上八點過後，舉槍掃射時，距離目標很近，完全看得清楚她們只是一群穿著統一校服的十二三歲的孩子！因此，達卡米薩的幾位著名辯護律師聲稱被告作案是因為性格不穩定，這實在令人感到太過牽強。

　　儘管如此，約旦報刊在報導此案審理時，都極為詳盡，往往一連占幾個版面，並配有大量照片，既有審判現場記者採訪約旦官員的情景，也有達卡米薩微笑著向大家揮手致意，他在默讀《古蘭經》，他的家屬和人群在為他呼喊、哭泣等畫面。我曾問及一起開會的約旦朋友對此事的看法，他們都只是聳聳肩，臉上做個表情，讓我自己去體會。

　　在中東地區，阿拉伯與以色列的衝突是二戰結束至今半個多世紀的核心問題。以色列的立國，使數百萬巴勒斯坦人背井離鄉，淪為難民。幾次戰爭中，以色列又侵占了阿拉伯的大片領土；在耶路撒冷問題上，又多次擅自作出決定，不斷傷害和刺激

阿拉伯人和穆斯林的民族、宗教感情。論國力，是以色列小而強，阿拉伯國家多卻弱。一九九一年召開的馬德里和會使阿以雙方坐到了談判桌前，以「土地換和平」的原則來解決雙方的分歧。一九九三年，巴勒斯坦解放組織與以色列簽訂了建立巴勒斯坦自治區的原則協議。一九九四年，約旦與以色列簽約，成為繼埃及之後第二個正式與以建交的阿拉伯國家。然而，中東地區的矛盾畢竟年深日久。一九九五年底，以色列總理拉賓遇害；一九九六年五月底，內塔尼亞胡當選總理，執政的利庫德集團與強硬的宗教勢力聯手，實行「三不政策」——不歸還阿拉伯被占領土，不同意巴勒斯坦立國，不停止擴建猶太定居點。一年多來，中東和平進程的勢頭已被阻遏，以色列境內的阿以衝突連續不斷，內氏提出的「有安全保障的和平」實際上無法實現。是年上半年，我接連訪問了幾個中東國家，感覺到阿以相互攻擊的輿論都十分強烈，要營造一種談判的氣氛都很難做到。在這樣的情勢下，連已與以色列正式建交的約旦，都竟然出現了現役軍人槍殺以平民的慘案。

達卡米薩一案給人兩種感覺，一是約旦當局仰仗美歐之處多，必須按照國際準則和法律進行審判，對西方和以色列作出交代；另一方面，達卡米薩在普通民眾中雖然不能說被視為「英雄」，但肯定與別的殺人犯不同，甚至還有部分人同情他。回國前，我聽說他的律師團已仔細地研究軍事法律，

將再次提出要求總參謀長予以赦免。

這幾天，又發生了「哈馬斯」在耶路撒冷製造的流血事件，致使經過多方斡旋剛有可能恢復的談判再次戛然而止。中東地區的矛盾實在是錯綜複雜，如果當政者繼續置「土地換和平」的基本準則於不顧，不歷史地客觀地理清頭緒，逐步地公正地解開問題的癥結，那麼，平民遭殃的慘劇就不可能減少和停止，中東地區也不可能融入全球和平與發展的主潮流。

二

約旦皇家研究院共聘有一百名院士和通訊院士，實行終身制。作為當時該院聘任的唯一中國代表，我談點參加年會的感受。

年會開幕式上，院長納西爾丁‧阿薩德博士在作兩年工作報告時，專門提到了北京大學劉麟瑞教授等在這期間故世的院士和通訊院士。會後，阿薩德博士握著我的手說：「劉教授是一位可敬的教授。」他對劉先生的歸真表示深切的悼念，祈禱真主賜劉先生慈憫。

這次，我結識了美國學者薩瓦伊教授。實際上，他是約旦人，十多年前赴美留學，當時與美國著名的中東問題學者威廉‧匡特同在弗吉尼亞大學任教，不過他教授的是中東語言文化。聽說中國有那麼多大學開設阿拉伯語專業，他很期待與我們建

一九九七年，朱威烈教授與英國學者戴維·科恩在約旦皇家研究院年會期間合影。

立起交流關係。一次會議休息時，他來找我，說有一位英國教授想見我。那是一位老先生，個子不高，八十多歲了，但精神很飽滿。他叫戴維·科恩（David Cowan），阿拉伯名字是哈吉·達伍德·科恩。他拉我坐下，抽出皮夾子裡的照片給我看，那是三〇年代他留學愛資哈爾大學時與中國留學生的合影。他說，他知道劉麟瑞先生，更熟悉中國第一批留埃學生，如沙國誠、張秉鐸、馬堅等先生。他特別提到張秉鐸先生，說當年大家都是小青年，住在一起，關係極為密切。他講述那時與中國留學生交往的一些故事，臉上流露出明顯的眷戀和懷念。我告訴他，這幾位中國留學生後來大都成為中國阿拉伯語的大學者、大教授。六〇年代，我從北大畢業，就是受業於這些老師，他們中有的雖沒有直接教過我，但我一向把他們當作老師，懷有很深的敬意。張秉鐸先生的阿文造詣極高，我原來的同學謝賴明生前在國際電台與張先生共事，多次對我稱道

張先生的業務功底；教我的劉麟瑞先生也不止一次在課堂上讚揚張先生準確、流暢的阿拉伯語譯文。科恩先生說，八〇年代，他曾在阿爾及利亞開會時見過張秉鐸先生一次，知道他在譯《古蘭經》，不知完成了沒有？我說，這件事我也聽說過。張先生治學嚴謹，逐詞逐句地斟酌、推敲，需要時間。科恩先生再三托我，一定要向張秉鐸先生，向當年與他同窗的中國留學生致意。科恩先生對中國同學的勤奮、聰明、敬業的感佩，對中國阿拉伯語教學和伊斯蘭學術研究的關切溢於言表。我把這些寫在這裡，把請薩瓦伊教授替我們拍攝的合影刊登在《阿拉伯世界》本期的封二上，俾以轉達一位英國老學者對他的中國同學——我們德高望重的老一輩阿語專家——誠摯的問候！

還有一件值得一提的事。這一年春天，我曾收到摩洛哥文化大臣的邀請，去丹吉爾參加伊本‧白圖泰國際學術研討會。大概花了一個多月時間，我緊張地趕寫出了論文。摩方多次通過電話、傳真告訴我，囑我到中國國際航空公司上海辦事處去領機票，還註明了機票號碼。我多次去國航辦事處，卻就是拿不到票。原來國航不承認電話、傳真，一定要通過電傳，但國航的電傳卻是壞的，而且似乎並不想修好。事實上，他們除國航系統內部外，並不開展「國外付款、國內取票」的 PTA 業務。摩文化部籌委會眼看會議臨近，我卻去不了，就來電要我自己墊款購票飛過去，務必趕上會議發言。幾經

周折，我終於在會議開幕的那天乘上飛機由滬飛京，準備經巴黎轉機赴卡薩布蘭卡，再乘汽車到丹吉爾。不料，國航的飛機到達北京後即發生機械故障，要修理或換機。眼看著時間一分分地流逝，候機室裡的法國人說怪話、裝鬼臉的實在不少。我心急如焚，就去找值班人員問究竟還得等多久，他說至少得四五個小時。我一算，巴黎飛非洲的航班都安排在奧利機場，我從戴高樂機場轉過去，最快也得一個多小時，這樣，無論如何是趕不上飛卡薩布蘭卡的航班了。摩文化部官員說好在卡市等我，我卻滯留在巴黎換航班，就算勉強趕到丹吉爾，研討會也閉幕了。於是，我只得辦理退票手續，無奈地返回上海。

這次在約旦開會，碰到了建議邀請我赴會的摩洛哥皇家科學院院士塔齊博士。他說：「接到你中止飛行的傳真，我和文化大臣真是笑死了，這個故事跟伊本・白圖泰的旅行一樣有趣。」他說已收到我後來寄去的論文，希望下次再找機會安排。他帶了一套加註釋的《伊本・白圖泰遊記》讓我瀏覽，徵詢一下意見。塔齊博士是聯合國世界地理名人，為考證《遊記》，多年來遍訪各有關國家的研究機構和學者，真是嘔心瀝血、皓首窮經。現在的加注本，一共五冊，附有各種手抄本影印件、照片，幾乎每頁都有腳註，頗為詳盡。因時間短，我不及細閱，只感到加注本對讀者極有幫助。我對這位摩洛哥教授為弘揚本國民族文化，在發掘、整理文化遺

產方面作出的前無古人的卓越貢獻由衷地表示嘆服。塔齊博士問我：「你知道最近對馬可‧波羅的評論嗎？」我說只看到過一些美國方面的報導，英國不列顛圖書館中國部的弗蘭西絲‧伍德寫了一本書，她說「馬可‧波羅到過中國嗎？那是一個美麗的故事，不過是個神話」。我認為，學術上的反詰，需要有更充分的資料。塔齊博士說，他需要中國方面協助一起考證「伊本‧白圖泰真的到過大都（北京）嗎？」這樣一個由懷疑馬可‧波羅中國之行連帶出來的問題。我告訴他，我讀過一些中國史學家的有關論文，大家不懷疑伊本‧白圖泰到過中國，但他從泉州到北京再回泉州的時間表似值得商榷。塔齊博士年紀比我大許多，但性子比我還急，他一聽馬上就要我寫文章，傳真給他。我只得表示歉意，說今年實在不行了，因為手上編了好幾年的《漢阿簡明詞典》今秋必須看完校樣交出去了，論文的事明年再聯繫吧。

　　年會期間，總部設在摩洛哥拉巴特的伊斯蘭教科文組織的秘書長圖韋傑里博士備受各方重視。他是沙特人，幹練、活躍。在一次攀談中，我問他，沙特國民衛隊的負責人、曾在自己莊園招待過我們的艾哈邁德‧圖韋傑里是他的什麼人？他說那是他的堂兄。圖韋傑里博士談起伊斯蘭教科文組織正計畫編纂一部《世界伊斯蘭百科全書》。我告訴他，我國在一九九四年已出版了《中國伊斯蘭百科全書》，那是國家的重點科研項目，由數十位著名的

穆斯林學者經過多年的考證、整理、研究才完成的巨著。圖韋傑里博士表現出了濃厚的興趣，問我是否可以作進一步聯繫，讓他了解更具體的情況。說實話，我是擔心將來的《世界伊斯蘭百科全書》裡中國伊斯蘭這一部分，外國學者不可能像中國穆斯林學者那樣編寫得如此可靠、準確，因此，最穩妥的是把《中國伊斯蘭百科全書》中的有關部分譯成阿文。但這裡牽涉到知識產權、版權，不是誰可以說了算的。

我把這些情況寫在這裡，希望參加這部著作定稿的、我認識的中國伊協的楊宗山院長、馬忠傑教授能會同有關部門商處。

短短的幾天會，還碰到了當年訪問過上外的埃及米尼亞大學阿拉伯研究學院院長伊卜拉欣·阿卜杜·哈米德博士，他已轉到赫勒萬大學去任教了。談到上海、杭州等他去過的地方，談到他當年去也門薩那大學教過的中國留學生，他充滿懷念和嚮往。與我交往的馬來西亞、蘇丹、文萊、新加坡等國學者，都對我國這些年的發展和進步表現出了濃厚的興趣。

特別應當提到的是，會議結束後，我還有幸會見了我國駐約旦的劉寶萊大使、張崇福文化參贊和杜忠主任等外交官。他們對約旦的情況十分熟悉，剖析問題鞭辟入裡，給我許多啟發和幫助。他們的熱情和招待，實際上體現了我國高級外交官對學術界人士的尊重、關心和支持，對我來說，這已成為

深銘在心的中國外交特色之一了。

　　最後兩天，我住在葉水林先生的公寓裡。他的業務發展順利，已經從約旦擴展到周邊國家，經營範圍也從外貿延伸到大項目的投標了。年輕的商務處三秘周春林、王蕾夫婦陪同我遊覽了安曼市的大清真寺、市場和幾處正在修繕的古蹟。他們的真誠、親切乃至體貼，會使每一位教過他們的老師的心裡獲得一份溫馨和慰藉。我一向珍視這樣的時光：聽著當年的學生回顧學習的生涯，講述他們奮鬥的歷程和對前景的展望，看著他們朝氣蓬勃、精神抖擻的神情，真像是在給自己注入活力，在煥發起自己的青春。教師的職業是艱苦的，同時又是那樣的美好。與劉麟瑞教授比，我自忖不敢望其項背，只能不時提醒、鞭策自己努力。新世紀的重任已落在年輕一代的肩上，我在一九九七年教師節撰寫此文時，謹望我們年輕的阿拉伯語專業的教師熱愛這「傳道、授業、解惑」的職業，協力同心，鑄造輝煌，把我國的阿拉伯語言文化的教學和研究事業不斷推向前進。

　　（本文原載於《阿拉伯世界》〔現名《阿拉伯世界研究》〕1997 年第 4 期，第 3-6 頁。）

日益活躍的約旦婦女

劉寶萊

（中國前駐約旦大使）

　　一九九五年十二月，我赴約旦履新後，到全國各地進行了實地考察。考察中，我發現約旦婦女的地位在發生變化，許多婦女走向社會，參加工作，到處可以看到身著時裝或工作服的職業女性。其中一些女性已成為一些行業的領軍人物或政府機關的負責官員。

　　約旦勞工大臣納依姆不無感慨地講起解放婦女的重要性。他說，七〇年代，約旦大批男士去海灣國家務工，國內出現勞動力嚴重不足，只能從非阿拉伯國家引進勞工。而占約旦人口一半的婦女卻受

劉寶萊大使夫婦與約旦副首相兼計畫大臣莉瑪·哈拉夫女士合影。

多種束縛，仍滯留在家。這是巨大的浪費。約旦政府迫切需要給婦女就業機會，故促成了一九八三年三月第八屆阿拉伯國家勞工大會在安曼召開。根據大會關於鼓勵廣大阿拉伯婦女走向社會的決議，約旦政府制定了鼓勵約旦婦女參加工作的相關法律和政策。從此，許多約旦婦女開始走向社會。

近年來，隨著約旦經濟發展和婦女受教育水平的提高，約旦婦女巾幗不讓鬚眉，贏得了越來越多的就業機會。對此，約旦副首相兼計畫大臣莉瑪·哈拉夫女士感受頗深。她說，首先要感謝侯賽因國王陛下，是他給了約旦婦女權利和機會，規定女性與男性享有平等的受教育權利和就業機會。每屆政府內閣中，都有一位女性任大臣，她本人就是最好的例證。

巴斯瑪公主是領導

侯賽因國王的胞妹巴斯瑪公主，在約旦婦女界十分活躍，是一位領軍人物，同國際和各國的婦女組織都有廣泛的交往和聯繫。一九九五年，她曾率龐大的約旦婦女代表團出席在北京召開的世界婦女大會，並多次發表演講，介紹約旦婦女在國內的地位和影響，讚揚中國為世婦會順利召開發揮的關鍵性作用，為大會取得圓滿成功作出了重要貢獻。

當時，努爾王后也很想出席世婦會，並已派人來北京打前站，約駐華使館為此作了準備。她想通

過出席會議，展示約旦婦女在國際上的形象。此外，她還打算借此訪華，到中國南方參觀訪問，因為她很關注中國經濟發展和舉世矚目的變化以及中國婦女的作用，希望了解和借鑑有關經驗。她曾私下講過，約中雖然社會制度不同，但面臨許多相似的問題，為什麼中國發展快，約旦則發展慢呢？中國人口眾多，在解決失業和貧困方面取得了很大進步，受到了國際輿論的讚許。

由於巴斯瑪公主主管約婦女事務，多次出席有關會議。為此，侯賽因國王做了努爾王后的工作，決定仍由巴斯瑪公主率團出席世婦會。

約旦婦女界許多負責人高度評價巴斯瑪公主為推動約旦婦女事業發展作出的不懈努力。她們強調，約旦婦女走出家門，走向社會，參政議政，從事文教、衛生、新聞、福利、科研、律師、軍事等領域的工作，並取得了可喜成就。這些成就都是在巴斯瑪公主的領導下取得的。公主殿下還明確提

一九九五年十二月，劉寶萊大使夫婦同約旦國王侯賽因胞妹巴斯瑪公主在安曼市的義賣會上。

出，約旦婦女要在議會、政府和地方官員中占有一定的比例。為此，她們認真落實北京世婦會的精神，貫徹今後若干年的發展綱要。

陳慕華訪約

應巴斯瑪公主的邀請，一九九六年四月十一日至十八日，中國全國人大常委會副委員長、全國婦聯主席陳慕華率領中國婦女代表團對約旦進行了正式友好訪問。我作為代表團的正式成員，同夫人袁紹云一起參加了全程的接待工作。

訪問期間，巴斯瑪公主特意安排在府邸會見並宴請代表團一行。公主熱烈歡迎陳主席一行訪約，讚揚她是中國偉大的女性，為中國婦女事業的解放和發展作出了重大貢獻；是中國婦女的驕傲，也是約旦婦女的驕傲，更是世界婦女的驕傲。

侯賽因國王和努爾王后會見了陳主席一行。國王代表努爾王后歡迎陳一行訪約，稱讚她是中國婦女的傑出代表。他說，中國婦女在中國政治、經濟等各領域發揮了重大作用，真正體現了「婦女半邊天」。約旦婦女在這方面已有進步。他說，努爾王后很重視世婦會，原打算出席，後因忙於其他事務，未能前往，至今還感到有些遺憾。

約方組織幾次座談會，主要由約方負責婦女、兒童、社會福利、慈善、教育等領域的女士出席。他們多受過高等教育，其中不乏留學英美人士，受

西方民主、自由、人權等方面的影響較大。因此，座談會上，除了聽取中方關於中國婦女情況的介紹外，她們還提出了關於男女平等、同工同酬、計畫生育、宗教信仰、婚姻、家庭暴力及廣大農村婦女狀況等方面的問題。中方代表對此不予迴避，一一作了回答。

陳主席著重講述了提高婦女全面素質的重大戰略意義和現實意義。她說，教育好一個女孩，就等於教育好一代人，甚至兩代人。約旦婦女不僅在國內，而且在阿拉伯國家中是一支活躍的骨幹力量。諸位從事的婦女事業是神聖的、偉大的，是造福全人類的。她說，不要小看婦女，中國婦女能頂半邊天，巾幗不讓鬚眉。男人能做的事，女人都能做，男人做不到的事，女人也能做到。

陳主席一番熱情的講話博得了約方婦女代表們的熱烈掌聲。

一九九六年四月十四日，約旦巴斯瑪公主（右2）陪同訪約的陳慕華副委員長（右3）進行參觀訪問，劉寶萊大使夫婦（右1、4）隨行。

在私下交談中，有些約旦女士認為，約旦婦女要真正走向社會尚需時日，因為這與宗教背景、婦女受教育程度、家庭情況、社會輿論等息息相關。目前，約旦是男人的世界，受伊斯蘭教影響，許多婦女，甚至受過高等教育的婦女都不願拋頭露面，尤其是她們結婚、生子之後，便成天忙於管教孩子，「望子成龍」。等孩子長大成人了，她們也老了。有許多已婚的有志女性為了走向社會，做些公益事業，只好同丈夫離婚。從約旦婦女的衣著上，人們會發現她們的開放程度。如代表團參觀約旦大學，將會發現有不少女大學生。

另有一位年輕姑娘說，她不願結婚，因為一結婚就不自由了。如何處理好事業、婚姻、家庭等問題，一直是困擾約旦職業女性的一大棘手問題。陳主席表示，中國婦女也面臨同樣的問題。當然，婦女要被人瞧得起，首先要自己站起來，面對現實、正視現實，才能解決問題。中國有句俗話：「男大當婚，女大當嫁。」如女性單身貴族多了，不一定是好事。世界上許多傑出女性都能較好地擺正事業、婚姻、家庭、子女的關係，值得研究和借鑑，中國也有不少「模範家庭」。

她笑著說，劉大使夫婦家就是「模範家庭」，夫人袁紹云在國內是一位教師，她各方面關係都處理得不錯。我也笑著說，如約旦朋友們願來取經，可找個時間，我和夫人請你們去使館做客，屆時，我們可以再詳談。經我一說，她們都高興起來，並

說，她們願到使館品嚐中餐。

根據巴斯瑪公主安排，代表團參觀訪問了約旦西南端的亞喀巴市。我們乘皇家小客輪出海一遊，飽覽了海上風光，看到那海天相連處放射著耀眼的光芒。當晚，市長穆罕默德在海濱飯店設晚宴款待陳主席一行。

陳主席問及約以關係，他說，該市同以色列一灣之隔，約以和解之前，雙方在灣內經常發生不愉快的事。現在情況好多了，雙方往來多了，合作加強了，即使有的遊艇誤入對方水域，當即返回也就算了，對方不予追究。

他說，約旦人民飽嘗了中東戰爭之苦，酷愛和平，不希望再打仗。約以關係正常化後，人們強烈要求政府抓住和平機遇，進行發展建設，改善人民生活。因此，約旦政府正規劃在該市建旅遊中心、商貿中心和自由工業區，以便全面推動該市的發展。約旦人智力並不比猶太人差，既然對方能發展起來，我們為什麼不能發展起來？陳主席表示相信，約以實現和平後，約旦會有新的發展，該市的規劃也會實現。

晚宴後，回到飯店房間，打開電視便清楚地看到以色列的節目。我想，約以和平，尤其對該市來說，太重要了。由此，我看到了約旦的未來和希望。

我家與中國的五十年交往

瑪麗娜‧馬爾旺‧穆薩‧蘇達哈
（阿拉伯作家和記者中國之友國際協會約旦分會
成員、中國廣播阿語頻道論壇成員、《友誼港》
雜誌駐約旦報導員）

　　我生長在一個民主的國際家庭。從已故的祖父
穆薩‧薩利姆‧蘇達哈（他是一名高級知識分子）
開始，我家就十分看重與中華人民共和國政府、民
間的友誼和交往；到了父親馬爾旺‧穆薩‧蘇達哈
這裡也沒有停止。母親葉麗娜‧亞魯斯拉夫福納‧
尼杜格納是一名俄羅斯作家、主編、工程師，與父
親一起在俄羅斯和約旦奮鬥，支持他的事業。

　　父親馬爾旺通過與中國媒體，尤其是中國國際
廣播電台阿拉伯語頻道的直接交往，從二十世紀六
〇年代末起就在心底裡、在腦海中樹立了對中國的
信仰、思想和人文觀念的熱忱，並為此付出了金
錢、物質、精神、職業各方面的「高昂」代價，甚
至連社會活動自由都被限制。然而他認為，自己得
到的比失去的多，因為得到的是精神上的、永遠的
好處。他內心清澈純淨、永遠閃亮，後代會記住他
是約中友誼的約旦先鋒；而那些試圖毀滅、阻擋父
親，最終未能得逞的人，內心則像永世的地獄一般

黑暗。在信仰和原則方面，父親堅持光明的方向，一直是別人的榜樣——所有毫不畏懼的人終生都毫不畏懼。他在與中華人民共和國、與英明的習近平主席領導下的共產黨的相處中，始終信仰「為了一致而堅持原則」。

父親馬爾旺堅信中國肩負著世界使命，它與阿拉伯民族的前進方向相契合，能很好地解決阿拉伯民族的憂患問題。他認為最重要的是，中國的這一使命承載著全人類的期許，中國用其獨特、溫和、直接、堅定的方式捍衛它；中國維護阿拉伯與全人類的利益，努力幫助阿拉伯人減輕各種外部衝突和糾紛干擾、擺脫殖民霸權、維護其尊嚴並實現自主。

父親馬爾旺被問到數百個有關他「中國立場」的問題，回覆始終都是：人之所以為人，是因為他有原則信仰。一個有原則的人，任憑狂風怎麼刮，

也不能動搖他半分；否則，將導致他失去自我與一切，思想泯滅，身敗名裂。正是原則、智慧、理性將人區別於其他生物，因為意識、理智、智慧才是締造領袖和人民的首要價值——它們能減緩阿拉伯民族的憂患，為英明的阿拉伯人敞開大門，學習中國經驗，找到可靠的政治思想道路。

父親馬爾旺自少年時代起，就毫無怨言地默默肩負起了重任，如同負重前行的駱駝。他有著各種社會關係，創作了若干作品。在約旦念完中學後，他到了蘇連接受高等教育。在從事新聞記者工作的生涯中，他曾被威脅、被鎮壓、被圍攻，有人以各種形式、最難聽的話、最卑劣的方式折磨他，甚至想餓死我們全家。我們的很多朋友對於我父親受到的迫害深感震驚，認為其手段令人髮指，更不用提肉體的折磨。他曾經被監禁，這並非蠢人以為的是由於他犯了罪，而是因為他的民主思想。他堅定地呼籲建立平等社會、合理分配物質精神利益，與偉大的中華人民共和國、偉大的「斯拉夫母親」俄羅斯的政府和人民建立深厚友誼，從過去到今天一直如此。

我們的約中個人歷史

我寫這篇文章時，慶祝約中建交四十週年的系列活動已經開始了。期間，中國國務院副總理劉延東女士率代表團訪問約旦。二〇一七年四月二十日

週四上午，中國駐約旦大使館在安曼喜來登酒店為她安排了一系列會晤，衛生部長馬哈茂德·謝亞布、旅遊文物部長莉娜·阿娜布、約旦文化傳媒社會界諸多人士、中國駐約旦大使潘偉芳先生及使館其他工作人員出席。我父親馬爾旺·蘇達哈作為阿拉伯作家和記者中國之友國際協會主席也參加了儀式。

值此可喜可賀的紀念活動之際，我在貝魯特「新聞網」（總經理為政治專家穆罕默德·利亞教授）上發表了一篇名為「建交四十週年，而我家歡慶五十週年」的文章。艾伯特·西蒙尼安博士賞光寫了一篇感人的評論，內容如下：

馬爾旺·蘇達哈夫婦年輕時在蘇聯留影。

親愛的瑪麗娜：

我知道你不認識我，我想告訴你，你應該為這一切感到驕傲⋯⋯為爸爸、媽媽、所有的家庭成員感到驕傲⋯⋯全家成就輝煌⋯⋯你們是全人類、所有捍衛人類權利自由的友好民族的朋友⋯⋯

實際上，我了解有關父親馬爾旺的一切，熟悉他自幼年起的個人經歷、他在世界上的頻繁活動，知道他許多忠心耿耿的朋友的名字，也知道想報復他、毫無人性或原則、處心積慮不斷革除他職位的人的名字。對我父親的報復歷來不是出於個人原因，他從未傷害任何人，針對他的報復從過去到現在都是因為他的政治思想和信仰，儘管這些思想是有利於人類、服務於人道主義的。

我也知道艾伯特教授已從約旦移民至澳大利亞定居，他曾與我父親馬爾旺一起在首都安曼米思達爾區的國家宗法學院學習（我也曾在那兒學習），見證了年復一年父親在政治組織領域的飛躍與轉變。父親從幼年起在校就非常活躍，當時在校報《牆壁》上曾發表多篇文章。我非常感激的是，艾伯特教授感受到父親在國際層面的強大關係網，他很珍重這一點，並給予中肯評價，正如他在臉書上通過我父親的帳號給我發來的評價一樣。

艾伯特博士了解我父親從小就強烈嚮往蘇聯和中國，他和法魯克・艾尤布・屬利工程師大約從小學四年級開始就與我父親結下了友誼。法魯克是父親的「每天形影不離的朋友」，經常陪父親參加在

上世紀七〇年代初，青年馬爾旺在安曼接受蘇聯文化中心負責人贈送的禮物。

約旦舉辦的蘇聯文化活動——通常在三環地區的蘇聯文化中心和約旦——蘇聯友協畫廊舉辦。

法魯克和艾伯特兩位朋友及其他人幾乎每天與我父親聯繫，十分了解他，知道他始終關注阿拉伯文版的中國雜誌，即《中國畫報》和《今日中國》。我父親也會號召學生閱讀阿拉伯文版的蘇聯雜誌，當時都是贈閱，或從安曼山上的彩虹書店老闆、發行商艾布・埃利亞斯手中購買，讓他的學生和老友們閱讀。

艾伯特和法魯克這兩位朋友也知道父親與社會主義國家陣營的書信往來，不過主要是與北京和莫斯科——當時它們是兩個大國的首都，兩國攜手共同度過了一段艱苦而卓越的黃金時期，期間都奠定了國家的根基、強大了（社會主義）陣營。然而，遺憾的是，中蘇兩國後來漸行漸遠。幾年前，它們（即中國與俄羅斯）的關係又重新回到了以前的夥伴和正確的道路上。我父親始終與這兩個國家同甘

共苦，不管是在它們友好結盟時期，或是彼此敵對時期；他從未站在一方的立場上敵視另一方，因為他始終堅信──正如向我們承諾的那樣，他的信仰絕不動搖──只要彼此友好、相互合作，世界的未來是屬於這兩個國家的；我們的未來與它們聯繫在一起，我們跟俄羅斯和中國共同生活在亞洲大家庭中，擁有同樣的亞洲未來。

在「新聞網」上發表文章時，我想強調並讓大家注意到的是，我們這個小家與中國在新聞交流方面比約中兩國互相尊敬並友好相待的偉大政府更早地實現了穩固、融洽、友好、持續的友誼。不過，約旦有不少機構出於其政治、組織需要，早已與莫斯科建立了友好往來，他們當時正值盛年，而我父親那時尚且年幼，還是一名在校學生。在這些中年人和其他因素的驅動下，我父親在學生時期就加入了約旦共產黨，跟已故的約旦共產黨創始人、總書記福阿德・拿薩爾締結了友誼，福阿德和他的妻子萊拉曾經在我家生活了好幾年。我父親始終為他所熱愛的人類共產主義事業奮鬥，他在莫斯科和安曼舉辦過有關約旦的圖片展，包括在俄羅斯多個具有歷史意義的國際場合。他幾乎每天都參與有關中國的新聞媒體活動，他感謝令人敬仰驚嘆的中國，感謝令他幾十年來尊敬、嚮往的偉大英明的中國共產黨。我父親能夠在有關中國的活動中取得成功，在中國和中國媒體中聲名遠播，是因為中國共產黨的領導。中共代表中國跳動的脈搏、中國的頑強和成

功，它以原則性吸引了世界的友愛、各國人民的信任，並一直引領中國的發展。

我承認，我真的做夢也沒想到，著名遙感專家、大學者艾伯特博士，還有我父親的一些讀者、熟人、朋友等可敬的人士很快就給我和我家人發來信件，表達了對我們、我們的經歷，對於我們追求真理、與國際友人們真誠交往的敬重。願真主支持我們加強與他們的友誼，讓尊貴的他們長壽。

我絕不會忘記我父親這些忠誠朋友的仁義，他們對他的真摯感情，對他的形容、敘述、評價，以及與他一起朝著崇高的目標奮鬥而體現出的高貴純潔。我祝願他們和家人成功順利、諸事順遂。

我們的小家與偉大的中國

多年來，中國授予我們的各種形式的感謝和表彰裝點了我們家。我家已經變成了一座「中國博物館」，要不是面積有限，真的能成為最漂亮的博物館。它講述約中兩國民間與媒體的故事，敞開大門迎接約旦和中國參觀者以及熱愛中國的朋友們，讓他們領略其中展品的精髓。

我們慶祝與中國交往五十週年，充分體現了我家的作用，這也是約中兩國民間和媒體交往的成功。我們在喜慶的氣氛中慶祝中國農曆新年。這段歷史十分偉大，想像一下，祖父穆薩鼓勵我父親馬爾旺構建並深化這一關係，為之創造了邁向成功的

條件。幾十年前，由於政治和階級原因，上流社會的人根本不會發現約旦一個小家庭竟能憑一己之力成為中國的朋友。有誰會想到「某些約旦人」如此認真、篤定地跋涉在通往中國的漫長道路上，這很大程度上類似於毛澤東及其部隊為解放中國而走過的「萬里長征」。

我父親馬爾旺在通往中國的「絲綢之路」上的經歷無比艱辛，我們也不會忘記某些人的誹謗、中傷、嫉恨。然而，馬爾旺為自己、為我們家打開了通往地理上與我們相距甚遠的中國的大門。在古絲綢之路約旦段尤其是艾拉（亞喀巴）、佩特拉、阿蒙女神（安曼）、茲澤亞（吉薩）、阿拉貝拉（伊爾比德）等城市沒落之後，通過「家庭絲綢之路」的形式，我們與中國密切相連。

我們這個不大的書香門第走出了詩人、文人、

記者和為了解放巴勒斯坦而鬥爭的勇士，但並沒有得到政府任何的優待或關照。儘管如此，這個家庭發現了別人未曾發現或想到的事，那就是了解中國，與之結交並建立友好關係。在約旦的部長、活動家、外交官和領導人們了解中國之前，我的祖父和父親就已經了解了中國。在他們那個年代，約旦還沒有從中國大學畢業的學生，也沒有約旦遊客去過中國，同樣也沒有從中國來約旦的人。然而，我們家的文化、家學、教養和在困難面前不低頭的堅持，讓這個家庭卓越非凡，求新求變，喜歡挑戰。這是它的選擇，也是它的權利，體現了約旦新的中間力量願與中國站在一起，和諧相處。我們家一如既往，「該追求的就追求」，「該拒絕的就拒絕」，每個人都有自己的方式、道路和信仰！

我們與中國在媒體、家庭、個人和文化等各方面的關係都早於約中兩國建交（1977 年 4 月 7

青年馬爾旺在安曼蘇聯文化中心參加聯歡會。

日）。在官方慶祝約中建交四十週年之際，我們家則在慶祝與偉大的中國建立關係五十週年！在此我想提一下，儘管當年我跟姐妹們年紀尚小，中國駐約旦大使和其他外交官們每年都會邀請我和家人去使館做客，高規格、正式地以各種形式共同慶祝各類節日，或者一起用個晚餐，不僅表達他們對我父親馬爾旺、祖父穆薩的感謝之情，還會對我們全家說：「特別感謝」你們幾十年來為中約媒體交流和合作而付出的努力，你們不是中國人，不是官員或企業家，但你們的工作和努力、為此付出的巨大奉獻，在約旦和阿拉伯的歷史上史無前例！

父親在一九六七年四月七日之前就開始了他與中國的關係。他專注於與中國媒體建立關係並率先取得了成功，從一家中國媒體到另一家，與之建立牢固的關係。儘管當時他還是個在校的學生，卻能作為中國和中阿關係值得信賴的真正朋友在社會上嶄露頭角。之後，約旦和大多數約旦人開始從媒體、外交和文化層面了解中國。

過去，約旦缺乏與中國聯繫的便捷途徑。在中國駐約旦大使館建館以前，郵政信件是唯一的聯絡途徑。然而，我父親一心堅持與中國聯繫，自然在聯絡途徑上超出一般人，這令他在很多圈子裡都赫赫有名。當時，中國國際廣播電台（CRI）阿拉伯語部定期給他郵寄一些阿拉伯文版的中國圖書、雜誌和刊物，父親一直閱讀。CRI 阿拉伯語部當時是中國各大媒體中最活躍的一個，總是很主動地將圖

書刊物免費郵寄給朋友和聽眾，其中就有我父親。當時，阿拉伯國家與中國通信的人非常少，約旦幾乎沒有。大多數阿拉伯國家當時還處於外國勢力的控制之下，或許是日常生活的瑣事讓人們遠離通信，跟現在相似，這樣或那樣的事讓人們淡忘了中國、中國人和曾經輝煌的中阿交往歷史——這段歷史中，阿拉伯和中國社會各個階層在著名的陸上絲綢之路開通前就已經開始了交往。

　　父親經常在家慶祝與中國交往的紀念日，儘管並不是很正式。他有獨特的慶祝方式和關於中國的滿滿回憶，我們為他與中國的關係感到驕傲，因為這是我們家的傳承和特色，擁有特殊的意義、深刻的內涵、有趣的形式。很多人想成為像我父親一樣的人，然而這需要付出金錢、堅定信仰、身體力行，他們便不願意了。他們意識到，友誼是一件嚴肅費力的事情，不僅在金錢上，還要在其他許多方面付出。人首先要為事業奉獻自己，就像我父親從過去到現在每時每刻都一直在付出努力，為了人民、民族和國家的事業，與像中國這樣友好的大國交往，卻從不索取任何東西，只是建立往來、友好相處，首先換來中國對他個人的平等相待，其次才是對他作為阿拉伯作家和記者中國之友國際協會創始人、主席的身分的尊敬。協會成功地在中國和阿拉伯民間，在與中國執政黨和政府領導人、媒體界的交往中奠定了我父親的交往原則。我父親在他漫長的人生道路上一直以獨特的方式，以超強的毅

力、耐心和冷靜，默默地承擔著一切。他承受著來自嫉妒者、一些阿拉伯國家和西方國家當局的敵意，他們採取暴力方式打擊他，妄圖阻止他個人或協會的集體活動。

CRI —— 中國廣播大使的提升

CRI 對於我們的重要性，來自它用標準的阿拉伯語播出節目，每天向阿拉伯人介紹「今日中國」。中國主持人說著一口標準、有吸引力的阿拉伯語，完全像阿拉伯人一樣，體現出中國和中國人從過去、現在到未來對阿拉伯民族的高度重視，他們珍惜那些聯結阿拉伯人與中國人的共同點——那些共同點自幾千年前即海陸絲綢之路開通之前便產生了。

為什麼我喜歡 CRI 及其阿拉伯語部？問題很簡單，但非常重要，回答它需要寫上好幾頁紙來解釋，並援引一系列事實。我之所以愛它，其中最重

要的一點是，我生長在一個非常熱愛中國的約旦俄羅斯混血家庭，我母親葉麗娜家族的一位親人、已故的卡桑德爾·羅曼尼克將軍參加了第二次世界大戰和朝鮮戰爭。可以說，我們整個家族歷來呼籲與中國交往，鞏固與中國在各領域的友誼，呼籲全體阿拉伯人特別是約旦人意識到加強阿中人民共同紐帶、高度讚揚以阿拉伯作家和記者中國之友國際協會為代表的阿拉伯先鋒活動的重要性，主張通過CRI 與中國建立特別聯繫。CRI 通過強大的電波和網站，將中國文化和文明傳播給阿拉伯人，便捷地進入每個家庭，傳遞給阿拉伯知識分子和學生；同時，電台在有阿拉伯工作人員的所有公司、工廠都很受歡迎。

CRI 的品質、使命、宗旨是阿拉伯和中國人有目共睹的。眾所周知，對阿拉伯國家的廣播是讓阿拉伯聽眾了解中國及其各種動態的一種理想、高效、便捷的方式，他們毫不費力就能了解中國的實況。阿拉伯語部工作人員在主任蔡靜莉的帶領下，為電台的聲音更全面、更廣泛地覆蓋阿拉伯國家付出了巨大的努力。阿拉伯人讚賞 CRI 阿語節目取得可喜發展，對於加強阿中人民相互理解的作用不斷增強。

我了解到了 CRI 工作人員取得的很多成就，是通過我父親在約旦主持的一次次電台聽眾論壇和一次次雜誌讀者論壇。CRI 阿拉伯語部工作人員全心全意地真誠服務聽眾，策劃了許多新機制和有吸引

力的主題，為中國和所有阿拉伯國家的民眾搭建了真正的友誼之橋。

從電台中國主持人的聲音和他們每日接到的信件中可以看出，電台沒有衰敗或沒落，而是繁榮、綻放，迎接每一天每一個新朋友、每一個新加入阿中新道路的新夥伴。尊敬的習近平主席面向未來，為大家提出了充滿特色與活力的「一帶一路」倡議，進一步加強了這一新道路。我們急迫地期待著這一倡議付諸實踐。

不過，家庭事務使得跟 CRI 阿拉伯語部保持通信、長期交流成了一件並不容易的事。日常生活是艱辛的，但在各種事務工作中聆聽它的電波的時間總是充裕的。打開收音機就足以接收電台的一切，了解中國的政治動態、各種新聞、成就、發明和發現。同樣，我們還能收看以阿拉伯語和英語播出的中國衛星電視節目。

我感謝 CRI 阿拉伯語部的中阿雙方工作人員不

上世紀七〇年代，馬爾旺在安曼蘇聯文化中心的圖片展開幕式上。

安曼蘇聯文化中心工作人員在中心陽台上為馬爾旺拍攝的照片（1970年）

懈努力，自誕生起就忠實反映中阿文化、全球文明、人文精神的回音，它的聲音穿越與中國友好的各個民族。由此，它多年來贏得了我們的高度讚賞和深深喜愛，「它用聲音跟我們生活在一起」，「它通過每天的電波穿越時空，與我們同在」。

我和家人都認為，中國是一個代表國際水準的國家，通過 CRI 阿拉伯語部，我們感受到它肩負著光輝感人的國際使命。正是基於這些出發點，電台恪盡職守履行中國的國際使命，配合好其所承擔的各種國際角色，維護地球上一切高尚價值觀，捍衛社會公平，保護所有主張公正的人。它播送的新聞、在網絡上發表的文章堅持透明的人道主義，重視人權。因此，我們認為它完全符合人類平等友好交往的目標。中國的阿拉伯語廣播沒有越出官方、民間、人類的發展框架，也絕不可能跳出，因為它

努力恪守其原則，與他人交往中保持平等相待——不論他們的人數多少、立場、工作性質、膚色、想法和分歧，並取得了豐碩成果，它的職業使命就是保障人權和人道主義。

我們家對 CRI 非常重視，不斷加強與粉絲、聽眾、網站讀者、全世界說阿語的中國朋友互動。有阿拉伯人居住的所有國家都能收聽到這個電台的廣播，CRI 將聽眾的來信、文章都歸類並發表在網站上，還把聽眾來信的原件放在特製的玻璃球裡，長期存放在大廳裡展示。CRI 因此成為中國發現外國朋友與支持者的一個平台。CRI 阿拉伯語部回答大量讀者的各種問題，並為他們寄去紀念品，以便他們永久保留在與中國有關的收藏裡。阿中關係從古至今一直穩固、務實、密切，我們期望它不斷深化、發展壯大。中國國家主席習近平提出的「一帶一路」的偉大倡議，將加強煥發了新生的絲綢之路沿線的國家和人民的密切交往，讓他們參與這一人

文、科技和更高層次的精神道德領域的重大國際行動，共同推動世界文明，提升當下文明的創造者們的境界。感謝英明的習主席提出這一倡議，他始終重視它，並將它推向國際舞台。

二〇一六年底，CRI 阿拉伯語部慶祝創辦並提供阿語服務、履行國際使命五十九週年暨電台成立七十五週年。這是一個具有多重意義的十分重要的時刻，有關人士自豪地談起電台是夯實中阿關係的一大主要推動力，拉近了阿拉伯與中國的思想和情感距離，使得國家交往的氛圍更加親密，即便外界存在一些別有用心的誹謗行為，企圖在阿中雙方關係間作梗。

CRI 阿拉伯語部一直是傳遞事實的觀察站，只需通過事實，它就挫敗了某些利益集團、機會主義分子、極端分子和阿中關係破壞者。阿中關係的未來是光輝燦爛的，在中國共產黨和中國政府的英明領導下，CRI 阿拉伯語部通過面向阿拉伯聽眾的節目，從友誼出發，致力於進一步夯實它，克服眼前障礙。

在 CRI 及其阿拉伯語部的喜慶日子裡，我代表我們全家獻上最美好的祝福、充滿友愛的誠摯問候。正是 CRI 阿拉伯語廣播奠定了我們家、我爺爺、我父親與中國的友誼，我祝願他們在新聞事業上取得不斷進步，感謝他們一直堅持從中國的心臟不辭辛苦地將如此精彩的信息傳遞到全世界各個角落！

我與中國的故事

尤素夫・赫塔葉布

（約旦駐華大使館前外交官）

　　無論哪個年輕人，都有志向或夢想。我當年跟
很多走向成熟期的年輕人一樣，決心改變生活軌
跡，邁到人生的巔峰。儘管我生活在約旦的一個小
村莊，我願意稱它為無法忘卻的樂園，因為我屬於
它，屬於它的山川，屬於它的山谷，屬於它蒼翠的
樹木。它為我留下了難忘的回憶，豐富了我的性格
品德，無論相隔多麼遙遠，無論離開多久，祖國永
遠在我心裡，時間未曾、也永遠不能改變這一點。
在外漂泊的日子讓我更加思念和熱愛她，記憶有
限，歸屬的眷念卻無限……讀完高中後，我就喜歡
做一點與眾不同的事，樂於尋找新鮮事物，學習和
了解祖國不具備的東西。我發現了中文，並申請去
中國留學。真主保佑，我的申請得到了中國和約旦
雙方的批准。上世紀八〇年代我到了中國，那時的
中國正處於改革開放初期，我開始在北京語言學院
攻讀本科和碩士學位，隨後在北京師範大學攻讀博
士學位。期間，我掌握了中文的閱讀、書寫和交
談，騎著自行車走遍北京每一寸土地，這一切就像
融入了我的血液一般。怎麼不會呢？因為我在第二

尤素夫和兒子

故鄉中國已經生活了超過三十年，比在自己祖國度
過的時間更多。

在這個國家，我學習、進步、生活了三十多
年，對她的風貌瞭如指掌，正如對自己祖國那般熟
悉。從中國西北的天山、山東的泰山和嶗山、安徽
黃山，再到北京北部的燕山，從河北到甘肅、到廣
東，從青藏高原、內蒙古草原、戈壁沙漠、雲南石
林，到桂林迷人秀美的自然景色、海南島優美的海
岸風光，以及東北精美的冰雕，我領略了中國各地
的多姿多彩。

四川峨眉山、黃河、長江、廣東珠江以及浙
江、福建秀麗的自然風光，這一切都給我留下了難
忘的印象。那些古代詩人窮極一生也描繪不完這些
地區的美麗。而我，一個約旦人，如何能描繪出這
些風景優美的自然風光，如何能描繪出這裡的人傑
地靈呢？

大學時代的旅行，留下的烙印就像刺青一般難以抹去。尤其在紹興、杭州、大理、哈爾濱、廣州、深圳這些城市陪伴我們的老師們，無論我遇到了什麼困難，他們都幫著解決和克服。至今，我跟初來中國時教我的、仍然健在的老師們還都保持著聯繫，每每見面，如同兄弟一般親熱。

同樣，在攻讀碩士和博士學位期間，很多優秀的老師教導幫助過我，他們無私地將思想、理論、資料或最新出版物給予我們，就我們的研究課題交流探討，不斷幫助我們了解最前沿的動態，鼓勵我們勇於實踐。

我經歷了中國自八〇年代至今不斷發展的過程。我的同學們闊別中國十年後，在上世紀九〇年代末回到北京時都感到非常震驚，不敢相信眼前的一切。他們說，雖然過去對北京很了解，但思維和頭腦跟不上如此迅速突然的變化。我們確信是因為共產黨的英明領導，才有了這一變化，使國家穩健有序地達到發展的頂峰。

我在約旦駐華使館工作了十年多，期間有幸在正式場合或日常生活中結交了許多中國朋友。他們給了我諸多鼓勵，讓我堅持不懈、努力工作、邁向成功，讓我感覺到跟在祖國懷抱一樣的溫暖。

同樣，我也曾有幸跟許多優秀的約旦人一起工作，比如約旦前駐華大使薩米爾·努歐里閣下、已故的安邁爾·哈穆德閣下（願真主垂憐於他）。在使館工作也讓我有機會近距離結識了許多高級官

員，包括軍人。

　　所有這一切經歷中，我始終跟隨著中國科技、文化、經濟的發展。我由此得到了絕好的機會來深入體驗中國的文化習俗，以致於對我而言，中國習俗如同我生命的一部分。在我與中國傳統習俗、文化和五千年的歷史之間，絲毫不存在隔閡。

　　隨著各方面的快速發展，從事自由職業的機會逐漸增多，我決定辭去公職，到中國南方創業。讚美真主，我的事業越來越好，不斷發展，在努力堅持之後發生了三百六十度的轉變。我奔波於中國各個城市，學習了解中國經濟和中國人創造的各種產品、他們的從商經驗和各種成功故事、中國工業生產和對外出口如何取得了質的飛躍與量的發展。

　　在中國度過的所有日子，無論是學習、擔任公職還是經商，我都離不開中國朋友們。深圳和其他地區的朋友至今仍在幫助我們的事業發展，為我的日常生活排憂解難。

人物 ⑲篇

我認識的中國人民的好朋友
——約旦國王阿卜杜拉二世

羅興武

（中國前駐約旦大使）

約旦國王阿卜杜拉二世於一九九九年二月七日
繼承王位。從一九八一年七月至今，他已十一次訪
華。我作為中國駐約旦大使，曾在該國工作三年，
期間，同阿卜杜拉二世國王有過多次接觸，曾陪同
他兩次訪華。他熱愛中國，對華友好，是中國人民
的好朋友、老朋友。

深化政經合作，實現互利共贏

阿卜杜拉二世國王常說的一句話就是：「約中
友好關係是兩國領導人親手締造的，約旦人民珍視
同中國人民的友誼。」他是這樣說的，也是這樣做
的。

阿卜杜拉二世繼任國王十八年來，已八次訪問
中國，這在世界國王中是獨一無二的。他每次訪
問，都受到中國國家領導人的熱烈歡迎和親切會
見，雙方就發展雙邊關係和共同關心的國際及地區
問題深入交換看法，達成廣泛共識。他讚賞中國的

一九九九年十二月七日，約旦國王阿卜杜拉二世與王后拉尼婭遊覽北京故宮，在昔日皇家御花園中象徵夫婦愛情地久天長的「連理樹」下合影。（供圖：中新社）

改革開放政策，欽佩中國人民所取得的巨大成就，對中國的經濟騰飛感到驚訝，認為中國農村發生的日新月異的變化是約旦學習的典範。他強調，中國在世界正義事業中，特別是在巴勒斯坦問題上發揮著舉足輕重的作用。他說，伊拉克重建過程需要中國的支援，約旦願在這方面向中國提供一切可能的方便。他堅定奉行「一個中國」的政策，經雙方共同努力，成功阻止了陳水扁等台灣當局「政要」過境或竄訪約旦的圖謀。二〇一六年五月，在多哈召開的中阿合作論壇第七屆部長級會議上，約旦同其他阿拉伯國家一樣，在涉及中國核心利益的南海問題上堅決支持中國的立場。在反對恐怖主義問題

上，雙方態度高度一致。中約都是恐怖主義的受害者，都堅決反對一切形式的恐怖主義，願加強相互協調和配合，共同打擊恐怖主義，維護世界和地區的和平、安全與穩定。二〇一七年四月七日是中約建交四十週年，阿卜杜拉二世國王在給習近平主席的賀電中表示，約中建交以來，雙邊關係日益緊密，成果豐碩，他為兩國和兩國人民間的深厚友誼感到十分自豪。同時指出，「兩國於二〇一五年簽署了具有里程碑意義的戰略夥伴關係協議。經貿合作是發展約中關係的優先方向」。

他繼位以來，約中貿易有了長足的發展。兩國貿易額從二〇〇〇年的二點五億美元，增加到二〇一六年的三十一點七億美元，增長約十五倍。目前，中國是約旦的第二大貿易夥伴。雙方在經濟技術合作領域也取得了實質性進展。國王學習和借鑑中國改革開放的成功經驗，在約旦建立了二個經濟特區、六個合格工業園區、十九個自由區，並不斷完善法律法規，改善投資環境，實行特殊優惠政策吸引外資。二〇〇五年，中國大陸和港台企業在約旦投資建製衣廠二十二家，其產品可免關稅、免配額直銷美國；中國在約勞務人員達一點一萬餘人，約旦成為中國對外勞務輸出最多的十五國之一。中國援建的馬安工業城第一期工程於二〇〇六年四月四日按時竣工，這是自一九九〇年以來我國援約的最大項目，是中約兩國友好關係不斷擴大和發展的具體體現。該項目占地面積三十五公頃，建有高位

水塔、污水處理廠、市政給排水管網、供電網和通信網等設施。國王指派首相巴希特率八位大臣出席了該工業城的竣工典禮，首相在講話中盛讚這一項目是「約中友誼的豐碑」。在國王的親自關懷下，中國援建的巴卡醫院施工約兩年後，於二〇一〇年四月十九日竣工。巴卡醫院是該地區唯一的一所綜合性醫院，占地面積一點一萬平方米，目前有醫護人員約四百人，病床二百三十張。它的建成大大改善了當地居民的醫療衛生狀況，造福本地區幾十萬居民。同年九月，阿卜杜拉二世國王和王后及首相薩米爾・魯法伊親自視察了該醫院，國王對中國政府向約旦人民提供的無私援助表示感謝。

中國企業同約方的合作也卓有成效。中國海爾集團同約旦有關方面成立了中東海爾電器公司，聯合投資在約旦建立了中東最大的生產基地。二〇〇五年三月，中國海爾集團首席執行官張瑞敏先生訪問約旦時，受到了國王的親切接見。此前，阿卜杜拉二世國王還同張瑞敏先生進行了五分鐘的視頻對話。這是中國企業家首次通過視頻同外國元首交流。二〇一三年九、十月間，習近平主席提出建設「一帶一路」的倡議後，得到了約旦國王和政府的積極回應。國王表示，約方願與中方深化共建「一帶一路」合作，推進能源、基礎設施等領域大項目建設，共謀發展繁榮。約旦是首批加入亞洲基礎設施投資銀行的創始成員國，並制定了「二〇二五願景」規劃，同「一帶一路」對接。二〇一五年九

月，約旦國王訪華時，中約雙方簽署了多項合作協議，其中包括中國公司投資幾十億美元修建從亞喀巴經首都安曼到北部伊爾比德和約旦、伊拉克邊境的全長 1○○○ 公里的鐵路項目。二○一七年三月，中國能建廣東粵電集團作為 EPC 總承包商，同愛沙尼亞、馬來西亞電力公司合作，共同投資二十二億美元（其中中方融資 16 億美元），修建約旦最大的油頁岩電站項目。該項目已進入開發建設階段，預計二○二○年建成投產，年供電量將達三十七億千瓦時，可滿足約旦百分之十到十五的用電需求。這是迄今為止中國在約旦最大的經濟合作項目。同時，中國企業還同約方在風電、太陽能等新能源領域開展合作。此外，約旦同中方開展了豐富多彩的人文交流。雙方開展藝術節、電影節、圖書展和畫展等活動，兩國文化、教育、工青婦和專家學者、智庫等團組互訪不斷。約旦早已成為中國公民出境旅遊目的地國。目前，約旦已有兩所孔子學院，約旦大學還開設了中文本科班。這些活動，為

深化兩國友好合作關係奠定了堅實的民意基礎和社
會基礎。

　　二〇〇五年八月，在我離任前夕，阿卜杜拉二
世國王親自授予我一枚獨立勳章。這是對中國人民
的友好表示，是對中約兩國不斷發展的友好合作關
係和深厚友誼的充分肯定！

足球結友誼，萬里情意深

　　足球是約旦人民和中國人民都喜歡的一項體育
運動。阿卜杜拉二世國王熱愛體育運動，特別喜歡
足球，曾任約旦足球協會主席。他任國王后，仍十
分關心約旦足球運動的發展。特別是亞洲盃足球賽
於二〇〇四年七月下旬在友好的中國舉行，約旦隊
又首次進入了決賽圈，這為國王提供了體驗中約手
足情的機會，他堅持要在那時訪華，以便觀看足球

二〇〇四年七月二十
七日，約旦國王阿卜
杜拉二世親臨北京工
人體育場，觀看亞洲
杯 B 組約旦對阿聯酋
的比賽。（供圖：中新
社）

賽事。

　　七月二十六日中午，國王乘專機抵達北京。當晚，他突然提出要前往北京海淀體育場觀看約旦隊的訓練。阿卜杜拉二世國王臉龐俊朗，雙目炯炯有神，風度翩翩，根本看不出已過不惑之年。細雨中，他雙手托腮，凝神觀看，若有所思。大約二十分鐘後，他走下看台，球員們都恭敬地圍了上來，國王用阿拉伯語大聲對球員們說：「只要球隊能出線，我會看下一場。如果再勝了，我會繼續看下去，直到決賽。」場上立刻響起了長時間的熱烈掌聲，全體球員齊聲高呼「國王萬歲！」隨後，國王同每個球員親吻面頰，球員們欣喜若狂，激動萬分。

　　二十七日晚，約旦國家隊在北京工人體育場迎來了小組中的最後一個對手——阿聯酋隊。此前，約旦隊的戰績是一勝一平，積四分，暫列小組第一，而對手阿聯酋隊則兩戰皆負，約旦隊只要戰平對手就可穩獲出線權。當晚 7 時，國王身著約旦國家隊隊服出現在北京工人體育場的主席台，幾位親王和一些大臣也穿著球衣坐在國王身邊，十歲的侯賽因小王子手拿約旦小國旗，不停地揮舞著。比賽按照約旦隊預想的節奏進行，兩隊球員雖然拼搶激烈，但威脅射門的次數並不多。現場觀眾達三萬人，雖然天氣悶熱，但球迷們的熱情不減。兩隊比賽結果為 0：0，約旦隊以小組第二名出線，下一次比賽在我的故鄉重慶，約旦隊將迎戰日本隊。

重慶奧體中心體育場，約旦隊首發隊員在開賽前合影。（供圖：中新社）

三十一日下午，國王乘專機從北京飛重慶。傍晚抵達後，國王下飛機直奔重慶奧體中心。這個體育場是新建的，能容納六萬人，現場座無虛席，球迷們有的拿著中約兩國小國旗，有的拉著「熱烈歡迎約旦國王」的橫幅。當國王來到球場主席台時，全場響起了雷鳴般的掌聲。夏天的重慶，被稱為中國的「三大火爐」之一，山城人民對約旦國王的熱情如同「火爐」一般的熱烈。重慶市委和市政府對約旦國王蒞臨重慶高度重視，主要領導親自陪同，嘉陵集團向國王和小王子各贈送了一輛摩托車，作為山城人民給約旦人民的獻禮。

　　約旦隊對日本隊的足球比賽於當晚六時開始，國王坐在主席台上「督戰」，給約旦球員們帶來了「非凡」的信心和力量。一開始，約旦隊就反客為

主，對日本隊展開了猛烈的攻勢。開球後第十三分鐘，約旦隊率先打破僵局，踢進一球。頓時，觀眾打出「約旦隊必勝」的橫幅，舉著小旗，站起來歡呼。整個體育場沸騰了，就像大海的波濤一樣，一浪高過一浪。國王看到這熱烈壯觀的場景，欣喜萬分。時隔三分鐘，日本隊在前場獲得任意球機會，踢進一球，雙方戰成一平。上半場和下半場仍保持這一紀錄。加時賽時，雙方仍未打破僵局。重慶的球迷們高喊：「約旦隊，雄起！」「約旦隊，雄起！」國王雖不知道他們在喊什麼，但心裡明白這是重慶球迷們在為約旦隊加油。每當歡呼聲響起時，國王臉上就呈現出愉悅和滿意的神情。加時賽結束，雙方仍是 1：1。這時，只能進行點球決戰。

點球大戰一波三折，驚心動魄。前兩個點球均由約旦隊員射進得分，全場歡聲雷動，喝采聲此起彼伏，人們多麼希望約旦隊最後能贏。這時，約旦隊和日本隊場上的比分是 3：1，日本隊開始陷入

被動。就在這時，日本隊提出更換場地，稱罰球點附近的草坪濕滑，選手無法從容發力。這一意外的要求，雖經一番爭執，但主裁判卻驚人地同意了日本隊的請求。就連日本球員也說：「這是在足球比賽中從未遇到、也未聽說過的事情。」

更換場地後，運氣全被顛倒。最後三個點球，約旦球員三次射門全被擋出。日本隊全進，最終以4：3獲勝，闖入四強。罰點球時，國王的眼睛始終沒有離開過罰球點，心隨球動。重慶這場扣人心弦的比賽，給國王留下了深刻而美好的印象。比賽結束時，國王起身再次揮手向友好的山城人民致意。約旦隊雖然這次輸了球，但他們頑強拚搏的精神贏得了全場觀眾的熱烈喝采，特別是他們站在賽球道德的制高點上，獲得了道義上的勝利，雖敗猶榮！

國王回國後，給我寄來一封兩頁紙的信函，其中一頁紙都在感謝萬里之遙的中國球迷對約旦球隊的大力支持和友好表示。國王特別提到，重慶人民

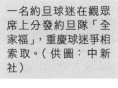

一名約旦球迷在觀眾席上分發約旦隊「全家福」，重慶球迷爭相索取。（供圖：中新社）

火辣辣的熱情和全力為約旦隊吶喊助威，令他為之動容，難以忘懷！這正是：足球結友誼，萬里情意深！

參觀什剎海體校，了解中國武術內涵

在國外，中國的武術被稱為「功夫」，長期以來，它成為世界人民了解中國文化的一個窗口。約旦國王阿卜杜拉二世對中國武術情有獨鍾，總想親眼目睹一下中國武術的風采。這次，他的願望終於實現。

二○○四年七月三十一日上午，國王帶著長子侯賽因小王子一行，來到了北京什剎海體育運動學校。這一天，北京風和日麗，什剎海碧波蕩漾，體校在高大、常綠的圓柏樹的掩映下，更顯得生機勃勃，充滿活力。國王和小王子受到了師生們的熱烈歡迎。武術館裡，少年們的武術表演博得國王和小王子一行的陣陣喝采。表演結束後，國王上前同小朋友們親切握手，並詢問他們的學習和訓練情況。小朋友們高興地回答說，他們都是從專業成績優異者中挑選出來的，每天上午學習文化知識，下午進行專業技能訓練。雖然他們年齡很小，但習武都在十年或以上。「功夫就是時間」，不管是酷暑嚴寒，還是颱風下雨，他們每天都堅持訓練，雖然辛苦，但很快樂。國王聽後，臉上露出了滿意的微笑，並說：「你們今天的精彩表演，就是堅持練功的結

果。」大家都高興地笑了，整個武術場館充滿著歡樂的氣氛。站在國王身邊的小王子剛好十歲，他戴著一副小眼鏡，與練功的小夥伴們相比，身體略顯贏弱。他靜靜地聽著小朋友們的講述，受到了很大的觸動。

校長一邊陪同國王和王子參觀，一邊向他們介紹中國武術的情況。他說，中國武術歷史悠久，凝聚了歷代人民的智慧，逐漸成為中華民族傳統體育項目。武術強調「天人合一」「形神兼備」，注重心、神、意、氣與動作協調配合，講究剛柔並濟、內外兼修，有著深邃的內涵。這時，武術館館長在旁補充說，武術最重要的內涵是武德：修身養性，除暴安民，入世進取，匡扶正義。國王和王子聽後，感到中國武術的確內涵豐富，博大精深，不愧為中華民族的文化瑰寶。國王對身邊的小王子說，希望他好好領悟中國武術的精髓，練就堅強的毅力和強健的體魄。

侯賽因王子遵循父親的教誨，內練德行，外練健康。昔日參觀北京什剎海體校的那個瘦小的王子，如今已變成了身體健碩、高大英俊的小夥子，成為姑娘們崇拜的偶像。二〇〇九年，年僅十五歲的侯賽因小王子被立為王儲，他參加軍事訓練，之後成為約旦武裝部隊的軍官。他刻苦攻讀，畢業於美國喬治城大學外交學院。二〇一五年四月，二十歲的侯賽因王儲代表約旦，成為聯合國安理會輪值主席國中最年輕的會議主持人。他在安理會主持會

議和發言時，形象酷似其父，帥氣的外表和燦爛的微笑征服了全場，甚至有人驚呼「他真可愛」。聯合國秘書長在致辭中說：「雖然侯賽因王儲還不到二十一歲，但他已是二十一世紀的領導人了。」

阿卜杜拉二世國王用他的言傳身教和承上啟下的哈希姆家族對華友好傳統，致力於發展約中兩國人民之間的友誼，傳播著中國人民自強不息、厚德載物的武術精神。

花圈敬獻英靈，瞻仰英雄豐碑

二〇〇五年十二月十二日，北京天氣晴朗，萬里無雲。上午十一時，約旦阿卜杜拉二世國王來到天安門廣場，向人民英雄紀念碑敬獻花圈，表達對中國人民英雄的崇高敬意和對中國人民的深厚感情！

國王冒著寒風，表情肅穆，在「獻花曲」的音樂中，隨著捧送花圈的禮兵緩步走上台階，先整理放好的花圈上的兩根緞帶，然後向人民英雄紀念碑行注目禮。我陪同國王從東往西環繞紀念碑一週，只見十塊漢白玉大浮雕鑲嵌在碑座的四周，高大雄偉的碑柱傲然屹立，直衝雲霄。國王走到「鴉片戰爭」浮雕前，用深邃的目光凝視著畫面，然後問我：「這是中國人民銷毀鴉片的情景吧？」我回答：「是的。」並解釋道：那是一八三九年六月三日，民族英雄林則徐指揮中國百姓在廣東虎門焚燒

從英國運來的鴉片。憤怒的群眾正把一箱箱毒害中國人民的鴉片運到海邊，傾倒在石灰窯坑裡燒燬，人群後面是砲臺和千百隻待發的戰船，隨時準備還擊英帝國主義的挑釁。畫面上的形象，充分表現出中國人民反抗帝國主義的堅強決心。國王聽後說，歷史上，約旦人民和中國人民一樣，都曾遭受外來入侵和壓迫，但都不畏強暴、英勇反抗，有著不屈不撓的鬥爭精神，值得珍惜和弘揚。

國王在離開紀念碑時深情地對我說，中國人民挺起脊樑，前赴後繼，不怕犧牲，浴血奮戰，譜寫了一曲曲壯麗的詩篇，可歌可泣。中國革命的勝利是無數先烈和英雄用鮮血換來的，今天我在北京瞻仰人民英雄紀念碑，就如同在安曼瞻仰烈士紀念堂一樣，要讓哈希姆王族的子孫後代牢記英雄，緬懷先烈，珍愛和平，開創未來，堅決支持巴勒斯坦人民的正義鬥爭，把約旦建成經濟繁榮、人民幸福的「中東和平港灣」。

同仇敵愾反恐，兄弟情義更濃

二〇〇五年十一月九日晚，安曼接連發生特大恐怖爆炸事件，突然打破了山城的寂靜。當晚 9 時，位於市中心的拉德森、凱悅兩家五星級酒店和三星級的天天酒店幾乎同時遭到恐怖分子的襲擊，造成至少五十七人死亡、三百多人受傷。在天天酒店下榻的中國國防大學學員代表團同遭厄運，代表

團成員潘偉、張康平、孫景波三人不幸遇難，姚立強受重傷。中國駐約旦使館立即啟動應急機制，全體黨委成員和使館有關人員在第一時間趕往出事現場，全力投入緊張的搶救傷員和處理遇難者遺體的工作。

爆炸事件發生後，約旦政府立即發表聲明，強烈譴責恐怖主義行徑；同時採取措施，加強安全防範，並緝拿兇手。成千上萬的安曼市民聚集在天天酒店等三家酒店外面，舉著「血債要用血來還」的橫幅，憤怒高呼「燒死魔鬼扎卡維」的口號，進行大規模的示威遊行。

當時正在英國訪問的中國國家主席胡錦濤得知消息後，強烈譴責這一暴力行徑，重申中國政府堅決反對一切形式的恐怖主義。與此同時，胡主席致電約旦國王阿卜杜拉二世，代表中國政府和人民，並以個人名義對在此次事件中不幸遇難者表示深切的哀悼，向受傷者親屬表示誠摯的慰問。他強調願同包括約旦在內的國際社會一道，加強反恐合作，共同打擊恐怖主義。

爆炸事件發生的第二天，扎卡維領導的「基地」組織伊拉克分支聲稱，佩戴自殺式爆炸腰帶的四名伊拉克人製造了這次連環爆炸事件，「選擇這三家酒店作為襲擊目標，是因為裡面住的客人是伊斯蘭教的敵人——基督教東征軍和以色列人」。

正在對哈薩克斯坦進行訪問的阿卜杜拉二世國王立即中斷訪問，於當晚緊急回國，處理相關事

宜。他懷著對中國人民和中國軍人的深情厚誼，於十一月十日上午來到中國大使官邸，看望中國國防大學學員代表團的全體成員，並對中國傷員表示誠摯的慰問，對遇難者表示深切哀悼。他說，約中兩國都是恐怖主義的受害者，恐怖分子的爆炸活動令人們深惡痛絕，但它動搖不了約中兩國人民和兩軍之間的牢固友誼。他表示，約中兩國將會進一步加強團結與合作，更加堅定聯合反恐的決心，共同打擊恐怖主義的威脅。他動情地拿出自己的一筆錢，作為撫卹金，請我轉交四位受害者的家屬。他還表示，下月訪華時還將探望遇難者親屬。

根據胡錦濤主席的指示精神，中國國防大學副校長趙剛率領由中國軍隊和外交部有關負責人組成的善後小組，陪同中方遇難者家屬於十一日中午乘坐中國空軍專機抵達安曼。工作組抵達後，看望了中方負傷人員和國防大學學員代表團全體成員，轉達了胡主席、黨中央、國務院、中央軍委和外交部

對他們的親切慰問。阿卜杜拉二世國王專程前往侯賽因醫療城，會見了工作組一行和遇難者家屬，並到醫院病房看望了傷員。國王在談話中強烈譴責這一恐怖主義行徑，表示約旦絕不會屈服於恐怖主義。他高度評價約中友好關係，表示這一事件不會影響兩國和兩軍之間的交往。我向遇難者家屬和傷員轉交了國王的捐款，他們對國王的這一善舉表示感謝。當天下午，三名中國人員遺體在他們的家屬、善後小組及學員代表團全體成員的護送和陪同下，離開安曼回國。臨行前，約旦軍方在機場舉行了隆重的送別儀式。

同年十二月十日至十三日，阿卜杜拉二世國王再次踏上中國的土地，應邀進行國事訪問。訪問期間，他於十二月十一日上午專程來到位於北京西北郊的中國國防大學，看望上個月在安曼連環爆炸事件中三名遇難中國人員的親屬和一名受傷人員。阿卜杜拉二世國王代表約旦王室、政府和人民向三位遇難者的親屬表示深切哀悼和誠摯慰問。他說：「雖然語言無法減少你們內心的悲傷，但請允許我再次表達我最深切的哀悼和慰問。約旦全國人民都掛念你們，希望我們能分擔你們的悲痛。」又說：「根據我們的文化，你們的先生在約旦去世，約旦人民和我本人都是你們的兄弟，你們的孩子將來長大後也是我們的兄弟。」他希望能與遇難者親屬保持聯繫，表示將關注三個孩子的生活和學習情況，希望他們長大後能致力於發展中約友誼。國王緩緩

地走向在爆炸事件中腿骨骨折的姚立強身邊，親切詢問了他的康復情況。然後說：「你的氣色比我上次見到你時好多了。希望你儘快恢復健康，也希望我們能在約旦再見。」姚立強感謝阿卜杜拉二世國王的關心和在約旦期間約方的悉心救護。這次，阿卜杜拉二世國王再次深情地拿出自己的一筆錢，捐給三位遇難者的親屬和傷員。他的親力親為讓中國人民感動，讓中國軍人感動。

阿卜杜拉二世國王像其父親一樣，做中國人民的好朋友、老朋友，精心培育著中約兩國人民的友誼。他對中國人民的友好情意，像兄弟一般的濃，像他從中國帶回的松柏那樣枝繁葉茂、四季長青！

樂觀而務實的人

──兩訪阿卜杜勒·薩拉姆·馬賈利博士

劉元培

（中國國際廣播電台阿拉伯語部前主任）

　　約旦人阿卜杜勒·薩拉姆·馬賈利博士是中國人民的老朋友，曾多次訪華。一九九六年九月中下旬，他以約旦議會代表團團長的身分參加了在北京召開的各國議會聯盟第九十六屆大會。

　　就在他來華前幾天，我與約旦駐華大使薩米爾·納奧利聯繫，提出在馬賈利博士與會期間採訪他。四個小時後，約旦駐華使館回電告知，馬賈利博士同意接受採訪，具體時間待博士來華後再定。

　　與會期間，馬賈利博士作為中東和平進程的見

阿卜杜勒·薩拉姆·
馬賈利博士

證人，到中國社會科學院亞非研究所和北京大學作報告，我有幸受邀聆聽了他在社科院的報告。馬賈利博士從馬德里和會談起，談到了約旦和巴勒斯坦組成聯合代表團與以色列談判；一九九二年十月，約旦和以色列就談判議程草案達成協議；直到一九九四年十月底，約以雙方簽訂和平條約。報告結束後，他又回答了大家提出的問題，特別是有關內塔尼亞胡上台後中東局勢的新變化等問題。他還應我的要求講了談判藝術的問題，引起與會者的廣泛興趣。

報告會一結束，我就上前與馬賈利博士握手致意，並約定採訪時間。博士面帶微笑對我說：「一九八四年，在我擔任約旦大學校長率團訪華時，我們曾見過面。」我佩服博士的好記性，對十二年前僅半小時的採訪，他居然記憶猶新。

第一次見面

一九八四年深秋時節，我從北京大學東語系得知馬賈利博士來華，便與有關方面聯繫採訪事宜。我懷著崇敬的心情來到釣魚台國賓館。馬賈利博士中等身材，微胖，高鼻樑上架著一副黑邊眼鏡。頭髮雖略變花白，但臉色紅潤，精神飽滿。我們的話題就從來華訪問開始。

一九七九年，馬賈利第一次率團來華，停留時間較短，僅訪問了北京和上海。一九八四年是他第

二次訪華，他說：「這次訪華的目的是了解中國近期內在教育、經濟和文明建設等方面所取得的進步和變化，了解中國為改善生活、提高科技水平、推動社會進步等所採取的措施。」他接著說：「國家間的文化關係在當今時代比其他諸多關係更為重要，我們願這種關係得到加強。」

訪問期間，馬賈利博士一行參觀了北京大學和北京師範大學。他發現中國的大學是國立的，而約旦的大學處於國立和私立之間，在財務等方面有一定的獨立性，處理和安排教務比國立大學更自由一些。他在北大和北師大都作過報告，報告結束後，同學們提出不少問題。他感到同學們的提問很專業，頗有水平，說明他們有強烈的求知慾和良好的文化修養。

談到中約兩國大學間的合作，他認為領域很多，主要是信息交流和協作搞科研項目，也可以進行師生間的互訪，雙方派教師到對方高等院校講學等。

獨特的工作方法

據約旦朋友說，馬賈利博士是一個務實的人，通過長期的工作實踐，形成了自己的工作方法。我在這次採訪中提的最後一個問題，就是請他介紹自己獨特的工作方法和務實作風。馬賈利博士聽後，哈哈笑了一聲，便說：「我感謝你這樣的判斷，我

也確實在朝這個方向努力。我相信全面的觀點，主張全面地看待事物，教育的問題也要全面對待。我不相信孤立的觀點，不主張醫學院遠離綜合大學，每個大學各院系應該在一個校園內。教育計畫應該包括各個不同學科和專業，課程應該全面，使得學生的了解面更廣。今天，我們不僅僅是與同行業的人生活在一起，而是接觸到社會各界人物。每個人，無論是醫生、工程師、科學家、律師或其他人，都應了解其他行業的事。我認為，教育工作者應該持全面的觀點。」

他略加思索後繼續說：「有人關心事情的細節，我則重視事情的全貌。有些人看待別人比較悲觀，總認為別人在沒有行善表現之前是壞人，我則認為別人在沒有作惡之前都是好人。」

他好像在講人生哲理，我聽得十分專注。喝口水後，他繼續說：「因此，我處事比較堅決。當然，我先要廣泛徵求同事們的意見，與他們商討有關問題，然後再作出有利於大家的決定，並一直實施下去。成功的回饋要比長期等待和反覆研究強很多。事情拖得越長，反覆研究越多，干預也就越多，意志就越變越消沉。真如俗話說的『趁熱打鐵』，鐵熱的時候是軟的，你得快打，時間一長，鐵就變硬，就不易成型了。」

　　一九九六年九月二十日晚，按預先約好的時間，我提前來到了北京東郊的凱賓斯基飯店，對馬賈利博士進行第二次採訪。

　　在馬賈利博士房間的門前，我先見到了約旦眾議院議長的新聞顧問夏哈戴‧艾布‧巴克爾先生。他告訴我，博士正在做按摩，半小時後才能做完。於是，我就在樓層的接待室休息，與顧問先生聊了片刻，從他那裡了解馬賈利議長的個人情況。

　　馬賈利博士一九二五年生於約旦中西部城市卡拉克，是三個孩子的父親。他原本是一名醫生，一九四九年畢業於敘利亞大學醫學院。他是在國內外享有很高威望、功勛卓著的人物。除擔任過大學校長外，他還曾任衛生、教育、國防、外交大臣和首相等要職，曾被授予約旦獨立獎章、約旦金星獎章和教育優秀獎章等，還獲得多種榮譽稱號。他的愛好是國際象棋和游泳。

　　半個多小時後，按摩做完，夏哈戴先生把我領到馬賈利博士套間的會客室。這次博士來華是參加各國議會聯盟大會，採訪就從這次聯盟大會談起。

　　馬賈利博士說：「提交大會討論的問題有婦女、兒童、貧困和飢餓等問題。各代表團都明確表示要重視這些問題。現在，婦女和兒童在一些國家受到虐待，世界上仍然有飢餓存在。雖然作過種種努力，但至今還有八億人在忍饑挨餓。可是，有人

卻把剩餘的食品扔進垃圾桶，這是很不正常的。我
們應對這些富人說，請你們關照一下貧困的左鄰右
舍，否則你們也將不得安寧。」

　　談到這次訪華和雙邊關係，他說：「我很榮幸
第三次來中國訪問。中國在政治、社會、建設和貿
易各方面都發生了巨大的變化。」他表示希望同中
國發展關係，特別是經貿關係。他說：「我們期待
與友好的中國建立密切的關係。事實上，這種關係
已經形成，兩國的商貿關係就很好。隨著進一步的
開放，我們希望約旦投資者和商人有更多的機會到
中國來。中國的企業家和貿易界人士也可以到約旦
去，使兩國的貿易額不斷增長。」

對中東前途持樂觀態度

　　一九九四年十月，約以簽署了具有歷史意義的
和平條約。馬賈利博士曾率約旦代表團參與同以色

列談判和簽約的全過程，談中東問題他是權威。自以色列內塔尼亞胡新政府執政以來，中東和平進程面臨危機，各方人士紛紛發表看法。馬賈利博士在各種場合反覆強調，對於中東和平進程的前途，他現在和將來都持樂觀態度。

在採訪過程中，我特別請他就當前以色列政府立場，預測巴勒斯坦問題和阿以各方和談的前景。馬賈利博士認為，中東和平問題不僅是地區性的問題，而且是全球性的戰略問題。全世界都需要和平，任何個人、任何國家都不能對和平不聞不問。當然，在前進的道路上有困難、有問題，但問題終將解決。巴勒斯坦兄弟同以色列的談判受到挫折，以色列當局遲遲不執行協議，甚至企圖擺脫部分協議，但全世界都在注意中東地區的動態。他不認為以色列當局將拋棄和平、拋棄協議，這對以方是不利的。

談到敘以和黎以和談，他對以色列堅持一切從頭開始的態度表示遺憾。他說：「這是世人不能接受的。以色列現政府應該尊重上屆政府在此問題上所作出的一切努力，這樣，才能有和平。」

馬賈利博士還說：「我是樂觀主義者，相信巴勒斯坦人最終將在自己的土地上建立巴勒斯坦國，將收復東耶路撒冷。敘以和黎以和平問題將最終得以解決。我相信以色列領導人會考慮以色列的根本利益，走和平的道路。」

採訪進行得十分順利。馬賈利博士不愧為外交

家、教育家，回答切題，分析客觀全面，使我獲益
匪淺。要談的話題還有幾個，但考慮到馬賈利博士
在華的活動繁多，不能占用過多的時間。最後，我
祝馬賈利博士繼續為加強中約兩國友好合作關係、
為中東和平與發展作出新貢獻。馬賈利博士也表達
了殷切的期望，祝兩國關係進一步加強，希望兩國
官方人士、議員、企業家、知識分子和學生間的互
訪和交往不斷增加。

中國阿拉伯友好傑出貢獻獎獲得者塔拉勒·艾布·格扎萊教授的中國故事

吳富貴　王　燕

（中國前駐中東國家外交官、

中國阿拉伯文化研究學者）

二〇一六年一月二十日晚，埃及首都開羅著名的四季酒店，張燈結綵、熱鬧非凡。來自中國、埃及、阿盟和阿拉伯國家駐埃及的外交使節及各界人士絡繹不絕，步入會議大廳。由中國人民對外友好協會舉辦的中國阿拉伯友好傑出貢獻獎頒獎儀式在這裡隆重舉行。

當十位中國阿拉伯友好傑出貢獻獎獲得者之一的約旦 TAG 集團創始人兼主席、阿中商務和文化論壇創立者塔拉勒·艾布·格扎萊教授站在主席台上，神情莊重地從中國國家主席習近平手中接過「中國阿拉伯友好傑出貢獻獎」證書和金光閃閃的獎章時，會場上響起了熱烈的掌聲。塔拉勒手捧著證書激動地說：「我能獲此殊榮，心情非常激動。這不僅是我個人的榮譽，也是約旦哈希姆王國全體國民及全體從事約中友好事業人士的光榮和夢想。」

中國阿拉伯友好傑出貢獻獎獎章。該獎於二〇一六年一月二十日由中國國家主席習近平頒發給十位阿拉伯國家對華友好人士。塔拉勒·艾布·格扎萊博士是獲獎者之一。

結緣漢語和漢字

塔拉勒教授一九三八年四月二十二日生於巴勒斯坦雅法，他和漢語言文化的緣分由來已久。十多歲時，他在安曼的舊書店裡發現一本破得連封面都沒有的漢英詞典，一下就被詞典扉頁上的一道眉批緊緊吸引：多學一種外國語，等於在本來沒有窗的牆上開了一排窗，你可以領略到前所未有的另外一面風光。

這道眉批激發了他學習漢語的熱情，他順利地闖進了漢語的門檻。這門語言對他後來同中國開展經貿往來，為約旦打開對華貿易局面幫了大忙，並使他不斷領略到「前所未有的另外一面風光」。

在研究漢語和漢字的過程中，他驚喜地發現，古樸的方塊字像是一幅幅水墨畫，中國特有的書法奧妙無窮。每個方塊漢字的來源都是一個有趣的故事，短短幾個字，就可以把意思表達出來；漢字具有強大的生命力，幾千年前形成的古老文字，今天仍能用來表達現代科學的概念；幾千個漢字調來調去，可以無窮組詞。

漢字的巨大魅力把他的魂給勾住了。繁忙的商務和政治活動之餘，他見縫插針，潛心將漢字同其他文字特別是他熟知的英文系統地進行對比研究。他發現，漢字的一個重要優點是簡約。現代英文要使用二三十萬個單詞，不查字典不知其義，且隨著人類社會和時代的發展與進步，需要不斷增加詞彙

量。而中文只用四五千個字反覆組合，足以記寫任何新事物、新概念。同樣一篇文章，中文的篇幅只需英文的二分之一、日文的三分之二，它實在是解放生產力的最好文字。

由此，他得出一個結論，漢字是世界上最科學、最優秀的文字，實實在在是中華民族之寶。

談到漢語在約旦的傳播，塔拉勒教授深情地回憶說，他之所以想到在約旦開辦首家孔子學院，並熱衷於從事漢語教學、研究和翻譯工作，是源於多年前參觀北京牛街清真寺的所見所感。當年，他應邀訪問中國期間，邀請單位派了一位阿拉伯語翻譯全程陪同，他們在一個主麻日一起來到北京牛街清真寺做禮拜。期間，他了解到，牛街禮拜寺初為遼代入仕的阿拉伯學者納蘇魯丁所創建，是中國伊斯

蘭文物寶庫之一。禮拜寺的建築採用了中國木結構的傳統形式，但在主要建築物的細部裝飾上帶有阿拉伯風格。

在這座具有一千多年悠久歷史的清真寺裡，有兩座「篩海墳」，據說是元朝初年由阿拉伯國家來華講學的伊斯蘭長老之墓，年代久遠的墓碑上鑴刻的阿拉伯文字蒼勁有力。

在那次訪華行程中，通過拜訪牛街清真寺，走訪多所開設阿拉伯語專業的中國高校，塔拉勒產生諸多聯想。中阿友好關係史已經走過一千多年的歲月，卻只見阿拉伯語在中國的土地上傳播，這與當今中阿友好互利的合作關係太不相稱了。因此他想，身為約旦和中國之間的現代友好使者，理應用自己的實際行動來填補這一認知空白。他立志要順應時代潮流發展，讓阿拉伯語在中國欣欣向榮傳播的同時，也要讓漢語走進約旦的千家萬戶，走進二十二個阿拉伯國家。

創辦約旦首家孔子學院

在約旦，塔拉勒教授是語言文化界人士中老百姓最熟知的面孔之一。約旦民眾學習漢語熱潮的出現，塔拉勒功不可沒。安曼多所高校的青年學生熟悉他，大多數是從他在約旦開辦第一家孔子學院開始的。

目前，中國在約旦設有兩所孔子學院，分別是

安曼 TAG 孔子學院和費城大學孔子學院。TAG 孔子學院成立於二〇〇九年四月一日，是中國國家漢辦、瀋陽師範大學和約旦 TAG 集團合作在約旦建立的第一所孔子學院。

而在此之前，約旦某些私立語言學校授課的教材和視聽材料多是以英語或阿拉伯語為支撐語言的漢語拼音和阿拉伯語解釋。有了 TAG 孔子學院這樣的正規漢語學校，很多高中、大學應屆畢業生不用走出國門前往中國，在自己的家門口就可以學習漢語了。因此，許多青少年紛紛加入報名學習漢語的行列。

結合首都安曼漢語教學的實際情況，TAG 孔子學院的常規教學課程分為入門、基礎、初級、中級四個級別。此外，還開設少兒漢語、商務漢語、旅遊漢語課程以及不定期的中國語言文化講座。

TAG 孔子學院除了進行漢語教學外，還經常聯合中國駐約旦大使館文化處舉辦有關中國經濟發展和文化交流的各類講座，以及形式多樣、豐富多彩的文化聯誼沙龍活動，幫助約旦人解讀和認識真實的中國。此外，還定期舉辦「開放日」活動，同時邀請約旦前駐華大使、外交官、約中友好協會及社會各界人士品嚐中國小吃，欣賞中國音樂，展示中國藝術。寒暑假期間，還舉辦中國青少年文化夏令營，寓教於樂地向當地少年兒童介紹中國文化。

二〇〇九年六月，塔拉勒教授應瀋陽師範大學邀請到中國訪問，並參加了瀋陽師範大學二〇〇九

屆大學生畢業典禮。塔拉勒教授說，在約旦乃至整個阿拉伯世界，越來越多的人開始接觸和學習中文，由於與中國的官方和民間交流、貿易往來日益頻繁，學習中文已經成了一種迫切需要。

一分汗水，一分收穫。如今，在塔拉勒教授的積極努力下，中文對約旦人來說不再是「天書」了。這一語言在約旦特有的語言氛圍中謹慎地、紮實地開闢著自己的道路，成為人人都可以學會的語言。

約中友協主席賈邁勒·達穆爾對 TAG 孔子學院給予了高度評價：「TAG 孔子學院向約旦民眾展示了輝煌燦爛的中國文化，為中國打造了非常好的品牌。我們看到，約旦人民對中國的語言和文化越來越認可。包括我在內的很多約旦政治、文化、商業人士，都得益於孔子學院的漢語教學。教育是約中交往中最富有成果的一個領域，我非常看好兩國的教育合作前景。過去，協會成員聚會時，所有人相互問候都用英語，以顯示自己有國際學識，現在都改成漢語了。約旦 TAG 孔子學院的開辦，正在為約中兩國世代友好播撒下一顆顆文化交流的種子，這些種子一定會開花結果，造福於兩國萬代子孫。」

中國文脈的傳承者

大學中文教育究竟應該全民化還是菁英化？國

家應該加強對哪個教育階段的投入？教育對於個人、家庭和社會的回報到底有多大？相信這些話題是每個國家都關注和討論的熱點。塔拉勒教授說：「這都與社會倡導人們形成的價值觀有關。全民都有博士頭銜，還是人人都有一份能養活自己的工作？你要問我哪一個更重要，約旦人肯定會選擇後者。」一位約旦文化學者，憑什麼以傳承中國文化教育為己任，甚至在信仰伊斯蘭教的約旦哈希姆王國毅然開辦孔子學院？

「約旦人對塔拉勒教授的崇敬，源於他為這個阿拉伯世界君主立憲制的文明古國——約旦哈希姆王國、首都安曼這座古城文教事業所作出的突出貢獻。我們這些約旦學生，不是專家，缺乏對中國文化的系統認知，但是，約旦 TAG 孔子學院的課堂教學、歷史文化剪影，讓我們看圖、說話、寫字，然後心嚮往之，」有孔子學院學生如是說。

大廈之成，非一木之材；大海之闊，非一流之歸。中國人對塔拉勒教授蔭庇學子之舉的敬重也是源於他將博大精深、具有五千多年悠久歷史的中華文化體現在約旦 TAG 孔子學院的漢語教學中，給約旦的漢語學習者提供規範、權威的現代漢語教材，提供正規、主流的漢語教學渠道，以優質的教學培養出合格的漢語人才。

塔拉勒教授說，隨著中國的不斷發展，漢語在世界上已占有越來越重要的地位，約旦乃至整個阿拉伯世界學習漢語的需求日益增加，希望 TAG 孔

子學院的成立能夠幫助更多的阿拉伯人學習漢語，也希望將來能繼續和中方合作，在約旦乃至其他阿拉伯國家進一步拓展孔子學院的影響力。

塔拉勒教授認為，「坐而論道，起而行之」，阿拉伯人以往關注和追隨的對像一直是西方，但歷史證明，西方沒有幫助阿拉伯世界實現復興，反而使其陷入了更大的危機。隨著中國國家實力和國際地位的顯著提升，特別是二十國集團（G2〇）杭州峰會的勝利召開，不僅為提振全球經濟開出了中國良方，更需要 G2〇 成員以及全球所有國家將其真正加以落實。鑑於此，阿拉伯人不僅應當進一步加強與中國各領域的友好關係，還應當積極學習和借鑑中國的發展經驗，努力實現「文明的追隨」。

塔拉勒教授深情回顧了六十多年來中阿友好互利合作的發展歷程，總結了中國成功的經驗。他認為，「非模式化」是中國發展經驗的精髓，阿拉伯人應積極借鑑。他還詳細分析了中阿進一步加強互利合作的歷史基礎和現實條件，認為中阿兩大文明可以相互扶持，從而實現「中國夢」和「阿拉伯夢」。

是什麼吸引了現今阿拉伯人的目光？他們如何解讀中國？塔拉勒認為，十位阿拉伯獲獎者的親身經歷便是讀懂中國的最好明證。千年絲路傳遞的是和平、開放與包容，承載的是希望與夢想，在今天必將續寫華章。TAG 孔子學院為約旦輸入了博大精深的中國文化，培養出一批又一批的漢語學子，

他們對中阿文化交流發揮了重要作用。

　　「一個人成功與否，不在於財富多少和地位高低，而在於能影響多少人。」這句話始終是塔拉勒教授衡量人生價值的唯一標準。對他來說，從事漢語教學早已不是單純的「堅守」，而是自己畢生為之付出崇高的事業。

　　展望未來，塔拉勒教授信心滿懷。正如他自己一再強調的：「不論我身在何方，中國永遠是我所嚮往的地方，能夠為約中友好關係貢獻自己的綿薄之力，應尤感欣慰。」不管是做教授，從事教育，還是從事漢語言文化國際人才交流活動，塔拉勒教授正一步一個腳印、一次一件事情，身體力行地奉獻著自己的心力，實現著自己的願望，並且在「一帶一路」上結出豐碩的果實。

發生在約旦的身邊故事

（中國前駐約旦大使）

　　上世紀九〇年代，我在約旦履職期間，身邊發生了一些動人的故事，猶如一條紐帶將中約人民之間的友誼緊密地連接在一起，也像涓涓溪流匯入世界文明的海洋。

使館司機哈利勒

　　哈利勒先生是中國駐約旦使館招聘的大使專職司機。他四十開外，一米八幾的個頭，長臉，絡腮鬍子，濃眉大眼，體魄健壯，腰板筆直，一雙大腳尤其引人注目，是一位典型的巴勒斯坦裔約旦公民。他開車技術熟練，對安曼市的每一條街道乃至小胡同都很熟悉，宛如一本活地圖。不管大使到何處參加活動，只要辦公室給他打一聲招呼就可以了，不必專門派人去找地方。他平時沉默寡言，但辦事認真，凡使館辦公室交辦的事，從未出過差錯。在使館工作的近四年期間，我經常同他交談，並同他建立了良好的關係。

　　到任初期，我忙於公務，活動甚多，從早到晚，往往一天七八場活動。哈利勒開車認真，輕車熟路，使我得以按時赴約。不過，我也發現些問題，比如，他開車較快。有時為了趕時間，他開快車，加之安曼市乃山城，道路起伏蜿蜒，車子多有顛簸，偶遇急剎車，顛簸更為嚴重。開始，我禮貌地提醒他，開車慢一點。他當時稍加注意，但過後便忘記了。後來，我們熟了，在車上聊天時，我突然用阿拉伯語問他：「兄弟，你為什麼開車這麼快呢？」

　　「主要因為我駕駛技術高超，在安曼市的司機行裡，我是小有名氣的。另外，大使閣下您對外活動甚多，我要按時送您赴約。這是大事，無論如何不能耽擱。還有，德國的奔馳車質量好，經得住折騰，不會出事。」哈利勒胸有成竹，慢條斯理地回答說。

　　「你駕駛技術高超，是一流的，我很欣賞。你講的幾條理由也都對。但駕駛技術的高低，不是以速度為唯一標準的。在科威特任職期間，我的駕駛教練是一位老練的巴勒斯坦司機。他說，開車要掌握三要素，一要穩，二要熟，三要一定速度，但千萬不要開快車。不知他講的是否有道理？」我說。

　　「有一定道理。車速快，容易出事故，尤其在安曼市，街道高低不平，確實比較麻煩。但我開車多年，經驗豐富，能夠處理各類突發事件，不會出

問題。以前，我在聯合國駐安曼辦事處工作，老闆是位歐洲人，脾氣暴躁，喜歡開快車。我跟他多年，養成了這一習慣。另外，當地人都喜歡開快車，以此來衡量司機的駕駛技術，」他略有所思地說。

「開車，首先安全第一。一上車，你、我二人，猶如同乘一條船，要同舟共濟。開車快了，麻煩多；開車慢了，方便多。在中國，考一位司機的駕駛技術，首先要考他開車是否穩。考官坐在車上，將斟滿的一杯水放在車的小台上，看司機開車時杯裡的水會不會溢出來。因此，一位司機駕駛技術的高低主要看他能否將車開穩。今後，我將會為你開車穩一些、慢一些而感到高興。每次活動，可提前五分鐘出發，給你留出路上較為充裕的時間。當然，車子要及時保養、維修，即使再好的車子，也會有毛病。」我和顏悅色地說。哈利勒認為我講得有道理，表示同意。

經過這次溝通，哈利勒不但改變了開快車的習慣，而且幹勁也來了。平時，他開車送我參加外事活動回來，便幫使館辦公室幹雜活。他曾私下對辦公室的一位年輕人說，大使同他聊天，平等相待，以理服人，令人感動，因此，他感到自己不是使館的僱員，而是使館的成員，一定要做好工作。

2・「對不起，我來晚了」
有一天，約旦巨商拉希德先生在莊園舉行盛大

的午宴，慶祝六十大壽，我應邀出席。拉希德莊園位於安曼市郊一個小山包上，寬大的院落，周圍建有高牆，院內有六幢白色小樓，遠遠望去，酷似一座古城堡。哈利勒送我前往。車子在崎嶇的山路上慢慢爬行。進入莊園，我才發現，院內綠樹蔥蘢，鮮花芬芳，中間有一塊約五百平方米的綠色草坪。車子在樓前停下。下車後，我讓他回使館忙其他事去，兩小時後再來接我。說話間，主人已前來迎接，我熱烈祝賀他六十大壽。他深表感謝，並說，他同中國生意興隆，他為有我這位中國朋友感到自豪。然後，我們步入大廳。廳內富麗堂皇，一座高大的拱形建築，偌大的水晶燈掛在中央，顯得十分氣派。拉希德告訴我，這是祖業，他家世代經商，曾做過皮革、房地產、運輸生意，現做紡織品、五金等生意。正說著，前首相馬斯里也來向拉希德祝壽。馬斯里先生對中國友好，曾幾次訪華。到任後，我已去他家造訪過，我們談得很投機。這時，客廳裡已擠滿了人，其中有政府要員、商會主席、各界知名人士以及拉希德的親朋好友等。大家說說笑笑，十分熱鬧。不一會兒，午宴開始，形式是自助餐，食品豐盛，應有盡有。午宴後，客人先後向主人告別，紛紛離去。而我在等哈利勒來接我。結果，一等不來，二等也不來。我忙給使館打電話。他們說，他早已離開使館去接我。主人很熱情，一直陪我聊天，還說，可能路上堵車，一會兒就到了。

大約一小時後，哈利勒匆匆趕到。我向好客的主人告別，並為多有打擾表示歉意。拉希德高興地說，這就是你的家，歡迎你常來做客。上車後，哈利勒一再說，「對不起，大使閣下，我來晚了。」當時，我只是說「沒關係」，但心裡很不痛快。回到使館，我同辦公室主任老徐談及此事，他也很納悶。他說，哈利勒從不誤事，沒想到今天出了這件事！老徐是個急脾氣，從我辦公室出來，他遂去問哈利勒。對方僅說，對不起，我確實去晚了。由於哈利勒已認錯，大家也未再追究下去。

　　半個月後，使館辦公室的小李接到一位自稱穆罕默德的年輕人打來的電話，要使館轉達他對哈利勒救父的謝意。他說，半個月前，他父親外出，突然犯病，躺在路旁，是哈利勒及時將其父送往附近的醫院，挽救了他父親的生命。小李問他如何知道哈利勒在中國大使館工作，他回答說，他並不知道，也不認識哈利勒，而是醫院的門衛告訴他的。聽後，小李向老徐作了匯報。老徐在向哈利勒轉達穆罕默德的謝意後，問及此事經過。哈利勒不好意思地說，本來，他不想談此事。他說，他耽誤了接大使的時間，已經很過意不去。老徐說，他做了好事，應受到表揚，而不是批評。於是，他簡述了事情的經過：那天，他開車去接大使的半路上，發現一位老人躺在路旁，便停車下去問個究竟，發現老人已不能講話，但仍有一息尚存。他看四下無人，生怕老人出事，故趕緊抱其上車送到附近的醫院搶

救。護士從老人的衣袋裡發現一張寫有其兒子姓名、地址和電話的字條。同時，哈利勒看到老人開始恢復意識，這才放心地悄悄離去，趕快去接大使。就這樣，耽擱了約一小時。

老徐向我轉述了上述故事。我為之動容，並表揚了哈利勒。他不好意思地說，他做了一件應該做的小事。

死海不死

約旦政局相對穩定，每年前往約旦旅遊、經商的中國人約有萬餘人次。他們一抵首都安曼，便首先考慮到死海一遊。作為約旦旅遊勝地的死海，的確名不虛傳。

死海舉世聞名。因地殼變動，死海從地中海分割出來，形成一個內陸鹹水湖。它距離地中海僅有八十公里，位於安曼市西南約五十公里處，驅車需一小時。順公路而下，途經高原，進入谷地。當車行至海平面高度時，人們耳邊會有嗡嗡的感覺，但瞬間即消失，其因是死海水面低於海平面近四百米。死海北起蘇維馬，南至薩菲，面積一千零四十九平方公里；南北全長八十二公里，東西寬四點八至八點七公里，平均水深三百米，最深處達四百零九米。

人們不禁要問，為什麼稱之為「死海」呢？這是因為死海形成後，海水因氣候炎熱而大量蒸發，

使之含鹽量高達百分之二十三至二十五，相當於一般海水含鹽量的四倍之多，除細菌外，無任何生物可在如此高含鹽量的海水中生存，沿岸也基本沒有植物。那麼，為什麼又稱之為「不沉之海」呢？這是因為它的海水浮力大，可躺在水面上看書或休息，不會下沉。對於不會游泳的人來說，也沒有問題。此外，有人不禁要問，為什麼還稱之為「地球的肚臍」呢？那是因為死海最深處低於海平面八百米，比我國新疆吐魯番的艾丁湖還要低二百五十米。

死海東岸有半島突入海中，將其南北截開，其中南部面積二百六十平方公里，北部面積七百八十平方公里。我沒有機會前往參觀，不過常去安曼附近的死海游泳、休閒。每次游泳後，頓覺全身輕鬆、舒適。

對於旅遊者來說，死海有三大看點。其一，氣溫較高，陽光充足。常年氣溫一般在 15-30℃ 之間。安曼冬季寒風刺骨，經常下雪，有時達半米之深，到處白雪皚皚。而死海則陽光明媚，溫暖如春。我國許多訪約團組出遊，首選去死海游泳，享受天然沙灘、陽光、藍天、白雲。

其二，浮力大。凡去死海參觀者，不論男女老少，均興致勃勃，欲親自試試海水浮力到底有多大。結果一試，的確浮力很大，彷彿有一雙無形的手托著自己。因此，有一個「死海不死」的故事流傳至今。相傳大約西元二世紀，羅馬統帥狄杜攻占

耶路撒冷後，將一批俘虜拋入死海處決，但他們不但未被淹死，反被海浪送回岸邊。狄杜大怒，再次下令將他們扔下海去。結果，他們仍舊安全回來了。這一下，把狄杜嚇壞了。他誤以為這是天意，俘虜命不該絕，故下令將他們全部釋放。

由於海水含鹽量高，人們游泳時，切不可將海水弄到自己眼睛裡。有一次，我國一婦女代表團過境，定要下海一試。行前，我曾予提醒，但並未引起她們的重視。下水後，有一位年約四十歲的團員不慎被海水弄濕了眼睛，頓時雙目緊閉，疼痛難忍。她一緊張，便在水裡翻滾起來。我看勢不妙，忙叫使館陪同的兩位年輕人下去將她抬上岸，然後用礦泉水洗清其雙目。這時，她才緩過勁來，半開玩笑地對我說：「人說死海不死，但我這一下，幾乎要了命。」我忙安慰她說，事情沒有那麼嚴重，休息一會兒就好了。

其三，療養、治病。死海海水對關節炎、風濕和其他多種皮膚病有一定療效。其天然黑泥是美容品，為眾多名牌化妝品提供原料。

一九九六年十一月，中國全國人大常委會委員長喬石率全國人大代表團訪問約旦，前往死海參觀。一到岸邊，隨團的一位領導即跳下水去，游起泳來。大家都看著他，怕他出事。不一會兒，他興奮地上岸，沐浴更衣。當車隊要走時，他讓我與他同車，說說話。途中，他高興地說，這次下海，感受頗深。第一，海水很鹹。他嘗了一下，鹹得嗆嗓

子，又苦又澀，難以承受；第二，浮力大。他游泳很輕鬆，特別是仰泳，猶如躺在籐椅上；第三，能治皮膚病。由於他出訪一直穿皮鞋，可能腳氣病犯了，下水前腳很癢，但在水裡一泡，不癢了，很舒服。

我笑著說，你是代表團中第一個「吃螃蟹」的人，你講的三條很經典。

使館養了兩條狗

中國駐約旦使館養了兩條狗，乃母子。母親名曰黑白，兒子叫大黑。它倆長得很帥，高大威猛，「虎背熊腰」，黑色的皮毛油光放亮，大大的眼睛炯炯有神，館員呼之，迅即搖著尾巴跑來，舔舔你的手，或在地上打滾，討人喜歡。白天，使館上班，人來人往，狗被拴著；夜晚，狗被放開，母子歡快，跑來跑去。即使趴在地上，也一會兒便起來，繞使館院內轉一圈，認真巡邏，絕不偷懶。一旦遇到陌生人從使館門口或牆外經過，兩隻狗就狂吠不停，嚇得人們避而遠之。自然，小偷也不敢光顧。

任職期間，我經常凌晨三四點鐘起床，去安曼國際機場接送重要的中國代表團。大黑發現我站在院裡，便悄悄跑過來，搖著尾巴，仰著頭，帶著疑惑的目光看我，似乎在問，您起這麼早，幹什麼去？然後，舔舔我的手，趴在我身旁。如果我撫摸

它的腦袋，它會高興地搖起尾巴，或打滾給我看，就像一個小孩子。每當晚間我外事活動回來，車一進院，它就跟著車跑。待車停下來，它就站在車旁，等我下車，然後上前迎接我，並發出親暱的聲音。

安曼市野貓甚多，白天藏於犄角旮旯、廢墟之中，夜晚成群結隊出來覓食，經常出沒於市井庭院、廚房。居民們談及此事，無不大傷腦筋，擔心野貓光顧帶來傳染病菌。而中國大使館則異常平靜，野貓不敢踏進半步。究其原因，主要是有兩隻狗看護。使館的兩隻狗與貓勢不兩立，見貓就追，毫不留情。有一天晚上，一隻野貓潛入使館院內，被兩隻狗發現，即向其發起攻擊，貓拚命逃竄，狗窮追不捨，眼看就要追上，貓急中生智，飛快上樹，而狗圍著樹轉，急得汪汪叫。這一下，驚動了飼養兩隻狗的小張，他忙將狗拴起來，才使這只可憐的野貓悄悄下樹，逃之夭夭，躲過一劫，真是「偷雞不著，倒蝕一把米」。從那以後，再無野貓進院。大家開玩笑說，恐怕是那隻貓向其他貓通報了情況，致使它們望而卻步，以防被狗咬。

狗到了發情期，總會有所動作。一天夜間，大黑偷偷溜出使館談戀愛。那是它第一次單獨外出，回來時找不到家門，只好趴在使館附近的一個小山包上等待救援。天一亮，黑白朝小張汪汪直叫。開始，小張很納悶，但黑白輕輕咬著他的衣角，往使館門口跑。小張一下明白了，原來「大黑未請假外

出了」。於是，他趕快叫上小李，開車出去找。二人先去了警察局，看大黑是否被誤當野狗讓警察拘留了，結果未發現。後來，二人在市裡轉了一圈，也未找到。最後，才在使館附近的小山包上找到。大黑一看到主人，高興地跳起來，兩隻爪子搭在小張的肩上，用舌頭舔小張的臉。回館後，大黑像個犯了錯誤的孩子，低著腦袋，夾著尾巴，不敢看主人一眼。黑白看到兒子回來，跑過去親親它的臉，但也「汪汪」叫了幾聲，彷彿在斥責它。

　　黑白比兒子聰明。夜間，它也偷偷溜出使館談戀愛，據說，它是隨著外交官晚上參加外事活動的車隊出去的。出館後，它繞著使館圍牆轉一圈，不斷撒尿。談完戀愛後，就匆匆回來，在使館門口等候，一旦有車回館，便趁機悄悄跑回來。有一次，它回來晚了，只好趴在使館門口等到天亮。聽到有人走動，它會輕輕「汪汪」幾聲，同時用爪子抓一下門，然後等人來開門。門一開，它就高高興興地搖著尾巴跑進來。

　　黑白垂垂老矣，開始，肚子上長一腫瘤，經獸醫確診，是良性的，可以動手術。黑白頗通人性，手術那天，小張開車拉它去安曼獸醫院。黑白乖乖地上車，一聲不吭。大黑跑到車前，親暱地舔母親的臉，似乎在祝她手術成功。手術前，小張告訴它，動手術沒有危險，要它老老實實，不要鬧，不要亂動，打了麻藥，不會感到，一會兒就好。黑白認真聽著，兩隻眼睛盯著小張，張著嘴巴，流露

出感激之情。手術時，黑白靜靜地躺在手術台上，沒有亂動，僅偶爾發出類似呻吟的聲音。

黑白很快康復，但身體大不如前，有時出現嘔吐現象，引起館員們的反感。他們議論著要將它送走。聞訊後，我表示反對。我說，黑白長期給使館看家護院，很有功勞，又未犯錯誤咬傷人，怎麼能趕它走呢？！人物一理，總有老的時候。經我一說，大家都不吭聲了，也無人再提此事。

過了一段時間，我去外地出差。回館後，又忙於接待一個重要代表團訪約，無暇他顧。一天晚上，外事活動回來，我發現黑白不見了，感到奇怪，順口問使館司機哈利勒。他說，辦公室讓他將黑白送走了。他還說，他並不想將黑白送走，但願它能再回來。我靜靜地聽著，我們兩人都沉默下來……不久，我同使館一位老同志飯後一起散步，偶爾談及此事。他在感慨之餘，講了一個真實的故事。他說，十幾年前，他第一次來使館工作時，使館養了一條狗，因年紀大了，他們就將狗送到市郊很遠的地方。過了半個月，在一個大雪紛飛的早晨，誰也沒想到，那條狗竟然又回來了。有人開門時，發現它精疲力竭地趴在門口。館員們為之感動，就再也未將它送走。我說，但願黑白也能再回來！

平易近人，樸實無華

——記約旦前駐華大使薩米爾‧努歐里

劉元培

（中國國際廣播電台阿拉伯語部前主任）

上世紀九〇年代，我與約旦駐華使館交往頻繁，當然主要是因為工作需要，另外，也是由於當時的駐華大使薩米爾‧努歐里謙遜和藹、平易近人、樸實無華。在他任期內，筆者曾採訪過他三次，陪同朋友拜會過他數次，在各種場合見面無數次。

發揮優勢，增強合作

約旦國土面積小，人口少，市場容量有限，自

薩米爾大使第三次接受劉元培採訪。

然資源匱乏，但地理位置優越，政治氣候良好。正如薩米爾‧努歐里大使在接受採訪時所分析的那樣，約旦有四大優勢：第一，約旦處於阿拉伯地區的中心，可以通過該地區連通阿拉伯大多數市場。外國公司可以到這裡來投資，充分利用有利的地理位置辦聯合企業；第二，約旦有大批受過高等教育的技術人員，可吸收這些人才參與聯合企業的工作；第三：約旦已形成一個方便的交通運輸網，不僅國內四通八達，而且與整個阿拉伯世界連成一片；第四：約旦社會穩定，投資環境適宜，這些都是成功投資的重要因素。

在介紹約旦的經貿發展時，薩米爾大使說，約旦是一個農業國，農產品出口占相當比重，過去出口周邊國家，特別是海灣國家，現在也出口歐洲各國。約旦主要出口兩種化工產品：碳酸鉀和磷酸鹽。碳酸鉀開採於死海地區。約旦充分利用磷酸鹽建立了化工工業。

每次採訪，均要談到約旦與中國的經貿合作。薩米爾大使頗感興趣地說，約旦與中國的經貿合作進展良好。一九九五年，雙方的貿易額達到一點三八億美元，對約旦這樣一個國家來說，這是相當可觀的數字。（註：目前，中國是約旦第二大貿易夥伴和第一大進口來源國，2016 年雙邊貿易額達 31.7 億美元）約旦從中國進口很多產品，包括鋼鐵、食品、服裝、兒童玩具、家用器皿、家用電器和電子產品等。從一九九一年開始，中國汽車進入

約旦市場。經過幾年的努力，中國出口約旦的汽車種類逐年增加。現在，約旦街道上可見到北京吉普、一汽解放和東風汽車公司生產的各種汽車。中國汽車價格便宜，適合一般消費水平，具有一定的競爭力。至於兒童玩具，可以說，目前約旦市場上百分之八十的兒童玩具是從中國進口的。中國的服裝很多，布匹和絲綢受到約旦顧客的歡迎。談到服裝，我請大使談談約旦的民族服飾。

大使比較詳細地介紹了約旦的民族服飾。他說，約旦每個地區的民族服飾都有自己的特色，但總體來講比較相似，例如婦女穿長袍，可一直拖到腳跟。用料一般是黑天鵝絨，上面繡著不同的花紋，各地區服飾的不同在於花紋的針腳稀密差異，也反映在頭巾和頭飾的區別上。對男子來講，民族服裝基本統一，各地之間沒有差別。男人的服裝主要由三個部分組成：米特拉傑（即內衣）、斗篷和頭巾。冬夏兩季的斗篷不盡相同，冬季稍厚、夏季較薄，斗篷上有金銀線和其他絲線的刺繡。頭巾有幾種顏色，一般為紅色。夏季則纏白色頭巾，上有黑色和紅色刺繡，頭箍是作固定頭巾用。

薩米爾大使特別寄望於兩國之間的旅遊合作。他說，約旦旅遊業已取得長足的發展，遊客不斷增加，收入逐年上升。隨著旅遊業的發展，旅遊投資也有所增加，建設了五十多家各種星級的酒店。一些外國公司、周邊國家和阿拉伯國家的投資者紛至沓來，準備建立各種項目。旅遊業是約旦政府積極

發展的項目，並從中獲取最大的收益。大家知道，約旦人喜歡外出旅遊，經常成群結隊出國觀光，所以可以想方設法吸引更多的約旦人到中國來。中國人也有旅遊的愛好，雙方可以共同合作，組織更多的中國遊客到約旦去，同時經約旦到其他國家和地區去，交通十分方便。

日本夫人、約旦美食

一九九八年初秋，中國國際廣播電台影視中心決定開拍電視紀實片《阿拉伯大使在中國》。攝製組初步決定，先拍當時的阿拉伯駐華使團團長、黎巴嫩駐華大使法利達‧薩瑪哈和約旦駐華大使薩米爾‧努歐里。

在拍攝約旦駐華大使薩米爾前，我代表攝製組與大使聯繫，把我們拍攝的宗旨、內容和要求告訴大使，並徵求他的意見。大使先是表示歉意，後經

一九九七年十一月，劉元培（左3）陪同薩米爾大使（左2）出席中國國際廣播電台阿拉伯語廣播開播四十週年慶祝會。

解說後表示同意，並商定拍攝日期。

　　三天后的下午，我們攝製組根據約定的時間來到了約旦駐華使館。大使已經派秘書在門口迎接。他把我們引到了二樓大使的辦公室，大使見到我們，面帶微笑，伸開雙手，熱烈歡迎。簡單寒暄後，便開始工作，先拍攝大使的辦公室。大使向我們簡單地介紹自己的生平。他一九四三年十月出生於耶路撒冷，大學就讀於黎巴嫩的美國大學。大學畢業後，到安曼拉格丹中學教書。一九七二年到約旦外交部工作。一九七四年後，先後在約旦駐日本、法國和澳大利亞使館工作，還擔任過約旦駐聯合國的副常務代表。一九九三年開始，任約旦駐華大使。

　　大使的官邸就在使館的後面，走進客廳，大使的日本夫人和三個孩子（兩男一女）出來迎接，並請我們品嚐由夫人親自做的約旦便點。茶几上放滿

薩米爾大使（左5）和夫人（左7）同電視攝製組合影。右1為劉元培。

了酸奶、茶、咖啡和水果，還有約旦人愛吃的發麵餅、玉米餅，特別是大餅夾肉，以及他們常吃的牛肉、羊肉等。約旦人宴請客人時，首先會送來一杯咖啡，還有一些水果。米飯一般都是用右手捏成團送入口中。約旦的貝都因人的主要食物是駝奶，還樂於用羊奶製作各種甜酪；奶、椰棗、小麥、穀米等是他們日常的主要食品。

熱情待客，官民兼顧

　　薩米爾大使十分重視官方外交，自一九九三年上任以來，為促進兩國政府間合作、增進兩國人民了解做了大量的工作。任期內，他推動高層領導來華訪問，促成了一些約旦與中國合作項目的上馬。

　　我退休後，曾陪同北京和深圳的一些民營企業家拜會薩米爾大使。他們都想前往約旦開拓市場。大使均耐心地滿足他們的要求，向他們介紹約旦市場和投資政策等。大使說，約旦的主要資源是磷酸鹽、鉀鹽、銅、錳、油頁岩和少量天然氣。磷酸鹽儲量約二十億噸。死海海水可提煉鉀鹽，儲量達四十億噸。油頁岩儲量四百億噸。約旦的工業多屬於輕工業和小型加工工業，主要有採礦、煉油、食品加工、玻璃、紡織、塑料製品、卷煙、皮革、製鞋、造紙等。在投資方面，約旦制定了鼓勵外國投資法，該投資法包括鼓勵外國投資者在約旦合資辦廠、減免關稅等一些優惠政策。中國已有很多家公

司在約旦建立了辦事處，這些公司參與了約旦包括住房、公路和基礎設施等建設項目。大使希望中國的企業家和廠商到約旦辦商品展覽會。他說，這些展覽會很受當地各界人士的歡迎，人們紛紛前往參觀和購物。約旦人特別喜歡中國的工業品、中草藥、文化用品、陶瓷和工藝美術品。

大使對約旦和中國的未來合作充滿信心。他說，我高興地看到兩國關係不斷發展，而且越來越好。兩國領導人的互訪增多，雙方貿易迅速發展。我相信，未來會給我們帶來喜訊，合作將得到加強。

經歷復興，往事多彩

與薩米爾大使分別已近二十年了，我很想知道他的近況，於是四處打聽，詢問在京的約旦朋友，但無結果。這時，想起了我的老熟人，原約旦駐華使館翻譯、大使秘書尤素福・薩利赫・哈塔伊卜博士。得知他現在在廣州，我便打電話與他聯繫。聽到我的聲音，他喜出望外，問長問短。我問他是否知道薩米爾大使的下落，因為今年（2017 年）是中國和約旦建交四十週年，想了解他目前的情況。他立即回話：「很願意為您服務。」幾天後，尤素福轉發來薩米爾大使從美國發來的文章《我在中國當大使的經歷》，並轉達大使對筆者的問候。

大使的文章共三頁，現摘譯如下：

　　自一九九三年十一月至一九九九年一月，我有
幸受命擔任約旦駐華大使。這段時間的工作，在我
內心留下了美好的回憶，至今，還不時地享受那些
多彩的往事。在中國工作期間，我經歷了經濟、建
築、文化、社會等領域的復興，親眼目睹了中國政
府和人民在各個領域取得驚人發展，並在很短時間
內成為世界第二大經濟體的過程。在當代世界的各
領域，包括科學和文化領域，中國均占據了主導地
位，成為世界現代文明的重要里程碑。

　　在華工作期間，我有幸參觀了很多名勝古蹟和
壯麗山河。在首都北京，遊覽了故宮和頤和園等文
化聖地。我還到過古都西安和中國現代復興的象
徵——上海和大連。此外，我會見了許多思想家和
創造者，他們中的很多人是阿拉伯語教授。我對他
們在講授阿拉伯語和文學研究領域發揮的作用感到
震驚，他們的成就不亞於阿拉伯文學家和教師。我
有機會訪問了許多大學和研究機構，同教師和研究

人員討論與研究他們是如何實現自己的創造和發現，然後讓別人共享的。

很榮幸，在華工作期間，我領悟了中國的文化藝術的復興。在很短的時間內，中國傳統文化得到繼承，西方藝術如歌劇、芭蕾舞等得到發揚。我不僅欣賞過中國文藝團體的演出，還了解了他們的成就。我經常觀看和聆聽中國一些歌劇、交響樂和芭蕾舞團體的演出，並為他們的藝術水準感到驚訝。他們不時去國外演出，同樣取得極大的成功。他們的水平超過了約旦和其他一些國家的藝術團體。

讓我極為讚嘆的是，我親身體會到中國公民熱愛和忠誠於自己的國家。他們融合在各個不同領域，並取得了成功。獲取進步需要全國人民付出艱辛和依靠他們的忠貞。他們都感到自己是國家的一分子，理應為國家的進步、民族的理想而勤奮、忠實地工作。

儘管在中國時間短暫，但我有不計其數的有關中國的人和事及見聞要講。簡而言之，能在中國工作，能目睹那麼多，能與中國各個領域建立起友誼，能為約旦與中國、約旦人民和偉大的中國人民之間的牢固友誼出力，我感到莫大的幸福。我完全相信，這種關係將一如既往地得到更快發展，取得更大成果，以造福兩國和兩國友好的人民。

在結束駐華大使的工作後，我回到安曼，擔任約旦外交部長辦公室主任。兩年後，即二〇〇〇年年底，我被任命為約旦駐日本大使，任期從二

○○○年十月開始，直至二○○八年九月。任期結束後，我便回國退休了。

　　我從好友尤素福博士那裡得知，薩米爾大使的兩個兒子，一個在美國，另一個在阿聯酋迪拜，女兒也在美國。退休後，他四處走動，現在在美國生活，有時也寫點回憶性的文章，述說他在中國和其他國家的工作經歷和觀感。我請尤素福博士轉達自己的問候，願他保重身體，全家幸福。

　　也許，我與約旦駐華使館有緣。自薩米爾大使離任後，換了好幾任大使，但我一直與約旦駐華使館保持聯繫。直至現在，現任大使葉海亞・卡拉萊每逢約旦國慶，均不忘給我發函，邀請我參加國慶招待會。

一個約旦「九〇後」的中國情緣

呂　寧

（中國駐約旦使館政新處三秘）

　　阿瑪爾是個約旦「九〇後」，今年剛剛研究生畢業。前幾天，阿瑪爾興沖沖地來找我，宣布了一個他的重要決定：「我要去中國做生意啦！」看著眼前這個日漸成熟的約旦小夥，不由得讓我想起五年前那個青澀的阿瑪爾……

　　初識阿瑪爾，是在二〇一二年。他作為約旦青年代表隨中阿合作論壇框架下的阿拉伯國家青年代表團訪華。出發前，我在使館向他介紹訪問的背景情況和具體安排。第一次出國的阿瑪爾忐忑不安，他問我：「到了中國有人管飯嗎？是阿拉伯餐嗎？到各地訪問有地圖嗎？走丟了怎麼辦？」當然，成功的訪問打消了他所有疑慮。阿瑪爾訪華歸來之後說，在中國的那段日子是他人生中最美好的時光，並且一直邀請我去他家做客。因為工作原因，直到第二年的春天，我才終於有機會去阿瑪爾的家鄉——傑拉什做客。傑拉什位於約旦北部，最著名的就是羅馬時期遺留的一些古蹟——那些故事說來話長，今天還是著重說說來自傑拉什的好小夥阿瑪爾。

從安曼出發，一小時車程就抵達傑拉什，阿瑪爾在傑拉什古城門口接上我們之後就直奔他家。一路上，房子越來越少，耕地越來越多，真的是到了約旦的農村了。左轉右轉，在一個小村莊裡，終於到了阿瑪爾的家。這是一座二層小樓，外牆破舊，有些簡陋，但按照阿拉伯人熱情好客的傳統，客廳卻很寬敞。阿瑪爾在家裡排行老八，上面還有四個姐姐和三個哥哥，都結婚了，下面還有一個比他小的弟弟。這樣的大家庭在約旦很典型，所以我們在約旦的家具市場基本沒見過小餐桌，都是為六到八口之家準備的大餐桌。阿瑪爾說，他們家世代務農，不屬於任何貝都因游牧部落，是這裡的原住民。不管怎樣，這個條件很一般甚至有些困窘的家庭還是走出了幾位優秀人才：阿瑪爾的爸爸，當地中學校長，教授阿拉伯語，客廳牆上還掛著約旦老國王阿卜杜拉向他頒發學位證書的照片；阿瑪爾的

傑拉什的羅馬時期建築遺跡

呂寧（左2）在阿瑪爾
家的客廳和其家人合
影。（左1是阿瑪爾，
左4是他大哥，左5
是他的爸爸，右2是
他的奶奶）

大哥薩蒂克，曾是當年的高考狀元，現在是耳鼻喉專科醫生，在安曼開了家私人診所；阿瑪爾本人，從小到大各類考試全是第一名，從未得過第二。看來的確是優秀青年啊！

　　阿瑪爾有多優秀？他能被選中參加青年團訪華的經歷多少可以說明一些。國內發出組團通知後，岳曉勇大使專門給阿卜杜拉二世國王寫信，請國王推薦約旦優秀青年訪華。國王把這事兒交給了約旦外交部和負責青年事務的最高青年委員會，經過遴選，成績優秀、樂於參加社團活動的阿瑪爾被選中。在客廳裡，阿瑪爾興奮地回顧了他訪華期間的見聞，用筆記本電腦展示了一百多張在中國拍的照片，就像匯報工作一樣。但是看得出來，他的欣

喜、滿足之情發自內心，溢於言表。看到那些照片，尤其是看到那些我們十分熟悉的地方的時候，我承認，我想家了。在一個外國朋友家裡看祖國的圖片，聽他講訪華見聞順便撫慰一下自己的思鄉之情，這種奇特的感覺，恐怕只有常駐的人才能體會吧！

阿瑪爾說：我喜歡中國，所有中國人都是我的朋友。所以，他和家人商量為我們準備了約旦人專門款待客人的特色美食——「mansef」（曼薩夫）：煮好的米飯上面鋪著堅果蓋上肉，再淋上牛奶和酸奶等調製的湯汁，濃郁的香味瀰漫整個房間。一家人席地而坐就開吃啦！阿瑪爾的爸爸說，以前他們都是用手抓的，不過現在年輕一代更多喜歡用勺子了，他還向我們展示了如何用手抓飯。

那頓飯，把我這個沒出息的吃貨給吃撐了——實在是太好吃了，比我在任何飯店吃過的「mansef」都要好吃。但是我還是注意到，他們用的原料是雞

一起來吃「mansef」（曼薩夫）！

肉，而飯店裡一般都用羊肉。吃飯的時候，阿瑪爾的家人解釋說，雞肉更容易消化，而且怕我們吃不慣羊肉。飯後，阿瑪爾帶我來到他們家的房頂轉轉，景色相當不錯。不過，也恰好看到鄰居家養的羊。他告訴我，羊肉在當地最貴，大概十一個約第/公斤（大約 50 元人民幣/斤），他們很少吃。顯然，這是個條件非常一般的家庭，但是他們的樂觀和上進讓我很是感動。

阿瑪爾說，家鄉這裡不比安曼，更比不了北京那樣的大城市，但這裡的人生活很簡單，沒那麼大壓力，當然空氣清新，沒有污染！於是，我們就在阿瑪爾的引導下，準備去親近一下大自然，順便看看這裡的春天。我一直以為像約旦這樣地處中東的國家能有點綠色已經很不容易了，但我絕對沒有想到，約旦還有如此美麗的景色！漫山遍野，花團錦簇，如此美景，讓人流連忘返。

那以後，阿瑪爾偶爾還會到安曼來跟我們見

面，聊聊他的生活，聊聊他難忘的訪華經歷。後來，阿瑪爾大學本科畢業，我還出席了他的畢業典禮。再後來，他又讀了研究生，還結了婚。幾年之間，阿瑪爾臉上的稚氣漸漸消失，多了幾許成熟與穩重。這次阿瑪爾滿心歡喜地找到我，他說研究生終於畢業了，現在正在和幾個朋友商量著去中國做生意，已經跟中國的一些企業有了初步接觸，希望能夠在中國幹一番事業！

一次訪問，使一個普通約旦青年與千里之外的中國有了不解之緣，甚至改變了他的人生軌跡。我衷心地祝願阿瑪爾能夠事業有成，也祝願在中阿交往日益密切的背景下，千千萬萬個阿瑪爾都能大展宏圖，為促進中阿友誼、深化合作貢獻力量。

一位約旦青年的中國夢

羅興武　董　竹

（中國前駐約旦大使和夫人）

　　二〇一四年六月五日，中國國家主席習近平在中阿合作論壇第六屆部長級會議開幕式上談到：「在我曾經工作過的浙江，就有這樣一個故事。在阿拉伯商人雲集的義烏市，一位名叫穆罕奈德的約旦商人開了一家地道的阿拉伯餐館。他把原汁原味的阿拉伯飲食文化帶到了義烏，也在義烏的繁榮興旺中收穫了成功，最終同中國姑娘喜結連理，把根紮在了中國。一個普通阿拉伯青年，把自己的人生夢想融入中國百姓追求幸福的中國夢中，執著奮鬥，演繹了出彩的人生，也詮釋了中國夢和阿拉伯夢的完美結合。」

　　「人類因夢想而偉大。」中約關係的不斷發展，也把雙方普通人的命運更加緊密地聯結在一起。這位叫穆罕奈德的約旦青年，通過不懈努力，勤奮工作，終於追尋到了自己的「中國夢」。

好事多磨，追尋愛情夢

　　穆罕奈德出生於約旦北部城市伊爾比德。上世

紀九〇年代，中國政府幫助約旦政府在該市修建了一座大型的體育城，當地百姓對此讚不絕口。因此，穆罕奈德對中國和中國人產生了美好的印象，他暗下決心，一定要到中國看看。

機會果然來了！翌年，他叔叔在中國的廣州開了一家阿拉伯餐廳。二〇〇〇年，穆罕奈德來到叔叔在廣州開的這家餐廳幫忙，擔任餐廳的行政主管。這家餐廳剛剛開張，人手不足，需要增招新的員工。

來自安徽農村的劉芳畢業於安徽商業管理學校，經朋友介紹來廣州打工，正好趕上這家餐館招工，便報名前來應試。劉芳皮膚白皙，身材苗條，烏黑的長髮隨風飄逸，十分美麗，更重要的是她有文化，可做翻譯。穆罕奈德一眼就看中了劉芳，她便成了餐廳的一名職員。在日常工作中，劉芳為人善良，服務熱情。穆罕奈德對她逐漸產生了感情，便主動與她接近，給予幫助和關心。

開始時，劉芳不了解這位約旦青年，誤把他當作中國新疆來的。但這位小老闆謙和平易，樂於助人，且熱愛中國，並對她產生了好感。俗話說「日久生情」，兩人在一起時間長了，便產生了情感上的共鳴。此事被穆罕奈德的叔叔發現後，便告知了穆罕奈德在約旦的父母。他父母認為，穆罕奈德是穆斯林，而劉芳非穆斯林，不信教；同時，彼此國籍不同，存在文化和習俗上的差異，便斷定他倆婚後很難過到一起，於是堅決阻止二人談婚論嫁。他

們委託穆罕奈德的叔叔設法把這兩人拆散。

　　不久後的一天，叔叔給穆罕奈德買了一張返回約旦的機票，並把他送到了機場，目送著他過海關出境。此時，穆罕奈德在候機大廳裡手拿登機牌，坐立不安。廣播裡一遍遍呼叫著他的名字，但他充耳不聞，腦海裡只想著心愛的劉芳：若跨過這一步去登機，就再也見不到她了！於是，穆罕奈德決定留下。他望著飛機起飛後，轉身走出機場，回到市內，租了一間只能放一張單人床的狹窄房間住下。

　　穆罕奈德的父母在約旦安曼國際機場沒有接到兒子回家，便焦急地讓他叔叔尋找。他叔叔四處打聽，毫無結果，懷疑劉芳把他藏起來了，便驅車前往劉芳的住處尋覓。此時，劉芳不敢待在宿舍裡，便爬到樓頂的平台上躲避。夜幕降臨，下起了傾盆大雨，劉芳「洗了個涼水澡」，清晨發起了高燒，昏厥過去。當劉芳醒來時，發現自己躺在醫院的病床上，四週一片潔白，只有穆罕奈德深情地握著她的手。

　　穆罕奈德體貼入微的照顧和深深的情意感動了劉芳，使她更加愛戀眼前這位異國的小夥子。穆罕奈德的叔叔了解真相後，也被這對年輕人感動，他反倒幫助侄兒勸說其父母和族人們，最終獲得了他們的許可。兩人高興萬分，劉芳便把打算結婚的事告訴了安徽農村的父母。

　　但沒想到的是，劉芳的父母卻堅決反對這門跨國婚姻，原因是：他們聽說阿拉伯穆斯林可以娶四

個老婆，擔心女兒上當受騙；還聽說中東局勢動盪，他們把女兒養這麼大，不能讓她嫁到不安寧的異國他鄉；同時，約旦與中國相隔千山萬水，女兒一旦嫁過去，就很難再見面了！加之他們是土生土長的農村人，女兒同外國城裡人結婚，會引起周圍人的閒言碎語，認為他們是貪圖「洋人」的錢財。無論劉芳和穆罕奈德怎樣解釋，都無濟於事。父母還立即派劉芳的妹妹到義烏，要把姐姐拉回來。妹妹來到姐姐和穆罕奈德的身邊，卻被這位約旦青年的樸實善良和對姐姐的深情厚愛所征服，反而站到了他們一邊，並與他們一起回到安徽老家。

「百聞不如一見」，劉芳的父母打量著這位約旦青年：一點八米高的身材，高挺的鼻樑，深邃明亮的眼睛，英武俊俏的國字臉，更重要的是能講一口流利的漢語，給他們留下了很好的印象。穆罕奈德在劉芳老家十分勤快，不是擇菜，就是掃地，而且還下廚為劉芳父母做了一餐可口的飯菜。席間，穆罕奈德主動給劉芳的父母夾菜、盛湯，當他各夾了一塊紅燒魚和雞腿給劉芳父母品嚐時，兩位老人異口同聲地說：「好吃，好吃！」這時，他深情地問劉芳媽媽：「劉芳平時最愛吃什麼？」劉母說：「最愛吃魚！」穆罕奈德馬上表示：「以後我要為她做很多很多的魚吃。」大家都高興地笑了。穆罕奈德還表示，他同劉芳結婚後，就扎根中國、扎根義烏，一輩子孝敬岳父母。這下子，又解除了劉芳父母的後顧之憂。穆罕奈德的這些言行，兩位老人

聽在耳中、看在眼裡、記在心頭。經過一週的接觸，他們便喜歡上了這位約旦小夥子，同意她倆喜結連理。

「好事多磨」，二〇〇二年，穆罕奈德和劉芳在安徽老家領取了結婚證，兩人終於邁進了跨國婚姻的殿堂。

執著奮鬥，追尋創業夢

穆罕奈德開辦的這家「花餐廳」，其前身是「阿克薩餐廳」。在阿拉伯語中，「阿克薩」是「極遠的」意思。約旦人口的百分之六十是巴勒斯坦人，他們對耶路撒冷的阿克薩清真寺十分崇拜和敬仰。該餐廳命名為「阿克薩餐廳」，是對遙遠的故鄉的寄託和思念。

二〇〇四年，穆罕奈德和劉芳正式從叔叔手中接管了這家阿拉伯餐廳，開始獨立經營。兩人每天凌晨起床，著手準備，騎著摩托到街上買雞、鴨、魚、牛羊肉和蔬菜、食材及佐料。回來後，穆罕奈德下廚房炒菜，劉芳負責服務和管帳，兩人起早貪黑，配合默契，十分辛苦和勞累。功夫不負有心人，漸漸地生意有了起色，於是他倆雇了廚師、服務員和採買，以便騰出更多的時間和精力，加強餐廳的規劃和管理。

但天有不測風雲，正當餐館蒸蒸日上之時，二〇〇八年遇到了國際金融危機，客人減少，餐廳受

到了衝擊，資金也遇到了困難。在這種情況下，是堅持還是後退，對他倆是一次嚴峻考驗。但他倆仍選擇了前者，因為他們有著自己的思維和夢想，要堅定信心，迎難而上。穆罕奈德請求朋友和「兄弟」幫忙，籌集了一百多萬元人民幣的資金，用於創新拓展。

二○○九年，穆罕奈德夫婦關停了原來的阿克薩餐廳，在市區繁華地段一幢樓內選擇了兩個樓層，重新開辦了一家「花餐廳」。門外大型廣告牌

上的阿拉伯語「烏爾德」，是「玫瑰花」的意思，穆罕奈德專門挑選了白色，象徵他倆的愛情「潔白無暇，純真可敬」，同時表明「我足以與你相配」──「花」寓意幸福之花、友誼之花、合作之花。室內裝修成阿拉伯風格，吊頂是阿拉伯水晶燈，四周金碧輝煌，鑲嵌著阿拉伯壁畫和工藝品，古色古香的阿拉伯傳統窗簾，映襯著阿拉伯大廳，顯得富麗堂皇。「花餐廳」分上下兩層，下面一層約四百平方米，主要接待散客，設有自助餐。上面一層約八百平方米，設有單間和隔斷，主要是團餐，同時也可舉辦婚宴、生日慶典和舞會。整個「花餐廳」煥然一新，使客人心情愉悅，有一種賓至如歸的感覺。

　　約旦是東西方文明交匯的驛站，是一個古老文化映襯的王國，首都安曼就有「美食之都」的譽

餐廳內景

稱。穆罕奈德決心把地道的約旦阿拉伯美食引入中國。阿拉伯美食不僅營養豐富，而且是一種文化。但辦好「花餐廳」並不是一件容易的事情，店面雖然搞好了，但生意並未馬上火爆起來。因為許多客人只知道廣州有個「花餐廳」，卻不知道義烏也有一個「花餐廳」。小兩口認為，要想生意興隆，必須加強廣告宣傳。於是，便在名片上同時印上「廣州花餐廳」和「義烏花餐廳」，搞成連鎖店，一併宣傳。同時，利用網絡進行推介。義烏是世界上最大的小商品集散地，是集購物、旅遊為一體的國際性商業平台，於是，許多阿拉伯商人便從廣州來到義烏購物和旅遊，也就來到「花餐廳」用餐。這樣，生意又開始紅火起來。

但在「花餐廳」周圍，有來自世界許多國家的餐館，競爭十分激烈，過了一段時間，客人又減少了。一天，他倆聽到一位阿拉伯客人嘮叨，說店裡沒有新菜品種。此話使小兩口受到震動，得到了啟示。他倆很快便把烹飪高手、穆罕奈德的媽媽從約旦接到義烏，老人家言傳身教，為他們做了正宗的阿拉伯美食——約旦國肴「曼薩夫」：精選肥嫩、鮮美的羊肉，清洗乾淨後切成大塊，以香料調味品醃製；將長粒大米泡在剛剛熬過的新鮮乳白色的羊肉汁裡，蒸兩小時後撈出來，也可用新鮮的羊油把蒸好的大米炒一下；然後，將炒好的松仁、大杏仁一起拌在用羊肉汁做好的大米飯上。上桌前，先把羊肉盛放在大淺盤中。食用時，先取一塊肥美的羊

肉，再加上幾勺米飯，配上精心烹製的鮮酸奶酪和熱羊奶昔。如今，「曼薩夫」成了「花餐廳」的鎮店之寶，特別是由約旦大廚和穆罕奈德的媽媽共同創新的十幾道阿拉伯美食，色、香、味俱全，生意立刻火了起來。

阿拉伯美食不僅味美，而且營養均衡，注重健康。在「花餐廳」裡，許多菜餚是以各種乾酪、酸奶酪、新鮮的風乾水果和蔬菜製作而成的，在多數餐點中都有果仁、小麥、蛋白質、單不飽和脂肪、維生素和人體所需要的多種礦物質，豐富而全面。在「花餐廳」裡，整潔乾淨的餐桌上，放著三個瓶子：一瓶純淨的橄欖油、一瓶鹽和一瓶胡椒。首道菜是類似西方的開胃「沙拉」，所不同的是它們不是用沙拉醬，而是用更加健康的三種醬，即胡姆斯醬、巴津醬和開胃醬，另外再配上一碟醃製好的橄欖和半個檸檬。隨之而上的是用鮮牛肉汁或雞湯、番茄醬、胡姆斯豆和洋蔥製成的傳統阿拉伯湯，伴隨它的是依照阿拉伯傳統方式烘焙出來的熱氣騰騰的圓形大餅和佐餐面包。主菜有烤全羊、烤羊排、烤羊肉串、烤牛肉、烤雞、烤魚，以及醃製好的炒烤羊肝和雞肝，用肉沫、碎麥和洋蔥製成的圓形的丸子。此外，還有十分豐盛的飯後甜點：羊奶酪、冰淇淋、西點，用砂糖和麥片製成的點心「庫納法」，用鮮牛奶製成的「百里香」，以及牛乳凍、牛奶布丁、蜂蜜糕點、玫瑰露、果仁蜜餞、千層酥餅……使客人味蕾大開，心裡也像「花餐廳」一樣

如奶和蜜般純真和甜蜜，真不愧是「北有慶豐包子鋪，南有義烏花餐廳」。

習近平主席在中阿合作論壇上提到上述餐館後，「花餐廳」更是聞名遐邇，穆罕奈德也一夜之間成了「明星」。穆罕奈德激動不已，立即把這一消息告訴了他所認識的中國朋友和約旦、阿拉伯朋友，讓他們一起來分享這一喜悅。很快，穆罕奈德在「花餐廳」的大門口樹起一塊醒目的廣告牌，上面寫著習主席的致辭和講話摘錄。消息不脛而走，許多約旦人、阿拉伯人和中國人紛紛慕名來到「花餐廳」，品嚐原汁原味的約旦阿拉伯美食。「花餐廳」的客人迅速增多，生意格外火紅。穆罕奈德心潮澎湃，他動情地說：「我能圓自己的創業夢，要衷心感謝習主席！今後，我要把『花餐廳』辦得更好。」

包容互鑑，追尋和諧夢

華夏文明主張包容、開明、和而不同、求同存異；伊斯蘭文明主張謙卑、敬畏真主、處事豁達、和諧安寧。這兩種文明在習主席提出的共建「一帶一路」倡議的指引下，互學互鑑，薪火相傳，煥發出更加奪目的光彩。

包容是家庭和睦、社會和諧的重要條件。小兩口婚後互諒互讓，相互包容對方的文化。劉芳知道穆罕奈德是穆斯林，為使其父母和族人們接納她，她皈依了伊斯蘭教，遵守教規和阿拉伯習俗，食用清真食品；同時，頭戴面紗，身穿長袍，看上去頗似「阿拉伯美人」，受到穆罕奈德家族和同仁們的喜愛，到「花餐廳」用餐的阿拉伯人都親切地稱劉芳為「約旦姑娘」。穆罕奈德也尊重中國的傳統文化。「百善孝為先」，他十分孝敬劉芳的父母，把兩位老人從農村接到義烏，給他們創造良好的生活條件和環境，讓他們生活得愉快和舒心。同時，他也非常照顧劉芳的弟弟和妹妹，出錢供他們上大學，還送妹妹出國留學深造。弟弟大學畢業後，穆罕奈德又幫他新辦了一家商店，讓其自主經營。劉芳也以同樣的態度對待穆罕奈德的父母，把他倆從約旦接到中國，像對待自己的父母一樣，經常噓寒問暖，公公婆婆喜歡吃什麼，餐桌上就一定有什麼；他們喜歡什麼，就必然給他倆買什麼。同時，劉芳尊重公公婆婆的習俗，並陪伴他們外出旅遊，

約旦駐華大使葉海
亞·卡拉萊做客穆罕
奈德的花餐廳，與其
家人合影。

欣賞中國的大好河山，享受中國的生活。老兩口越來越喜歡這位「甜蜜的中國姑娘」，稱她是家族中「最好的兒媳婦」。當穆罕奈德的父母和劉芳的父母同在義烏時，他們也生活得十分開心。雖然他們語言不通，但一個眼神、一個手勢，彼此都心照不宣，心領神會。老人家們都關心著這個大家庭，除了幫助看護孫兒外，繁忙時也到「花餐廳」幫忙，他們都願意為這個大家庭的和諧傾心出力。大家庭的成員們友好相待，和睦相處，其樂融融。他們是真正的親家！這就是理解，這就是包容！

絲綢之路源於貿易，興盛於貿易。穆罕奈德把

「花餐廳」交由妻子打理，自己騰出更多精力，開辦了一家貿易公司，也把買賣做得風生水起。穆罕奈德認為，誠信對於商人最為重要，只有以誠為本、以信為基，生意才會興隆。如今公司已發展壯大，每月有兩個集裝箱的商品從義烏運到寧波，經海路輸往約旦、科威特等阿拉伯國家和歐洲。穆罕奈德說，義烏是重要的國際商貿城市，他要從這裡把中國的商品沿著「新絲綢之路」輸往沿線的阿拉伯國家和其他國家。由於穆罕奈德做生意講究誠信，注重信譽，二〇一七年一月九日，他被義烏市授予「誠信外商」的光榮稱號。

穆罕奈德被習主席「點贊」後，他在享有榮耀的同時，也積極為第二故鄉義烏的安寧、和諧和繁榮承擔一份社會責任。二〇一四年六月，他被聘為義烏市涉外糾紛人民調解委員會的調解員。每年有十多萬阿拉伯客商來義烏采購商品，特別是新來的阿拉伯客商人生地不熟，又不會漢語，不時就商品的價格、質量、交貨日期和地點等產生分歧和矛盾，這時，穆罕奈德就在阿拉伯客商和中國業主之間進行調解，努力維護雙方的合法權益。他的真誠和公正感動著雙方，最終使分歧得到了彌合，矛盾得到了化解，不少客商和業主日後成了長期合作的夥伴和朋友。

穆罕奈德引用習主席的話說：「中國夢也是我的夢。」在談到未來發展時，他滿懷信心地說，計畫在近兩年內，在義烏再興辦一個比現在規模大兩

倍的「花餐廳」，喜迎四方賓客，傳播阿拉伯飲食文化，並為義烏的發展建設添磚加瓦；同時，擴大現有貿易公司的經營規模，使更多的義烏商品沿著「新絲綢之路」出口到約旦和其他阿拉伯國家，使自己成為促進中約友誼的友好使者。此外，夫妻倆還注重對兩個孩子的教育和培養。大兒子劉飛翔現年十四歲，小兒子劉義飛現年十二歲，都在義烏上學。除學習中文外，他們也希望今後學習阿拉伯語和文化。穆罕奈德和劉芳都尊重孩子今後的人生選擇，但更希望大兒子將來繼承父業，促進中約貿易發展，沿著「一帶一路」走下去，使之繁榮「一帶」、興盛「一路」；希望小兒子今後當律師，完成母親的夙願，主持公道，為維護正義和社會安寧、和諧作出努力。

記憶
篇

努爾王后寄語北京世婦會

康長興

（新華社前駐約旦安曼分社記者）

一九九五年，當北京世界婦女大會召開的腳步逐漸走近的時候，我們作為時任駐約旦安曼分社的新華社記者，就想最好能採訪侯賽因國王夫人努爾・侯賽因王后。這不僅因為她具有傳奇的人生，更因為她是一位非常熱愛婦女事業的社會活動家。

經過一番努力，我們如願以償，內心難免又激動又忐忑。在約旦常駐，我們見到王后的機會不少，但進入王宮面對面地採訪她還是第一次。記得那是安曼的一個夏日，草木蔥翠，山花爛漫，到處充滿勃勃生機。各式各樣的白色石頭建築錯落有致，鱗次櫛比，在豔陽下熠熠生輝，格外耀眼。這天中午，我們如約前往坐落在市內宮殿山的奈德沃宮，就北京世界婦女大會召開採訪努爾王后。

努爾・侯賽因，意為「侯賽因之光」，這是她與約旦國王侯賽因喜結連理之後取的名字。她原名叫麗莎・哈勒頗，一九五一年八月二十三日生於美國首都華盛頓，一九七四年畢業於美國普林斯頓大學，獲建築設計學士學位。俗話說，「千里有緣來相會」，愛情是不分國界的。一九七六年，她首次

來到約旦，參與計畫中的在安曼建造阿拉伯航空學院附屬設施的設計工作。一九七七年，她加盟約旦皇家航空公司，任該公司計畫和設計部主任。在這裡，她與侯賽因國王萍水相逢，由邂逅到相識，由相知再到相互墜入愛河，到一九七八年六月十五日結為伉儷，共同走入婚姻的殿堂，前後只有不到兩年的時間。王后坦言，她以前從未想過自己會成為約旦王后，因為這不是她童年的夢想。在常人看來，從普通百姓到王后之間有著一條很寬的甚至不可踰越的鴻溝，更何況努爾王后與約旦國王侯賽因的結合是跨越東西兩半球遙遠時空的聯姻，兩種不同的社會制度和文化背景無不在兩人的身上打下深刻的不同烙印。但這些被努爾王后最終征服了。她因愛嫁給了侯賽因國王，嫁到了約旦。她曾這樣說過：「我的心為約旦而跳動。」多少年來，她是這樣說的，更是這樣做的，歷史向人們證明了這一點。

正如努爾王后所言，「我首次踏上約旦的土地就感到好像在家裡一樣」，「自從國王陛下要我做他的妻子的那一刻開始，我就完全感到自己是個約旦人了」。以至在她成為王后以後，她不是深居簡出，自命不凡，而是全身心地投入約旦的社會之中。她感到「要成為一個約旦人，沒有什麼比融於約旦社會、約旦文化和約旦傳統，與約旦社會同呼吸共命運更重要的了」。

她首先由信基督教改為信伊斯蘭教，由信奉上

帝改為信奉真主，由讀聖經改為誦讀古蘭經，向安拉（真主）祈禱。接下來，她開始刻苦攻讀阿拉伯語（阿拉伯語為約旦官方語言）。如大家所知，努爾王后的父親拉捷比・哈勒頗是美籍黎巴嫩人，她為自己身上有阿拉伯血統而感到自豪。王后從小在美國長大，受的是全美式教育，英語是她的母語，法語是她的強項，但她沒有接受過阿拉伯語教育。她對阿拉伯語就像非阿拉伯人一樣感到陌生。但她是一個有毅力和韌性的人。功夫不負有心人，經過反覆艱苦的努力，她最終克服了阿拉伯語的難關。當她第一次用阿拉伯語公開講話的時候，聽眾向她報以熱烈的掌聲，從而拉近了她與百姓的距離。

努爾王后笑容可掬地來到客廳歡迎我們，待我們落座後，便張羅茶和飲料等。一切顯得自然、熱情、大方、真誠，絲毫沒有王后的架子，隨和得讓人有賓至如歸之感。那天，王后身著有些褪色的灰白色西服裙套裝，只略施粉黛，顯得莊重大方，這與室內擺設的阿拉伯傳統工藝品和具有伊斯蘭格調的風情壁畫一樣讓人感到質樸純真。

頗令人意外的是，採訪前，侯賽因國王前來與我們熱情握手，寒暄問候，讓我們感到親切、溫暖，拘束感一掃而光。他給我們的感覺就像一位鄰家大叔，和藹可親，更有王者風範，睿智豁達，大度超凡。

我們採訪王后適值約旦慶祝國家獨立四十九週年，王后和國王要一道出席一系列慶典活動，日程

排得很緊，但她還是很樂意撥冗接受我們的採訪，足見她對北京世界婦女大會的重視。她對婦女問題頗有見地，侃侃而談，不時伴以朗朗笑聲。

她認為，北京世界婦女大會是一次非常重要的會議，屆時各國婦女代表雲集，相互交流經驗、尋求共識，共商世界婦女發展大計，必將有助於推動世界各國婦女進步事業的發展。她說，世界婦女大會在北京召開本身就具有重要意義。中國人口眾多，而廣大婦女又是中國家庭和社會的支撐力量，有很多東西值得學習借鑑。她真誠地希望北京世界婦女大會能對會議討論的議題取得廣泛的共識，進而制定出世界婦女事業發展的未來方略，並且要具有很強的可操作性，以便各國付諸實施。她高興地

努爾王后在一九九五年北京世婦會召開前夕接受新華社駐安曼分社記者康長興採訪。

預祝北京世界婦女大會取得圓滿成功。

努爾王后關注北京世界婦女大會，與她是約旦婦女運動的一位積極參與和支持者是分不開的——她當時擔任約旦全國婦女聯合會名譽主席。她告訴我們，自一九七八年與侯賽因國王結為伉儷以來，她一直致力於約旦的婦女進步事業，關心和支持約旦婦女聯合會的工作。一九八一年，努爾王后經手組建了約旦全國職業婦女俱樂部聯合會。一九八五年，她又牽頭組建了努爾·侯賽因基金會，並任基金會主席。基金會的宗旨就是為約旦的社會和經濟發展建言獻策，通過在約旦城鄉廣泛開展家庭和社會建設活動，籌辦婦女和兒童福利事業，開辦文化教育課堂等，專門負責幫助約旦婦女投身社會生產，以提高婦女在家庭和社會中的地位；大力促進約旦社會發展，改善和提高人民的物質和精神生活水平。

讓她感到驕傲和欣慰的是，在侯賽因國王本人及其政府的不斷關心和大力支持下，約旦的婦女事業取得了長足的發展。約旦婦女的就業率十五年來成倍增長，婦女的受教育率已達到百分之九十六。約旦的法律規定婦女與男人享有同樣的權利，政府鼓勵和支持婦女參政議政。時下，在約旦政府中有女大臣（女部長），在議會中有女議員。但她不諱言，約旦婦女事業仍面臨著傳統觀念和宗教習俗等方面的挑戰。對此，她強調要從法律上保障婦女的權益和促進婦女社會地位的改善。

說到家庭，她主張要善於處理多方面的關係，既要從事工作，又要照顧家庭，還要分些時間給自己支配。說話間，她表示歉意，起身出去，過一會兒又回來。她告訴我們，是為國王張羅吃飯的事。說完她笑起來，我們也會意地笑了，心裡說，她真是一位稱職的「賢妻」啊！在外人面前，她也絲毫不加掩飾。

　　她說，國王日理萬機，心裡裝著國家和百姓的大事。在努爾王后的眼裡，國王開明果斷，縱橫捭闔，她完全相信國王的聰明智慧和他運籌帷幄的政策原則。努爾王后也有自己的原則，即她可以與國王商討一些政治問題，但絕不干政。她曾一再聲明，她不想發揮政治作用，只想促進約旦與其他國家和人民的聯繫。她說，只有政治問題對約旦的社會發展可能產生嚴重影響時，她才會在西方世界特別是在美國說幾句良心話。故而，努爾王后有「賢內助」的美譽。

　　努爾王后認為，由於一直延續的家族傳統和侯賽因國王同約旦人民的特殊關係，「家庭」這個概念不僅意味著國王陛下的小家，也意味著約旦社會這個大家。她深知約旦王室負有的特殊職責，作為妻子和母親，她不僅要負起責任，也要為約旦這個大家庭盡一個工作女性的義務。她強調，照顧侯賽因國王一直是她的首要職責，儘管國王是個生活能力很強的人，因為這樣做也是在為約旦這個大家庭服務。與此同時，她與國王一道出席各種國務活

動，會見外賓，出國訪問。她像綠葉一樣總是扶持、襯托著國王這朵紅花。儘管國王國事繁忙，但她與國王共進早餐基本雷打不動，同時也盡可能與國王一起共進晚餐。茶餘飯後，她注意與國王溝通交流。她說，她從中學到了不少東西，收益頗大。王后還經常代表國王深入基層，走村串戶，體察民情，扶危濟困，為國王分憂。

有這樣一個真實的故事頗為感人：努爾王后在一次深入基層做社會調查的過程中，了解到一些邊遠山區的百姓生活仍比較困難。於是，在她的關心下，從遙遠的中國引進了一批木織布機，捐贈給當地婦女，幫助她們靠織布生產自救，努力改善生計。據說，這種老式織布機當時在中國已幾乎絕跡，中國有關部門幾經周折後，才在江南地區找到了這種織機，並仿製後運送到約旦。努爾王后親自把這批木織機送到山區的婦女手中，並組織人員幫助她們學習自織土布，為她們的產品內銷或外銷牽線搭橋。類似這樣的事例不勝枚舉。

我在約旦工作的幾年裡，經常實地或從電視上看到努爾王后深入窮鄉僻壤，走訪邊遠山區，南來北往，風塵僕僕，向百姓噓寒問暖。她平易近人，可親可敬，被廣大婦女視為貼心人。

為了約旦的發展建設，造福桑梓，澤及後人，努爾王后一直在努力地辛勤耕耘。努爾王后的母親是一位美國人，始終熱愛和從事社會公益活動，王后深受感染和鼓舞。努爾在成了王后之後，以她堅

韌的毅力、勤奮執著的精神，為約旦的公益事業大
廈大力添磚加瓦。她擔任的社會職務已達二十餘
項。此外，她還擔任約旦皇家文化教育基金會主
席、約旦皇家文物保護委員會主席、約旦環境保護
全國委員會主席等職。其中的努爾・侯賽因基金會
被聯合國人口活動基金會和世界衛生組織作為樣
板，在整個中東地區示範推廣。

　　努爾王后也是美歐文化、藝術和學術機構的座
上賓，哈佛大學、牛津大學、布魯金斯學會等先後
邀請她往訪並發表演說，她在那些地方留下了串串
足跡。她認為這有助於傳播約旦多年來向世界發出
的聲音，有助於外部世界了解約旦所關心的問題。

　　努爾王后熱愛中國文化藝術。當中國在安曼舉
行文化周時，她親自出席剪綵，並高度讚揚中國精
湛的繪畫和雕刻藝術，表示支持約中兩國加強文化
交流。

在約旦，殘疾人不是被遺忘的群體，努爾王后就是一位殘疾人事業的熱心人。她一方面組織和帶領志願者走上街頭巷尾，大力向社會宣傳關心殘疾人事業，通過組織舉辦義賣活動為殘疾人事業募捐；另一方面，她又積極籌辦殘疾人福利項目，為其自食其力創造條件，幫助他們成為生活的強者，建立起自強不息的信心，重新揚起生活的風帆。

眾所周知，約旦是一個以教育立國的國家，努爾王后為發展約旦教育事業、培養一代文化新人作出了不懈努力。她在關注普惠教育的同時，重視對品學兼優學生的教育培養，通過向他們提供獎學金等形式，把他們送到國外高等學府深造，並積極為他們回國施展才華、建功立業、報效國家營造良好環境。

對於孩子，她既盡母親之責，又嚴格要求，儘可能地讓他們參加社會公益活動，從小培養和鍛鍊他們自食其力和將來報效國家的能力。努爾王后膝下有五個子女，其中兩個兒子和兩個女兒為自己親生，另外又收養一個女兒，她是一次飛機失事的唯一倖存者。努爾王后堅持認為，關鍵是使他們具備為國效力的良好素質，不管他們將來幹哪一行，要讓他們懂得，作為王室成員，更重要的是要知道自己所負有的職責，而不是自己可能享受到哪些特權。

作為母親，努爾王后對兒童事業傾注了更多的愛。她動員約旦全社會的力量大力發展兒童福利事

業，在全國各地陸續建立起兒童醫療保健中心。她經常深入婦產醫院看望產婦嬰兒，為幼兒園的小朋友帶去糖果玩具，與孩子們共同遊戲娛樂。作為約旦 SOS 兒童村協會名譽主席，她過問和組織建立了多個關心兒童示範村，努力為約旦孤殘兒童享有家庭般溫馨的愛創造一個美好的環境。當時，她還在為籌建一座高水平的現代化兒童醫院四處奔波。

值得一提的是，努爾王后於一九八〇年在約旦首都安曼倡導召開了阿拉伯兒童大會，為阿拉伯兒童事業發展共同謀劃良策。此後，約旦每年夏季邀請一百多名阿拉伯國家兒童來約參加阿拉伯兒童會議，通過組織實地參觀、座談會、報告會和夏令營等活動，使各國兒童相互交流，相互學習，共同促進，以此培養他們熱愛國家和致力於阿拉伯民族團結的思想理念和意識。

努爾王后的愛好是多方面的。早在大學期間，她就喜歡運動，熱衷於各種社團活動，唱歌、跳舞、演講和體育活動，樣樣在行。當年，她是普林斯頓大學的啦啦隊隊長。來到約旦後，她仍保持著喜愛運動的習慣。她喜歡滑雪、滑冰、騎馬、打網球和駕駛風帆，駕機遨遊天空更是她與國王的共同愛好。餘暇時，她喜歡看書，聽西洋古典音樂，也喜歡做健美操，因此一直保持著健美的身材。

不知不覺之間，時光匆匆而過。採訪快要結束時，我們請王后對中國姐妹講幾句話。她爽快地說，期待著與中國婦女姐妹見面，也希望更多的中

國姐妹到約旦來。她說：「我們面臨著同樣的挑戰，也有著共同的希望，望我們相互學習。」

最後，她欣然為北京世界婦女大會題詞：北京世界婦女大會是一良機，它將引起國際社會對全球婦女面臨挑戰的關注，它將有助於各國制定使婦女擺脫桎梏的國策。中國婦女將為此次大會作出貢獻。我們期待著與她們並肩工作，相互學習，取長補短。

在約旦當大使

宮小生

（中國中東問題特使，前駐約旦、土耳其大使）

從二〇〇六年秋天到二〇〇八年十月，我在約旦哈希姆王國擔任大使。期間，中約關係實現了快速和持續的發展，兩國在政治、經濟、文化等各領域的合作不斷深化，阿卜杜拉二世國王兩次訪華並出席北京殘奧會閉幕式，拉尼婭王后訪問中國並到大連出席夏季達沃斯論壇會議。我常常和許多朋友們談起，在約旦擔任大使是我長達十一年的三任大使生涯中最短暫的一段任期，僅有兩年時間，但每當回想起在約旦工作的那些日子，卻總覺得這是一段最愉快的時光和經歷。因此，當二〇一四年我被任命為中國中東問題特使後，我就選擇了約旦作為首批出訪的國家之一。在飛向安曼的飛機上，許多美好的回憶浮現在我腦海裡。飛機越飛越低，終於平穩地降落在安曼阿莉婭王后國際機場長長的跑道上，看著機窗外熟悉的沙漠風光，再次來到安曼這個安寧、美麗的城市，我感到格外親切，彷彿又回到了故鄉。

約旦哈希姆王國位於亞洲西部的阿拉伯半島西北部，與伊拉克、沙特阿拉伯、敘利亞、巴勒斯

坦、以色列五國為鄰，隔紅海與埃及相望，面積僅有八點九萬平方公里，人口九百五十萬（含敘利亞、伊拉克和巴勒斯坦難民。二〇〇六年官方統計僅約六百萬人）。約旦朋友在交往中常說，我們只是中東的一個小國，但每一個約旦人都會自豪地為約旦享有的安寧、穩定和繁榮感到驕傲。的確，在周圍熱點環繞，遍地烽煙，流血衝突愈演愈烈，危機四伏的中東，約旦宛如一塊和平的綠洲。侯賽因國王和阿卜杜拉二世兩代國家領導人在中東複雜的形勢下巧妙地周旋於周邊大小諸國間，不僅成功地維護了約旦的穩定和發展，而且為推動中東地區熱點衝突的政治解決發揮了巨大的影響，並為幫助解決周邊國家的人道主義困難作出了巨大的貢獻。

到約旦擔任大使，我始終把推動兩國關係發展，特別是經貿合作的發展放在優先的地位。我感到高興的是，在我任職期間，中約在各領域的合作呈現出快速發展的良好局面，其中一些大項目的合作，如由中方援建的馬安工業園區，中方投資在約興建的皮卡車組裝廠、水泥熟料生產廠等大型項目的建設，把中約關係提升到新的水平。尤其值得一提的是中約和平利用核能協議的簽署，標誌著中約關係邁進了一個新的發展階段。而說起核能合作，不禁使我想起很多有趣的故事。二〇〇七年春，約旦高教科技大臣兼原子能機構主席圖坎約見我。圖坎博士曾長期在國際原子能機構工作，是一位核能領域的專家。會見時，圖坎博士告訴我，約旦能源

宮小生大使與約旦計畫大臣簽署兩國經貿合作協議。

極度匱乏，國內百分之九十五以上能源需求依靠進口，每年四分之一的國民收入都不得不用於購買能源。但約旦鈾礦儲備豐富，因此，發展核能就成為約旦發展的一個重要戰略決策。為尋求國際合作，約旦同美國、法國、俄羅斯、加拿大、日本、韓國等主要核技術國家進行了廣泛的接觸，但都因價格昂貴、合作條件不理想而未能談成。在此情況下，約方得知中國為巴基斯坦設計建造的恰希瑪核電站項目取得了巨大的成功，以良好的運行記錄獲得了國際原子能機構和巴基斯坦政府的高度評價，向世界證明了中國核電出口的實力。因此，約旦也希望同中國開展和平利用核能合作，希望中方予以積極回應。我當即表示將積極予以推動，並立即同中國核工業集團聯繫。對於約方的請求，中核集團非常重視，很快就正式邀請圖坎大臣和約旦原子能機構派團去中國考察，並派出中國專家到約旦考察。雙方很快就合作的領域和項目達成共識。我還記得，

期間我同圖坎博士多次會晤。有一次，安曼突降大雪，城裡許多地方的積雪深達一米，但這時雙方的磋商進入了關鍵階段，中國公司和約方都希望我能夠參與磋商，並予以推動，使館經商參贊馬建春建議我去看望一下中國代表團。可這時市內交通已經癱瘓，車輛根本無法正常行駛。在這種情況下，我們不得不改駕越野車趕往市裡的萬豪酒店去參加磋商。頂著漫天的大雪，穿過路上厚厚的積雪和路面結起的薄冰，我們小心翼翼地駕駛，平日十分鐘的路程我們差不多用了一小時。看見我和馬建春參贊冒著大雪趕來，中約雙方的人員都非常感動。當晚，我們返回使館時已經是晚上九點，雪越下越大，積雪越來越厚，街上已經看不到行駛的車輛，有的車輛因無法行駛而被丟棄在馬路上，路燈下只能看到夜空中鵝毛般的雪花。但我和馬建春參贊的心裡卻是興奮的，因為在我們的幫助下，雙方又克服一些障礙，向前邁出了一大步。二〇〇八年八月十九日，我和約旦原子能機構主席圖坎博士分別代表兩國政府在中國和約旦兩國政府和平利用核能合作的協議上簽字。這為兩國未來在和平利用核能領域的合作奠定了基礎。根據該協議，中約雙方將在和平利用核能領域的基礎和應用研究，核電站的設計、建造和運行，核礦石的勘探、開採，核安全、輻射防護和環境保護等方面進行交流和合作。中國將幫助約旦發展核能，以滿足其日益增長的能源需求，並通過海水淡化等途徑解決約旦水資源短缺等

緊迫問題。

　　在中約關係中，文化交流是雙方合作的一個重要領域，在我任職期間，就有中國版畫展、中國刺繡展、武漢雜技團等高水平展覽和藝術團訪約，受到了約旦民眾的熱烈歡迎。二〇〇七年十月二十四日，由中華人民共和國文化部、約旦哈希姆王國文化部共同主辦，中國對外藝術展覽中心承辦的「繡之雅蘊——中國刺繡精品展」在安曼皇家文化中心隆重舉行。刺繡是中華民族優秀的傳統藝術，蘇繡、湘繡、蜀繡、粵繡「四大名繡」名揚天下，蘇繡作為中國刺繡藝術中的佼佼者，有著兩千多年的歷史，據史書記載，早在宋代，蘇州已經「戶戶有刺繡」。到明代，蘇繡已形成「精細雅潔」的鮮明地方特色。清代，蘇繡藝術家沈壽創造性地吸收西洋畫的技法，使繡品達到「仿真」的效果。上世紀三〇年代，刺繡藝術家楊守玉採用分層加色的刺繡

中國工藝大師正在創作阿卜杜拉二世國王夫婦繡像。

手法來表現畫面，始創「亂針繡」，更真實地再現了刺繡畫面的藝術效果。五〇年代，蘇繡藝術家任嘒閑大師汲取現代美術元素，採用虛實相間的手法，創造了「虛實亂針繡」的藝術繡法，擴大了蘇繡的藝術題材，深化了蘇繡的藝術境界，在藝術上形成了圖案秀麗、色彩和諧、針法活潑、繡工精細的風格，被譽為中國藝術寶庫中的一顆明珠。這次到約旦的是一個高水平的中國刺繡展，也是中國刺繡首次到中東展出，成為中約文化交流的一場盛事。約旦國王阿卜杜拉二世的姑姑巴斯瑪公主、宮廷大臣薩利姆・圖爾基、文化大臣阿德爾・圖韋西等約旦重要官員、社會各界人士及外國使節和夫人們出席了「中國刺繡精品展」的開幕式，並饒有興趣地觀看了我國著名的蘇州刺繡大師的近百件精美蘇繡精品。展品顯示了單面繡、雙面繡、平繡、亂針繡、緙絲等多個品種和技法。以名人名畫為藍本的傳統繡，展現了精細雅緻的風格。表現油畫及攝影的亂針繡作品，線條活潑並表現出極強的立體感。從這些作品中，約旦觀眾可以品味到蘇繡特有的「空間感、流動感、層次感和光影感」的藝術魅力。展覽中展示的蘇州任嘒閑刺繡藝術發展有限公司工藝大師製作的約旦阿卜杜拉二世國王夫婦畫像，使所有觀眾都感到震驚和讚嘆。畫像上，國王和王后神采奕奕，宛如真人，王后的金髮飄逸顯得精彩絕倫，甚至比原照片更好地表現了國王和王后的氣質和神采。蘇州刺繡研究所高級工藝美術師趙

麗亞還在現場表演了刺繡技藝，展示了用細如髮絲的絲線和繡針製作繡品的精妙絕技，使巴斯瑪公主和現場參觀的所有來賓都讚嘆不已。用時一年繡出的作品「死海落日」、傳統雙面繡「波斯貓」、創新作品「天壇祈年殿」、仿荷蘭繪畫大師梵高作品「向日葵」、仿法國繪畫大師莫奈作品「睡蓮」等繡品，既以照片般的精確再現了原畫的神韻，又以刺繡技術獨特的表現力使作品表現出比原畫更強的立體感，使熟悉這些世界名畫的各國使節和外交官都感到驚異，驚呼簡直不可思議。展覽結束後，我專程前往王后辦公室，代表中國文化部把這幅精美的國王夫婦繡像送給了拉尼婭王后，拉尼婭王后本人也對繡像的精美及中國藝術家的創作表示讚嘆。這次蘇繡展在約旦取得了空前的成功，許多約旦朋友交口稱讚蘇繡展不僅展示了中國精美的刺繡藝術成就，而且再續了古絲綢之路與阿拉伯國家的前緣。

在約旦工作期間，我有幸近距離接觸阿卜杜拉二世國王、拉尼婭王后及哈桑・本・塔拉勒親王和巴斯瑪公主、拉雅公主等許多王室成員，他們都給我留下了深刻的印象。隨著時間的推移，更多地接觸到這些既是尊貴的王室成員，又經常以普通公民形象出現在公眾場合的領導人，使我親身感受到他們高超的外交能力和獨特的個人魅力。他們既注意保持同大國和周邊鄰國的友好，又經常在地區熱點問題上積極發聲，經常對重大的地區問題提出振聾

發覺的獨到見解，特別是在巴勒斯坦問題上坦率直言，使約旦成為「國小聲音大、小國外交強」的一個典型，贏得了世界各國包括大國的普遍重視和尊敬。約旦一個非常好的傳統做法就是請最重要的王室成員以不同的形式代表國王每年招待各國駐約旦使節。我曾多次出席阿卜杜拉二世國王的叔父哈桑親王和姑姑巴斯瑪公主舉辦的招待會。哈桑親王個子不高，身體微胖，但與人交談聲音洪亮，談話直率。我參觀過他的私人書房，藏書之多、收藏之豐不亞於一個小型的圖書館，我注意到，與許多人雖有藏書但很少看書不同，哈桑親王書房中的每一本書都是讀過的，有的書還能看出是經常翻閱的樣子。哈桑親王是約旦哈希姆家族中公認的學問最深的一位，二十世紀六〇年代獲英國牛津大學政治與歷史專業碩士學位，除母語阿拉伯語外，能熟練運用英語和法語，還學習過希伯來語、土耳其語和德語，是一名出色的演說家，對科學和經濟的興趣十分濃厚。他喜好足球、騎馬、跆拳道、駕駛直升機等運動。他也是著名的國際活動家，經常出席許多重要的國際會議並在會上發表講話。國王的姑姑巴斯瑪公主對中國非常友好，是我們使館最好的朋友之一，她非常平易近人，總是讓你感到她在仔細傾聽你說的話，與她交談，使我感到就像與一位最親密的家人在交談。她曾經在死海邊的私人莊園中舉行過招待會，她告訴我，許多蔬菜是自己種植的，蜂蜜也是莊園自產的。這裡是欣賞死海落日風光的

最好地方，黃昏時，金色的晚霞會映紅死海的海面，波光粼粼，景色極其壯觀。據說，天氣晴朗時，夜間從這裡還能遠眺到對岸耶路撒冷的燈光。這時，我不由地向巴斯瑪公主提出，我希望享有到這裡的「回歸權」，她會心地笑道，歡迎你隨時來做客。的確，在約旦，我和所有的中國人一樣，無論到哪裡總是感到約旦人民對中國的友好感情，總是使我們感到一種賓至如歸的感覺。就是這樣一種睦鄰友好的態度、開明溫和民主的政策、全國團結的氛圍，使約旦在中東獲得了巨大的成功，贏得了國際社會的尊敬。

侯賽因國王軼事趣談

時延春

（中國前駐也門、敘利亞大使）

隨著時光的流逝，許多往事在我的記憶中開始
逐漸變得暗淡起來。但我在約旦那段經歷中的不少
見聞、我與侯賽因國王的多次交往、侯賽因國王和
努爾王后的很多軼事，都深深地印在我的腦海中，
成為饒有興味的往事趣談。

侯賽因國王駕機訪華

一九八三年九月，侯賽因國王和努爾王后訪
華，我作為譯員參加了接待工作。那是一個秋高氣
爽、風和日麗的下午，北京機場作好了迎接侯賽因
國王和努爾王后座機降落的一切準備工作。當一架
銀灰色的客機出現在湛藍色的機場上空，機場工作
人員通知說，侯賽因國王的專機到了。中方接待人
員依次走向停機坪，去歡迎這位來自亞洲西部的阿
拉伯貴賓。一會兒，國王的座機沿著機場跑道滑行
過來。我一眼就看出，坐在駕駛艙內握著操縱桿的
飛行員不是別人，正是電視和報刊上經常見到的那
張熟悉的面孔。我不禁高聲說：「快看，是侯賽因

一九八三年九月一日，約旦國王侯賽因和王后努爾參觀人民大會堂，時延春（後排左1）擔任翻譯。

國王在親自駕駛飛機！」

　　過去，我聽到過許多關於侯賽因國王駕駛飛機的傳說，有的文章介紹了他學習飛行技術的詳細過程；有的報導把他稱為能進行花樣飛行表演的駕機能手；有的雜誌和書籍繪聲繪色地描寫了他甚至能進行低空飛行的一些神奇經歷；有的報紙報導了有關他親自駕駛飛機帶一些訪問約旦的外國元首去亞喀巴參觀訪問的消息。但百聞不如一見，這次我親眼看到侯賽因國王坐在駕駛艙內，而且是坐在正駕駛的位置上，還穿著一身引人注目的飛行服。

　　在侯賽因國王訪華的日子裡，我有機會聽到他談論飛行。他不僅喜歡駕機，而且喜歡欣賞經驗豐富的飛行員的實際操作。在從北京到外地參觀訪問途中，侯賽因國王曾多次走進專機駕駛艙，坐在飛行員身旁，一邊觀看操作，一邊同機組人員親切交

談。侯賽因國王對飛機性能和飛行技術都非常內行，且又平易近人，所以大家都不感到拘束。那麼，侯賽因國王是怎樣成為一位技術高超的業餘飛行員的呢？他在不同場合多次談到自己學習駕機的初衷和過程。

侯賽因國王說，他小時候有兩個愛好，一個是攝影，另一個是駕駛飛機和汽車。他曾收集了各種各樣的飛機圖片，有殲擊機、轟炸機及各種客機。他把這些圖片貼在一個大相簿裡。

一九五二年，年僅十七歲的侯賽因接替患病的父王，就任約旦哈希姆王國國王。同年九月，侯賽因乘坐指揮約旦空軍的費希爾空軍中校駕駛的飛機到耶路撒冷去視察部隊。歸途中，侯賽因產生了駕駛飛機的念頭，他向費希爾中校提了許多關於駕機飛行的問題，並提出要親自試駕一下。兩天以後，當費希爾送侯賽因去馬弗拉克的時候，侯賽因再次提出與他一起駕駛飛機。這一祕密傳到侯賽因的母親澤揚太后那裡，太后及其他一些王室要員公開表示，反對侯賽因學習開飛機。侯賽因不甘屈服，頂住來自家庭、王宮和政府的壓力，發誓要學開飛機。最後，他的家庭總算勉強同意了他的要求，但他們堅持絕對不許他單獨飛行。

一九五三年五月二日，侯賽因剛到法定年齡，便舉行了登基儀式，正式行使國王的權力。同年六月二十三日，他便開始上第一次飛行課。在整整一個小時的課程中，教練帶著侯賽因做了奧斯特式飛

機能做到的各種盤旋、轉彎、翻跟頭等高難度動作。課程結束時，侯賽因感到頭昏腦漲，踉踉蹌蹌地走下飛機。在這種情況下，他表現出頑強好勝的性格和拚搏精神。那年夏天，侯賽因在炎炎烈日下每週學習飛行技術多達五天，有時甚至六天。由於訓練刻苦，一個月後，他不僅熟悉了飛機上的儀表設備，而且掌握了飛行技術。他想單獨飛行，但遭到拒絕。不久，侯賽因終於找到了單獨飛行的機會。一天，機場發生事故，他看到工作人員都忙於調查和處理事故，便趁亂悄然爬上他的鴿式飛機，發動了引擎，向跑道盡頭滑去，然後直刺藍天。這時，機場上所有人員都嚇得驚慌失措，紛紛跑到指揮塔上，眼巴巴地望著他在空中飛行。從那以後，侯賽因獲得單獨飛行權。後來，他學會了駕駛噴氣機。一九五八年，他又學會了駕駛直升機。

侯賽因國王執意學習飛行的一個重要原因是，他懷有填補約旦航空事業「真空」的強烈責任感。他繼位時，約旦既無自己的空軍，又無自己的民航事業。這種狀況使他憂心忡忡。他強烈意識到，對於處在中東戰略要地的約旦來說，建立一支有實力的強大空軍實在太重要了。那時他認為，約旦之所以不能有效地保衛自己的領土，就因為沒有一支自己的空軍，在祖國遭受襲擊的情況下，總是依靠外國空軍的援助，這不是明智之舉。同時，他意識到，對於約旦這樣一個獨立國家來說，開創、發展自己的民航事業也是必不可少的。侯賽因國王執意

學習飛行的另外一個原因是，他希望以自己選擇的方式從事國王的職務，過一種自己愛好的生活。這位血氣方剛的國王要充分體現出自己的人格。他作為一國之君主，日理萬機，工作十分繁忙。有時候，他覺得有些工作太單調乏味。遇到形勢危急時，他要夜以繼日地工作。在這種情況下，他迫切希望從現實的世界中超脫出來，哪怕一小時也好。於是，飛行就成了他實現這個目標的最佳手段。對他來說，在萬里長空駕機飛行是一種很好的運動，也是一種獨特的休息和享受。他說：「每當我乘上飛機，總要長長地出一口氣，感謝真主，在這時我才成為自己命運的主人。高高地在天空飛行，這對我來說，就意味著一種自由。」他一有空餘時間，便驅車奔向機場，跳進機艙，發動引擎，飛上藍天翱翔。他風趣地說，在藍天上兜幾個圈子、翻幾個跟頭之後，作為一個國王的忙亂、工作的勞累及遇到的困難就會頓然消失。這時，他感到好像獨自一人在騰飛，心情變得非常舒暢。

在侯賽因國王的薰陶和影響下，他的胞弟哈桑王儲不僅學會駕駛各種飛機，還學會了跳傘的本領。在國王的同意和鼓勵下，他的長子阿卜杜拉親王也成為一名駕機和跳傘能手；次子費薩爾親王畢業於英國皇家軍事學院，攻讀的主要課目是軍事飛行，回國後在約旦空軍任中尉飛行員。國王的女兒阿依莎公主開始拜哥哥阿卜杜拉為教練，一九八五年穿上軍裝，成為約旦第一位女兵。這位金髮碧眼

的窈窕淑女經過艱苦訓練後，也成功地飛上了藍天。她不僅學會駕駛飛機，還學會了跳傘。她是約旦有史以來第一位跳傘姑娘，還曾獲得金翼降落傘獎章。阿依莎還是世界上第一個在英國桑赫斯特軍事學院進行過嚴格訓練的公主。她回約旦後，被授予中尉軍銜。而努爾王后受她父親的影響，本來就熟悉飛行。因此，人們都說，侯賽因國王一家可被譽為「飛行世家」。

國王與王后訪華趣談

一九八三年九月，侯賽因國王與努爾王后對中國進行了為期十天的訪問。我作為譯員，與他們相處了整整十天。國王與王后參觀遊覽了北京、西安、桂林、上海的名勝古蹟。這次訪問使他們對中國有了更深更多的了解。中國的燦爛文化、秀麗山川和偉大成就給他們留下了深刻的印象。他們珍視與中國人民的友誼，對中國人民的勤勞智慧表示欽佩和讚賞。

在北京期間，侯賽因國王與中國領導人進行了會談和會見。努爾王后參觀了一些名勝古蹟和衛生、兒童、公益設施和單位。國王夫婦遊覽長城的活動給我留下了難以忘懷的印象。那天，金秋的北京氣候宜人，長城內外風景壯麗，八達嶺長城一帶遊人如織。侯賽因國王和努爾王后身著旅遊便裝，興致勃勃地登上長城。一路上，許多中外遊客看到

侯賽因國王和王后，紛紛走上前和他們握手，有的還要求他們簽名留念。國王和王后邊走邊觀看景色，不時停下來讓攝影師記錄下這富有詩意的參觀活動。尤其令人難忘的是，努爾王后背著剛滿週歲的伊蔓小公主攀登長城，堅持爬上八達嶺供遊人攀登的最高一個烽火台，然後又背著小公主走下來。她一會兒掏出手帕擦汗，一會兒逗小公主玩。這時候，侯賽因國王也走過來，撫摸著小公主的臉蛋逗她玩。保姆幾次要把小公主接過去，均被努爾王后拒絕。努爾王后說，如果說尼克松、田中（角榮）、穆巴拉克等世界名人是隻身登上長城，那她是背著女兒登上長城的，她在這方面創造了一個世界紀錄。此外，她要讓伊蔓小公主永遠記住，是她母親把她背上長城的。我們問努爾王后累不累，她搖搖頭，連聲說不累。她一再表示遊興未盡，還想繼續遊覽。侯賽因國王和努爾王后面對雄偉壯麗的長城，對中國人民的這一偉大壯舉讚嘆不已。他們說，長城堪稱地球上一大奇蹟。侯賽因國王說，按照毛澤東主席「不到長城非好漢」的說法，今天我們登上了長城，都變成好漢了。

　　侯賽因國王和努爾王后以溫文爾雅、謙恭禮讓和熱情好客而著稱。在接待國王夫婦過程中，我對他們的這些特點深有感觸。

　　我們陪侯賽因國王和努爾王后結束了在北京的訪問，又陪同他們乘專機到達我國著名的古都西安。國王夫婦抵西安後，提出中午要在下榻的丈八

溝賓館宴請兩位客人，客人姓名暫時保密，到中午時就會公開。上午的參觀活動結束後，我們回到丈八溝賓館。這時，我和另一位英文譯員被通知立即前往國王夫婦下榻處。我們認為又有翻譯任務，便火速趕到那裡。賓館服務員把我們領進國王夫婦用餐的餐廳。我一進餐廳，便發現國王夫婦已經提前到達。侯賽因國王和努爾王后與我們握手，然後微笑著說：「今天中午我們請的客人不是別人，就是你們二位。你們作為譯員十分辛苦，為我們提供了很好的服務。我們對你們的翻譯工作感到滿意。今天中午，我們特意請你們二位與我們一道用餐，設此菲薄午宴以表謝意。」用餐過程中，國王夫婦談笑風生，不時給我們布菜，顯得非常親切。

侯賽因國王和王后結束了對西安的參觀訪問後，乘專機到世界聞名的旅遊勝地桂林遊覽。九月的北京已是金秋送爽的季節，但處在北迴歸線上的桂林氣溫仍然比較高，白天還有炎熱之感。國王夫婦抵桂林之後，不顧旅途的勞累和太陽的餘威，身著旅遊便服去攀登疊彩山。據導遊介紹，疊彩山位於桂林市偏北，是市內一大勝景，每天都吸引著大批遊客前來遊玩觀景。它山色秀麗，山層橫斷，重重疊疊而又婀娜多姿，恰如疊著的綵緞，故名疊彩山。山上一片蒼翠，綠得讓人心醉。國王和王后穿過綠樹蔥蘢的登山古道，向頂峰攀登。他們雖然氣喘吁吁，汗流涔涔，但遊興甚濃。到達山頂後，他們興致更高。貴賓們迎著拂煦的和風俯瞰全城。遠

處的灕江景色，近處的群山風光，盡收眼底，整個輪廓分外清晰。國王和王后邊欣賞這絢麗的風光，邊交口稱讚：「實在太美了！」

　　灕江是桂林山水的重要組成部分，尤其是從桂林至陽朔四十公里間的千姿百態，處處充滿詩情畫意。人們常說「桂林山水甲天下」，而此間人們卻說「陽朔山水甲桂林」。侯賽因國王和努爾王后以極大的興趣乘船遊覽了灕江。那天，正趕上天清日麗的好天氣，遊人特別多。國王和王后到達江岸後，聚集在那裡的許多中外遊客和小攤販紛紛向他們招手致意。國王和王后也揮手表示問候。努爾王后對帶有桂林特色的紀念品很感興趣，便選購了幾件，其中有一件是別具桂林風味的草帽，她買好後立即戴在頭上。然後，她與國王一行一道登上遊艇。灕江的風景分外迷人，江兩岸群山峭拔，疊翠層巒；中間秀水瀠洄，清澈平貼。青山倒映在浮水之中，浮水襯托出青山之美。韓愈曾在這裡寫下「江作青羅帶，山如碧玉簪」的佳句。遊艇一路向前，兩岸景色層出不窮。導遊向國王和王后詳細介紹了象鼻山、織女牛郎山、玉女梳妝台等勝景。國王和王后一直陶醉在這如畫的風景中。他們時而專心聽導遊講解，時而與中國陪同人員合影留念，時而讓陪同他們訪華的約旦電視攝影記者拍下這「甲天下」的桂林山水和「甲桂林」的陽朔風光，時而懷抱他們的小公主共賞美景。

　　侯賽因國王和王后遊覽了灕江之後，又來到被

稱為「大自然藝術之宮」的蘆笛岩。這個岩洞深達二百四十米，內有許多奇特的石乳、石筍、石花和石幔，構成一幅巧奪天工的畫卷。這些景色雄奇瑰麗，瀠洄曲折，由大量石鐘乳組成。導遊向國王和王后詳細介紹了蘆笛岩中的組畫，如錦繡田園、飛流瀑布、獅嶺朝霞、石乳石帳、原始森林、神宮仙府、雲台覽勝、盤龍寶塔、簾外雲山、遠望山城及名花異草、珍禽奇獸的形象。此外，還有幽景聽笛和敲擊可作鼓琴之聲的石鼓以及石琴。這些景物雖全是毫無生氣的固體靜物，但看上去卻靜中有動，宛如一個神話世界，耐人玩賞。這些景色吸引著遠方來的客人，使他們看得如痴如醉，久久不肯離去。

侯賽因國王和努爾王后對這些多姿多彩、壯麗神奇的景色讚不絕口。努爾王后說，桂林山水是世界上絕無僅有的秀麗風光，此番到桂林遊覽真是不虛此行。侯賽因國王幽默地說，他來自多事之秋的中東地區，到了桂林就如進入了天堂一般，心情十分愉快，似乎年輕了許多。

在北京和西安，努爾王后見到很多龍和鳳的形象。她多次詢問龍和鳳的含意和來歷。我們告訴她，在中國歷史上，龍是皇帝的象徵，鳳是皇后的象徵。她對此很感興趣，很快學會了鳳和龍的中文說法。她不止一次幽默地對我說，侯賽因國王是龍，她自己就是鳳。國王夫婦從桂林飛抵上海後，努爾王后在上海錦江飯店下榻處一眼就看到龍和鳳

圖樣的大床罩，高興得幾乎要跳起來。她在上海特意買了一些飾有龍鳳圖案的紀念品。

有一次，努爾王后問我，在中文裡，「王后」兩個字各作何解釋。我給她直譯了這兩個字的含意。努爾王后聽後詼諧地說：「在西方總是說『女士優先』。但在中國，我必須走在侯賽因國王的後面，因為他是王，我是後，這兩個字的排列順序是王在前，後在後，況且現實情況也是如此。」在中國訪問期間，努爾王后也學會了「王后」兩個字的中文說法。

侯賽因國王和王后很想在中國多參觀一些地方，多了解一些中國各方面的情況。在北京期間，按日程安排，他們本來要去天壇遊覽，但因為日程表上節目安排太滿，其他節目占時間太多，最後把遊覽天壇的節目擠掉了。努爾王后感到非常遺憾。侯賽因國王安慰她說，中國太吸引人了，值得參觀的地方又多，訪問一次中國是不夠的，遊覽天壇及其他名勝古蹟留待下次訪問時再作安排吧。

十天的訪問結束了，我們到機場為侯賽因國王和努爾王后送行。話別之後，國王徑直走進專機駕駛艙。只見他頭戴耳機，手握操縱桿，駕著那架銀灰色的波音飛機飛上了萬里藍天。

國王和王室

約旦是一個開放的國家，交友非常方便。我在

約旦工作近三年，廣泛接觸社會各階層人士，上至國王和王后，下至平民百姓，我都與他們有過交往。通過這些接觸和交往，我從不同側面了解到約旦的風情和民俗。約旦是一個君主立憲國家，正式國名是約旦哈希姆王國。第一位國王是侯賽因國王的祖父阿卜杜拉國王，第二位是侯賽因國王的父親塔拉勒國王，第三位便是侯賽因國王。侯賽因國王祖籍沙特阿拉伯，他是伊斯蘭教創始人穆罕默德的第三十九代嫡系外孫。侯賽因國王的曾祖父侯賽因‧伊本‧阿里原為沙特漢志國王，二十世紀二〇年代，他趁奧斯曼帝國崩潰瓦解之際，發起阿拉伯大革命，派他的次子阿卜杜拉西征。阿卜杜拉在安曼立住腳後，創建了約旦哈希姆王國。這樣，原居沙特的哈希姆家族便成為約旦的創始者，該王室家族的統治延續至今。在阿拉伯和伊斯蘭世界中，目前居統治地位的穆罕默德的直系後裔已為數不多，侯賽因國王對此感到自豪。

約旦人對王室家族要員必須使用尊稱，如國王陛下、王后陛下、親王殿下、公主殿下等。在正式行文中或演講中，還必須加上形容詞「尊貴的」，如尊貴的國王陛下、尊貴的親王殿下。侯賽因國王的名字一般都加上定冠詞，以表示對他的敬意。約旦是禮儀之邦，但禮節並不繁瑣。國王是一國之君主，但人們見了國王並不下跪。一般情況下，人們見了國王握握手就行了。有時，一些貴賓與身分高的人可與國王擁抱相吻。有些人，包括一些王室要

員為表示對國王的尊敬，只吻國王的肩頭，不吻國王的面頰。有幾次，我看到侯賽因國王的胞弟哈桑王儲也只吻國王的肩頭。另有幾次，我看到哈桑王儲吻國王的面頰。還有幾次，我看到哈桑王儲只與國王握手而沒有親吻。國王為表示謙恭，當眾與別人握手時，左手緊緊抓住此人的右臂，顯得親切而又熱情。當有人試圖吻國王的手時，國王立即把自己的手抽回放到背後，盡量表示謙恭之意。值重大政治節日或宗教節日之際，國王有時發表講話或出席一些慶祝活動，中央和地方軍政要員紛紛致電國王，表示祝賀和效忠；有時國王舉行盛大國宴，有時首相為國王舉行盛大宴會，邀請王室成員、軍政要員和駐約旦的外國使節出席。當侯賽因國王到農村和部落視察時，貝都因人用歌舞歡迎。每當歌詞裡出現「侯賽因」的名字時，貝都因人就向空中鳴槍，表示對國王的尊敬。然後，貝都因人把國王請進帳篷中，請國王坐下喝咖啡，由族長或酋長致歡迎詞。宴請時，他們敬請國王及其隨行人員先進餐，然後他們再用餐。

約旦王子的婚禮

　　約旦首都安曼的夏夜是美好的。白天，烈日下有炎熱之感。但在月色溶溶的夜晚，涼風習習，花香撲鼻，它是那麼溫馨柔和，給人以美好的感受。約旦人經常選擇在這良辰美景中舉行婚禮。在這一

美好時光，我有幸參加了約旦王子費薩爾的盛大婚禮。

侯賽因國王結過四次婚，共有十一個孩子。在他的十一個孩子中，長女阿莉婭公主早已結婚。由於長子阿卜杜拉親王當時尚未訂婚，次子費薩爾親王便成為侯賽因國王的第一個結婚的兒子。為此，國王和王宮對費薩爾親王的婚禮非常重視，決定把這場婚禮操辦得盛大而又隆重。

費薩爾親王生於一九六三年，當時是約旦空軍的一名中尉飛行員。他英俊瀟灑，風度翩翩，看上去一表人才。新娘名叫阿莉婭・塔巴，生於一九六八年。由於她與費薩爾親王結婚，便被王宮封為公主，改名為阿莉婭・費薩爾。新娘身材苗條，亭亭玉立，容貌出眾，是位婀娜多姿的女郎。她的父親陶菲克・塔巴是約旦有名的企業家，叔叔哈姆迪・塔巴當時任約旦工商會會長，後出任商業、供應大臣。人們在評論費薩爾親王與阿莉婭的婚事時一致認為，兩家結親是門當戶對，兩人結婚是天生一對、地造一雙。

婚禮定在一九八七年八月十日晚，地點選在侯賽因國王母親澤揚太后的住所棻赫蘭宮。一九六一年五月二十五日，侯賽因國王與費薩爾親王的生母穆娜公主的婚禮也是在這裡舉行的。穆娜本是個英國姑娘，原名叫托妮・加德納。托妮的父親名叫沃克・加德納，原是英國軍隊中的一位中校。一九六一年，沃克・加德納中校在英國駐約旦軍事顧問團

工作，托妮便隨父親到約旦居住。在一次家庭舞會上，托妮結識了侯賽因國王。那時，侯賽因國王已與第一位妻子離婚。侯賽因在與托妮相識一段時間後，兩人情投意合，結為秦晉。鑑於約旦是一個伊斯蘭國家，絕大多數居民為穆斯林，侯賽因國王又是伊斯蘭教創始人穆罕默德的第三十九代外孫，並為一國之君主，托妮遂改信伊斯蘭教，並改名為穆娜·侯賽因。婚後，穆娜與侯賽因的家庭生活是幸福的。此後幾年內，侯賽因和穆娜有了四個孩子：長子阿卜杜拉、次子費薩爾、雙胞胎女兒澤揚和阿依莎。後來，由於中東政治氣候發生重大變化，侯賽因國王出於政治考慮，與穆娜離了婚。此後，穆娜仍與四個孩子一直保持著密切關係。此次，穆娜作為費薩爾親王的生母出席了兒子的婚禮，十分引人注目，穆娜也感到十分高興。

應邀出席費薩爾親王和阿莉婭公主婚禮的各方人士共兩千多人，其中有以侯賽因國王和努爾王后為首的約旦王室全體人員，也有新娘的親屬。駐約旦的外交使節夫婦應邀出席。當時，我作為中華人民共和國駐約旦王國大使館臨時代辦，與夫人一道出席了費薩爾親王和阿莉婭公主的婚禮。出席婚禮的還有其他一些外國貴賓，其中有摩洛哥國王哈桑二世的長子、王儲穆罕默德·本·哈桑親王，埃及總統穆巴拉克的兩個兒子阿拉·穆巴拉克和加麥爾·穆巴拉克，伊拉克總統薩達姆·侯賽因的兒子依迪，阿聯酋總統扎耶德的兒子哈里法，巴林王儲

哈馬德‧本‧伊薩‧阿勒哈里法。約旦的軍政要員及社會名流也出席了這次婚禮。

婚禮前，約旦王宮典禮局通知我們，凡應邀出席費薩爾親王婚禮者，男賓須著深色或民族服裝；女賓的衣著不能袒胸露臂，下身服裝要遮住腳面。婚禮那天晚上，我們按照約旦王宮典禮局的要求裝束停當，並按請柬的規定提前半小時到達扎赫蘭宮。進宮之前，我就看到汽車排成長隊，依次等候進宮。進宮之後，由身著約旦民族服裝的王宮禮賓人員把我們引到舉行婚禮的地方。

扎赫蘭宮占地面積很大，掩映在綠樹叢中。我仔細觀察了一下這座宮殿的建築和結構，總的來說，它算不上富麗堂皇的豪華宮殿，但費薩爾親王和阿莉婭公主舉行婚禮的地方卻布置得別具一格。由於時令在夏季，婚禮安排在室外舉行。庭院裡張燈結綵，分外耀眼。各種奇花異木爭相鬥豔，姿色誘人。王宮衛隊成員身著民族服裝，禮賓官員忙忙碌碌，彬彬有禮地接待各方來賓。扎赫蘭王宮呈現出一派節日氣氛。

婚禮的前半部分是酒會。根據伊斯蘭教教規，伊斯蘭國家禁酒，尤其在正式場合更不能供酒。於是，王宮決定採用酒會形式，以清涼飲料代酒。來賓們摩肩接踵，熙熙攘攘，氣氛十分熱烈。我們見到了哈桑王儲夫婦和侯賽因國王的妹妹、兒子、女兒，向他們表示「馬卜魯克」（阿拉伯語「恭喜」的意思）。我們還見到約旦各界要員，其中包括首

相、議長、武裝部隊總司令、宮廷總管等人，以及各國駐約旦的使節及應邀出席婚禮的部分外國來賓。大家在一起互相交談，談論有關此次婚禮的情況，對一些花絮尤其感興趣。

婚禮的精彩場面開始了。約旦皇家軍樂團演奏起明快的樂曲，費薩爾親王和阿莉婭公主出現在眾人面前。新郎費薩爾親王身著藍色空軍軍官禮服，束著腰帶，手持考究的文明杖，看上去英俊而又威武。新娘阿莉婭公主身穿飾有珍珠寶石的白色華麗婚禮服，手捧白色茉莉花，顯得雍容華貴而又美麗端莊。這時，人們向新郎新娘歡呼祝福。一對新人沉浸在幸福之中，他們面帶笑容，頻頻點頭向來賓致意。婚禮氣氛進入第一個高潮。

伴隨著掌聲、歡呼聲和樂曲聲，新郎新娘走到兩列青年軍官面前。這些軍官全都是約旦空軍部隊的飛行員，是新郎費薩爾親王的戰友。這些年輕的飛行員為費薩爾親王的婚禮作出了別出心裁的安排。當新郎新娘走到他們面前時，他們一個個舉起雪亮的軍刀，搭成一個拱形門，讓新郎新娘及其伴郎伴娘通過。接著，新郎新娘走向婚禮蛋糕台。這是一個特製的大蛋糕，共有五層，呈圓塔形。新娘用右手握住切蛋糕的刀柄，新郎握住新娘的右手腕，兩人通力合作，共切婚禮蛋糕。然後，新郎新娘各揀一塊蛋糕，送給對方品嚐，體現了夫妻恩愛之情和相敬如賓之意。在整個過程中，不少男賓吹起口哨，許多女賓發出陣陣「惹惹」聲，把婚禮氣

氛推向第二個高潮。

　　按照約旦王宮典禮局的安排，來賓排隊依次向國王、王后、新郎、新娘表示祝賀。當我與侯賽因國王握手表示祝賀時，他一下子認出了我。國王熱情地與我擁抱、互吻面頰，並詢問我的情況。努爾王后指著我的領帶，開玩笑說：「你還記得你戴的這條領帶的來歷嗎？」我立即回答說：「王后陛下，我當然記得。那是以前我為侯賽因國王做翻譯時，他送給我的珍貴紀念品。」這是一條特製的領帶，上有王冠圖案，並印有努爾王后的名字。沒想到，這條領帶在費薩爾親王的婚禮上派上了用場。國王、王后、新郎、新娘接受來賓的祝賀時，樂隊不停地演奏優美的樂曲，攝影師們忙個不停，把婚禮氣氛推向第三個高潮。

　　婚禮上安排了放焰火和禮炮。騰空而起的焰火絢麗多彩，有的像鮮花，有的像星斗，有的像五光十色的噴泉，有的像五彩繽紛的飄帶，把扎赫蘭宮照得一片通紅。與此同時，周圍響起了禮炮聲，將婚禮氣氛推向第四個高潮。

　　扎赫蘭宮的婚禮即將結束，新郎新娘跟隨侯賽因國王和努爾王后登上一個高台，一起向來賓招手致意。然後，新郎新娘吻別國王和王后，登上早已準備好的一輛裝飾得非常考究的敞篷車，離開扎赫蘭宮。據說，這是西歐一位國家元首第二次世界大戰期間用過的車。

　　第二天晚上，我從約旦電視節目中看到，費薩

爾親王和阿莉婭公主離開扎赫蘭宮，雙雙站在敞篷
車上，駛過安曼商業大街和鬧市區。隨行的前導
車、警衛車、摩托車、彩車及觀光的車隊前呼後
擁，形成了一條長龍。早已等候在街道兩旁的人群
向這對新人歡呼致意，把一束束鮮花和一團團彩紙
拋向他們。他們不斷向熱情的人群招手致意，從而
把這場婚禮的氣氛推向第五個高潮。

　　費薩爾親王和阿莉婭公主舉行婚禮後第二天，
侯賽因國王專門就此發表廣播、電視講話，對約旦
舉國上下和外國友人的熱烈祝賀和美好祝願表示衷
心感謝。約旦各報刊都在頭版顯著位置刊登了費薩
爾親王和阿莉婭公主舉行婚禮的消息，並刊登了婚
禮的照片。其中一張是身著禮服的新郎新娘與家人
的合影。在這張照片中，澤揚太后坐在前排中間，
兩旁站著幼小的孫子、孫女及外孫，身後站著新郎
新娘。侯賽因國王和努爾王后站在新郎新娘後面。
費薩爾親王的生母穆娜也出現在照片上，她站在新

郎的身旁。這是婚禮前新郎新娘拜見澤揚太后時拍攝的全家福照片。

婚禮後，新郎和新娘飛往法國避暑勝地，他們在那裡度過了幸福的蜜月。

我參加了這場婚禮後，填了一首詞——《浣溪沙·王子婚禮》作為紀念：

禮花繽紛映藍天，

張燈結綵擺喜筵，

親王婚禮盛空前。

扎赫蘭宮迎賓客，

歡聲笑語幸駢闐，

良辰美景共嬋娟。

侯賽因國王的駕車愛好

侯賽因國王在安曼度過了他的幼年時期，那時

一九八四年三月十日，李先念主席在約旦國王侯賽因陪同下遊覽死海，時延春（左2）擔任翻譯。

時延春（右1）等陪同
李先念主席遊覽亞喀
巴灣。

他過的是一種近似鄉村的生活。中學畢業以後，他
到埃及亞歷山大的英國學院學習。青年時期，他學
會了駕駛汽車。從此，駕車便成為他的一項特殊愛
好。

　　侯賽因國王熱情好客，凡到約旦訪問的國家元
首，他不僅親自主持會談和宴會，還經常陪同他們
參觀訪問，並親自駕駛飛機或汽車把他們送到參觀
地點。一九八四年三月，李先念主席訪問約旦，侯
賽因國王陪他乘飛機從安曼到亞喀巴參觀訪問。飛
機降落後，侯賽因國王請李先念主席坐上一輛高級
轎車，然後親自駕車把李先念主席送到下榻的假日
旅館。

　　一路上，侯賽因國王不斷與李先念主席交談，
介紹亞喀巴的歷史、地理及建設情況。我作為譯員
有幸乘坐侯賽因國王駕駛的汽車，親眼目睹了這一
動人的場面。國王的駕車技術和友好態度給中國客
人留下了深刻的印象。

約旦王宮典禮局局長為這次乘車安排絞盡了腦汁，作出了特殊安排。局長先把李先念主席引到轎車前部，為他打開車門，請他坐在侯賽因國王旁邊，然後讓我一個人坐在後排座位上，為兩位元首做翻譯。

　　這是我一生中所遇到的最奇特的乘車禮賓安排。

一個中國駐約旦大使的故事

陳永龍

（中國前駐約旦、以色列大使）

　　提起約旦，人們馬上會聯想到她的母親河——約旦河。她源於加利利湖和戈蘭高地上的赫爾蒙山，流入死海，由南及北，長二百八十多公里，寬十米左右，最窄處也就三到四米。約旦河滋養了約旦、巴勒斯坦和以色列人民，但也見證了中東問題的辛酸和血淚。她不像緊鄰的地中海和紅海那樣張狂甚至怒吼，總是平靜地流淌，默默地承受，用寬容之心祈求和平，澆灌和平。

　　我二〇〇一年被任命為駐約旦哈希姆王國特命全權大使，很快就領略了侯賽因國王、阿卜杜拉二

約旦月亮谷

二〇〇二年一月十七日，中國國家主席江澤民在北京人民大會堂會見來訪的約旦國王阿卜杜拉二世。（供圖：中新社）

世國王的「小國大外交」風采。多少年來，圍繞中東問題，這兩代國王父子不停地穿梭於美俄（蘇），奔波於戴維營、奧斯陸和巴黎等地，為中東和平穿針引線，為地區安定建言獻策。這塊只有九萬平方公里的土地，竟長期安置了兩百萬左右巴勒斯坦難民。如今，他們已是平等的約旦公民，自由地參加約旦的社區管理和國家建設。海灣戰爭以來，伊拉克難民、敘利亞難民接踵而來。阿卜杜拉二世國王「和平維護者」的形象不亞於先王。

約旦還有一個美麗的別名──「玫瑰之國」，是因南部佩特拉地區赤褐色的山石而得名。山石以珊瑚翡翠般的淺紅色為主要色調，岩石表面呈螺旋形或波浪形曲線，尤其在朝暮霞光照耀下閃閃發亮。由石窟構成的「樓群」在懸崖峭壁間蔚為壯觀，猶如紅色的瓊樓仙閣。佩特拉的歷史未見明確考證，據說始建於西元前，這裡曾是納巴特王國的

首都，是連接東西南北的要道、古絲綢之路的重要驛站。這裡融合了波斯文化、拜占庭文化和伊斯蘭文化。二〇一七年三月，佩特拉古城與中國長城嘉峪關結為世界文化遺產姐妹城，兩者已於上世紀八〇年代後期先後入選聯合國教科文組織世界遺產名錄。

中約建交四十年來，兩國在社會經濟發展的道路上互利合作，成績斐然。阿卜杜拉二世國王加冕以後，已經八次訪華（平均每兩年一次），雖然離他每年都要訪華的目標有些差距，但兩國領導人的理解和信任日益加深。二〇一五年，兩國關係升級為戰略夥伴關係。如今，中國已成為約旦的第二大貿易夥伴和第一大進口來源國。二〇一六年的雙邊貿易額已達三十一點七億美元，比一九八〇年增長了七十五倍。隨著以共商、共建、共享為原則的「一帶一路」倡議全面開展，中約項目對接進入新的階段。伴隨著一個新的中國商城——「龍城」的誕生，兩百多家中國企業正大踏步地走進約旦。中約關係的春天正在來臨，春天的故事將和著「一帶一路」交響曲傳遍兩國大地。

國王和我換車

二〇〇二年一月十九日，我陪同阿卜杜拉二世國王從上海前往蘇州工業園區和拙政園訪問參觀。抵達公園門前，江蘇省季允石省長和蘇州市領導已

在一旁列隊迎候。國王下車後沒有走向歡迎他的主人，而是直奔我的坐車前，低頭來回走了兩趟後才走向季允石省長互致問候。參觀結束後，他又走到我的坐車前，我忙問：「陛下，有什麼需要我做的事嗎？」他用商量的語氣對我說：「不知閣下是否介意與我換車？」我不解其意，心想國王乘坐的是奔馳一〇〇〇型防彈車，上海市外辦給我配備的是奔馳六〇〇，雖好但不具備防彈功能。我邊想邊微笑地面對國王，看他的樣子很是認真。不待我問及究竟，國王直接道出了緣由：「大使閣下不用擔心，在中國是很安全的。但這防彈車太沉，路上顛簸幅度大。」此刻此景，已容不得我進一步了解情況或商量、請示。我笑告國王：「感謝陛下給我一次享受防彈車的機會。」他滿意地笑了。事後，我才了解到，從上海出發之前，國王曾提出親自駕車的要求（他在約旦不僅常常自己開車，還親自駕駛飛機），但中方和約方的安全官員都表示了歉意，

國王有些不高興。儘管雙方安全官員對我同意換車有些不同的想法，但連我也沒有料到，因為這件「小事」（外交無小事），我得到了國王的信任。回到約旦後，每遇國王參加的活動，他與我的寒暄時間總要比其他大使長一些。在國王與海爾公司張瑞敏董事長進行視頻通話時，組織方邀請我參加，但未安排我講話。沒想到我與國王握手時，國王主動與我商量他和張瑞敏及我的發言順序，讓我為中約關係健康發展找到了一個及時而重要的講話機會。我的講話十分簡短。我說，海爾是中國一家優秀的公司，她是為中約關係友好、健康發展而來。國王點頭認同。更令我意外的是，十多年後，他兩次訪華時，都主動握著我的手，分別向胡錦濤主席和習近平主席介紹我如何為維護和加強中約關係作出的努力以及與約旦官方和民間的友好交往，並正式邀請我們夫婦再次訪約。他反覆叮囑我，一定要在他在約旦的時候去，一切費用由約方承擔。

回想起來，我到約旦後不久，詢問過約旦好友如何與他們打交道、做朋友。一位退役空軍上校告訴我，要用穆斯林的傳統宗教習慣招待當地政要，請他們吃齋飯。我採納了，讓廚師作了充分準備，學會了做齋飯。開齋節前，我發出了五十張請柬，結果竟有四十八位政商等各界要員出席。整個程序是：握手，寒暄，規定時間段朝麥加方向跪拜、祈禱，簡單用齋飯，離開使館。不到四十分鐘，整個活動結束。第二天，我接到了很多電話，感謝我用

約旦人的方式行事，稱這是融入當地社會的標誌，今後有什麼事，他們定會盡力而為。事實也是如此，我在約旦兩年多的時間，人脈關係還真是不錯，解決了不少難事，中約關係甚至有某些突破性的發展。比如，阿卜杜拉二世國王表示要每年訪華一次，正式、非正式訪問都可以。約旦、以色列和美國為了緩解巴以矛盾，協商在約設立合作工業區，主要從事製衣業務，從以色列進口原材料不低於百分之三十五（因成本高，後降為 15%），所有產品銷往美國市場。約旦信任中國和東南亞一些國家，便請他們赴約從事製衣業。不到兩年時間，中方勞務人員從一千五百人左右猛增至七千多人。

我們為「一個中國」政策站崗

一九七七年四月七日，中國與約旦正式建交。「一個中國」原則幾乎在我國與每個國家的建交公報中都有明確的表述。約旦政府遵循了這一原則立場，但保持了與台灣的經貿關係。然而，台灣當局，尤其陳水扁時期千方百計搞「金錢外交」「過境外交」「旅遊外交」，企圖破壞我國的外交環境。二〇〇二年四月三十日，我了解到一則信息，當年六、七月間，陳水扁將竄訪非洲，要求從約旦過境，並希望能與國王會見。阿卜杜拉二世國王認為應當堅持「一個中國」政策，明確表示不予會見。但約方仍在探詢在沒有官方會見的情況下可否允其

過境。

　　信息就是命令。我立即約見約旦外交部和計畫部（主管涉台事務）負責官員，請他們澄清該信息的真偽並做工作，希望他們本著中約關係大局，拒絕陳水扁的要求。我說，國王重視中約關係，不要傳遞錯誤的信號，傷害中約兩國人民的感情和利益。

　　五月二十日，我到曾陪同國王訪華的宮廷總管塔拉維奈家做客。他告訴我，國王訪華時與江澤民主席結下深厚友誼，回國強調要優先發展對華關係，希望約中關係進一步深化。中國是一個大市場，友好的約中關係將為約旦提供巨大的發展機會。約台保持經貿往來，但不會涉及政治與官方關係。有關陳水扁要求過境事還不知情，他將與首相、外交大臣通氣，並向國王匯報。相信約方會認真對待。次日，我得到了有關方面回覆：經商首相，約方決定拒絕陳水扁的過境要求。我感謝約方作出正確明智的決定。我表示，只要中約關係健康發展，合作、援助是朋友之間的正常交往。

　　為祖國站崗，一刻也不能鬆懈。台灣當局始終沒有閒著。據了解，陳水扁不死心，向約方承諾，如允其七月十日返台途中過境，台將向約提供數千萬美元的援助。約旦有關方面已準備接受台當局要求，同意陳水扁七月十日過境，屆時國王和首相均不在約旦國內，約其他官員也不予會見。獲此信息的當天，我請秘書聯繫了五位重量級人士，曉之以

理，動之以情，推心置腹地從雙邊關係大局和兩國人民友好出發做工作。當晚十時四十分，我去國王玩伴家中（他剛回國）做工作，與首相通電話。功夫不負苦心人，也是阿卜杜拉二世國王和約旦政府堅持約中友好的感情使然，七月二日傍晚七時四十分，我應約與計畫大臣巴塞姆・阿瓦達拉通電話。

巴塞姆：大使閣下愉快嗎？

我：有些不愉快。

巴塞姆：您應該高興，我在第一時間讓您聽到這個好消息。國王陛下剛剛指示，為了約中關係大局，為了國王陛下對中國人民的深情厚誼，約旦不準備接待陳水扁了。半小時前，我們明確告訴了台駐約商務代表，約旦將不接待陳水扁。現在，台灣方面很不高興。

我：感謝國王陛下作出及時、正確、英明的決定，也感謝部長先生的努力。我是否可以理解為，我可以把約方已正式拒絕陳水扁的要求報告北京？

拉阿德親王（前排左2）出席安曼侯賽因公園「中國園」竣工儀式。

巴塞姆：是的。大使閣下您也應該知道，約旦為此作出了犧牲。

我：相信中約關係排除這一干擾後，一定會健康發展。

七月二日當晚，我寫了這樣一首打油詩——《中國駐約旦大使館的春天》：

春天是美好的，可往往是短暫的。

五六月的中國大使館，常青、翠松、綠茵滿園，千枝嬌菊競放花香，萬朵玫瑰爭奇鬥豔。春姑娘彷彿讀懂了三十多顆炎黃子孫的心，希望在中國外交官的身邊多幾天陪伴。

其實，春天並不總是陽光燦爛，還經常有倒春寒。友好的中約人民，剛剛歡度了建交二十五週年的喜慶，一個幽靈鬼鬼祟祟地爬上了這方黃土高坡，一時間，「過境外交」「旅遊外交」「金錢外交」惡浪翻轉。

祖國的主權與尊嚴豈容玷污，中約關係也經不起太多的溝溝坎坎。

舞台，戰場。微笑，忠告，威嚴。

母親的雄偉體魄、關懷囑託，化作春天的活力，普普通通的外交戰士，用忠誠和辛勞，澆灌著依依不捨的春天。

春天的時光總會離去，這是大自然的規律；中國的外交事業，將永葆青春魅力，這是歷史的必然。

七月十日，本著一個外交官的本能和責任感，

我還派了兩位年輕的館員去約旦的兩個機場等待了幾個小時，最後確信無任何意外發生。

我和張維秋大使之間的約定

二〇〇三年三月二十日凌晨（約旦時間 4 時 34 分，伊拉克時間 5 時 34 分），各方猜測多時的美國對伊拉克戰爭正式打響。

約旦反對這場戰爭。戰前，阿卜杜拉二世國王在華盛頓曾數次規勸美國總統小布什不要攻打伊拉克，甚至紅過臉，一度氣氛緊張。約方還認為，反戰並不等於支持薩達姆政權，同時，美軍入伊後會四處尋找大規模殺傷性武器及化學武器，但很難找到，美國會很丟面子。

綜合多方面的信息，我們認為，美伊戰爭不是打不打的問題，而是何時發生。戰前，我駐約旦使館的主要任務之一就是安排駐伊使館人員撤離。三月初，伊館大部分人員已經我館先後回到祖國，使館僅剩張維秋大使等七人堅守在崗位上。為了能使張大使等人安全、及時、迅速在打響第一槍之前離開巴格達，我和張大使預先商量了一個通話約定：我在電話裡說「我想你了」，意即形勢已很緊張，張大使要在兩天內撤到約旦；如我說「我很想你」，張大使須在當天撤離；當我說「我特想你」時，張大使須放下手中的一切工作，立即啟程來安曼。

戰爭氣息一天比一天緊張。三月十七日晨，我得到了幾條信息，據此判斷十九日開打的可能性很大，於是，我毫不猶豫地拿起了電話，告訴張大使「我很想你」。與此同時，我也報告了外交部時任亞非司司長伍春華。當天十五時三十分，我接到了李肇星外長的電話：「祖國很關心駐伊使館人員安危，胡錦濤主席剛剛親自打電話查詢。待張大使抵約後，請轉達胡主席、國務院和外交部的問候。他們辛苦了。」李部長還詢問了撤離人員的有關情況，我一一作答。十七時三十分，我召開全館戰前動員大會，傳達了國內指示和關懷，對使館各單位人員進行了統一分工，各司其職。二十時，張大使一行抵達邊境，我向他們轉達了中央領導同志和外交部領導對他們的關切和問候。他激動地表示感謝後，說：「還有三名央視記者尚未到達邊境會合地點。」他將和使館同志留下等候。這裡特別要說明的是，此時，已是花甲之年的張大使已經馬不停蹄地經歷數道軍人崗哨檢查，行駛了七百多公里的路程，他完全可以和新華社及香港記者先行來安曼，留下兩三名使館外交官等待央視記者。我也是這麼建議的。然而，張大使讓幾名記者先來安曼，自己和使館的同志留下等候。這就是特命全權大使和中國外交官的神聖職責！十八日凌晨四時五十分，央視記者趕到邊境。十一時十分，張大使和新聞記者抵達我駐約旦使館。大家喜泣相擁，感謝偉大的祖國！

在以後的日子裡，我館時任政務參贊李琛冒著生命危險，在兵匪搶掠的局面中去巴格達查看我駐伊拉克使館狀況。後來，孫必干大使臨危受命重返使館時，約旦政府和邊防都提供了很大幫助。更難能可貴的是，約旦的一些政要、前政要還經常與我館人員一起分析與這場戰爭有關的情況，認為：阿拉伯人普遍反戰厭薩（達姆）；薩達姆投降與否，美軍都會開進巴格達；這場戰爭的代價百分之九十以上將會由後來的伊拉克政府埋單；伊拉克戰爭以後，美在該地區的重點關切將是：伊朗、沙特、埃及、利比亞和敘利亞。

在接待張維秋大使和孫必干大使的過程中，我們結下了深情厚誼。我為此草寫了三首打油詩：

《迎戰友》

戰友千里臨，相擁訴真情。

母親話縈迴，風雨同舟行。

《贊戰友》

風險困苦多，戰友無所懼。

心中有使命，一曲奏凱歌。

《送戰友》

把杯送戰友，依依不捨情。

外交無坦途，我有文裝軍。

難忘在約旦報導美伊戰爭

梁玉珍

（中國中央電視台駐埃及記者站原站長）

一九九九年，我赴開羅建立記者站。當時央視在全球的駐外記者站寥寥無幾，駐外記者不足四十人。開羅站記者只有我和劉苗野兩人，但我們負責的業務報導轄區卻囊括了西亞和整個非洲，重點放在中東，其中包括約旦。駐外十年間，但凡在約旦召開的重大國際會議、在約旦發生的重大事件還有我國領導人對約旦的訪問，我都前往作了報導。印象最深刻的是二〇〇三年三月美國對伊拉克發動戰爭期間，我奉命在約旦報導戰況和戰爭對當地人的影響。在長達兩個月的戰地報導中，我奔波於約旦首都安曼、約伊邊境難民營以及其他省市的各種新聞事件現場，至今對發生在約旦的那些事記憶猶新。

約旦外交大臣未想到我用阿語提問

做駐外記者多年，在中東地區走南闖北，參加的新聞發布會無數。我發現，無論什麼樣的大小場合，都很少有中國記者站起來提問，更鮮有人用阿

梁玉珍就戰爭的影響話題採訪約旦當地人。

拉伯語提問。相比之下，我算是比較愛提問的一個。美伊戰爭期間，約旦新聞部每天都舉行新聞發布會，一般是由新聞官主持，遇有重大事件，外交大臣會出席。三月二十六日凌晨，約旦外交大臣馬阿希爾在首都安曼的洲際飯店舉行了一次新聞發布會，他在會上回答了記者提出的約伊邊境局勢、驅逐伊拉克外交官等有關問題，並再次重申了約旦政府在解決伊拉克危機問題上的鮮明立場。馬阿希爾說，我們的國王阿卜杜拉二世、我們的政府和人民，都為目前兄弟的伊拉克人民所遭受的戰爭災難感到痛心。我們一直在努力，通過國際社會尋求解決伊拉克危機的辦法。為儘快制止戰爭，阿卜杜拉國王與埃及、巴林、沙特等阿拉伯兄弟國家首腦進行了一系列的聯絡。阿卜杜拉國王在與這些首腦通電話時警告說，殘酷的戰爭將給無辜的伊拉克人民帶來巨大的人道主義災難。他明確表示，為使人道主義救援進入伊拉克，約旦完全敞開大門。

這次新聞發布會之前，有幾天約旦的氣氛非常緊張，有傳言說約旦邊境部署有大批美國軍隊，引起諸多記者懷疑。在馬阿希爾講話後，幾位西方記者提問比較尖銳，外交大臣回答提問的語氣也很嚴厲，會場氣氛很壓抑。就在這時，工作人員將無線話筒遞到我手裡，我站起來首先自報家門：我是中國中央電視台（CCTV）駐中東首席記者梁玉珍。然後提問：約旦國王在拯救伊拉克危機方面與阿拉伯國家首腦進行了很多次磋商，為儘快制止這場戰爭，約旦國王下一步將要採取的具體措施是什麼？馬阿希爾回答，我們將盡我們所有的能力，繼續與阿拉伯國家和國際社會共同探討制止戰爭的辦法。

在問到驅逐伊拉克外交官事件時，馬阿希爾說，約旦政府已經注意到伊拉克方面有這樣一個聲明，但是，約旦不想捲入紛爭中去，那些外交官的確從事了與他們身分不符的活動。約旦已經同意伊拉克派另外三名外交官到約旦從事正常的外交工作。他說，這純粹是約旦政府自己的決定，與任何第三國沒有關係。

問到約旦邊境局勢以及通過邊境進出約旦是否正常問題，馬阿希爾說，約旦與伊拉克的陸路邊境一直開放，人員車輛都正常通行。關於人們所關心的進出邊境人員的數字，馬阿希爾說，從三月十六日至今，共有四千三百三十名伊拉克人、九百二十一名約旦人和二百七九名阿拉伯及其他國家的人通過邊境進入伊拉克；有四千八百二十九名約旦人、

二千二百五十九名約旦學生以及三千七百四十七名阿拉伯和其他國家人員由伊拉克西部邊境進入約旦。

當時，我的提問一下子使會場氣氛輕鬆許多。不是說我的問題有多好，而是外交大臣說話的語氣有改變。他原本非常嚴肅地回答上一個人的提問，當我提問時卻忽然衝我點點頭，微笑著說：噢，中國記者，我沒想到你會用阿拉伯語提問，也沒想到你的阿語說得這麼好。

外交大臣的讚揚，招來各路記者對我圍觀，散會後圍著我七嘴八舌問這問那，還有人對我進行採訪。後來，中國駐約旦大使館外交官谷棣跟我說：梁大姐，你行啊，連約旦外交大臣都讚揚你阿語說得好。那場新聞發布會是全國直播的，我們都看了，約旦人也都看了，這下子你在約旦的知名度更高了。果不其然，在這次新聞發布會之後，我在約旦經常接觸的那些當地記者、出租車司機、被採訪對象等許多熟人都對我伸出大拇指說：埃咪娜，你真牛！

現場目擊戰爭帶給平民的災難

三月二十七號是多日以來安曼少有的好天氣。雨停了，雲走了，霧散了，風沙過後的天空清新明朗，藍天白雲綠草構成一幅很美的圖畫。陽光灑在身上暖融融的，趕走了多日來的寒氣。如果沒有戰

爭，正該是郊遊踏青的大好時光。然而，殘酷的戰爭不僅糟蹋了美好春光，也糟蹋了同樣美好的心情。我和搭檔劉苗野從安曼一路北上，前往北方伊爾比德省郊區參加一位二十一歲年輕人的葬禮。在葬禮現場，我目睹了戰爭給死者親友帶來的災難。

美國對伊拉克戰爭開始僅僅兩天，就有五名約旦人在由伊拉克返回約旦的路上遭遇美英聯軍的轟炸而遇難。首先是一位名叫巴扎的青年，大約三十歲左右，是安曼一家小客運公司的老闆兼司機。以前，他經常在安曼通往巴格達的路上跑長途，戰爭開始還不到二十四小時，他就被遭轟炸後倒塌的建築掩埋而遇難。當時他正由巴格達駕駛汽車駛往約伊邊境，在距巴格達二百六十公里處的拉特巴市，巴扎停車到電話局打電話，美軍的導彈落在電話大樓附近，大樓被炸塌了，巴扎被埋在倒塌的廢墟裡無法獲救。

此後第二天，又有四名約旦學生遇難。他們都是約旦北方伊爾比德省人，生前在伊拉克摩蘇爾大學讀書，其中三名是地理學院大三學生，另外一人是護理學院大二學生。戰爭開始之後，學校因戰亂而停課，幾名學生結伴租車返回家鄉，他們想取道摩蘇爾到敘利亞，從敘利亞入境到約旦的伊爾比德，但在由摩蘇爾前往敘利亞的邊境路上，美英聯軍的導彈炸翻了他們乘坐的出租車，四名風華正茂的同鄉同學同時魂斷異鄉，再也無法活著回到自己的家鄉，再也無法見到家鄉的親人。他們的遺體幾

天後才運回約旦，家鄉的親人分別為他們舉行了隆重的葬禮。

從首都安曼到伊爾比德，路程一百一十公里，道路平坦，車輛不多。一路上看到大片綠色農田，還有很多優質的橄欖樹。司機伊斯萊姆告訴我說，這裡的橄欖樹是世界上最好的橄欖樹。他還說，伊爾比德的農業比較發達，有水有樹有農田，給約旦這樣的沙漠小國增色不少，因此約旦人給它起了個很好的別稱——「北方新娘」。這天，「北方新娘」沒有展示出她的嬌媚，卻讓我看到了她傷心欲絕的容顏。

遇難學生艾哈邁德・格里布的家住在伊爾比德市郊的哈瓦爾鎮。當我趕到那裡時，他的棺木已經從醫院運到了鎮上的清真寺裡，幾百名親朋好友、父老鄉親們正在清真寺裡為他做禱告。門外擠滿了當地居民和從首都趕來的記者。

禱告之後，人們抬著艾哈邁德的棺木，上面覆

美伊戰爭期間，梁玉珍在安曼報導戰況。

蓋著嶄新的約旦國旗——那是因為他被稱為「烈士」，有資格覆蓋國旗。在約旦、巴勒斯坦、伊拉克這些阿拉伯國家，人們都把被敵方打死的人稱為「烈士」，無論他們年紀有多大，無論是年邁的老人，還是嬰幼兒。

上千名哈瓦爾鎮的男性公民舉行了抬棺遊行。抬棺的是艾哈邁德的叔伯兄弟們和生前好友，棺木周圍聚集著上了年紀的長輩，人們簇擁著艾哈邁德的棺木，步行幾公里，由清真寺走向他的家族墓地。扶棺走在最前面的是他悲痛欲絕的老父親，白髮人送黑髮人的場面，誰看了都會痛心不已。老人在行進中幾次摔倒，又幾次被身邊的人扶起。他不能相信這個事實，也無法接受這個事實，那正值青春年少、聰明懂事的愛子，就這樣永遠地離他而去。看著這一幕，我心裡一直沉甸甸的，為了不影響採訪情緒，我極力讓自己鎮靜。

行進中，人們揮動雙手，不停地高呼反戰口號，群情激奮、聲威震撼，蒼天也為之動容。我當即作了現場報導，之後跟隨送葬隊伍一起向墓地走去。一路上，我感受到群體的力量，感受到他們的民族精神，感受到一位老人還有他的眾多親友面對戰爭的無奈。老人的心碎了，親朋好友的心碎了，我的心也在為這不該發生的戰爭，為這不該離去的孩子，為這心碎的老人和眾人而顫動。

我熟悉的記者塔利克在巴格達遇難

這次美伊戰爭中，共有十九名記者遇難，其中十三名是在敵對行動中遇難，另外六名是因車禍和疾病而亡，屬於戰爭連帶傷亡。據說，這是近年來歷次戰爭中遇難記者人數最多的一次。四月八日，位於巴格達的卡塔爾半島台記者站、阿布扎比台記者站、巴勒斯坦飯店都遭到美軍轟炸，有五名記者傷亡，其中一名是半島台記者、三十五歲的約旦人塔利克‧阿尤布。他是四月四日從約伊邊境進入巴格達的。在此之前，他一直在約旦邊境地區的魯瓦西德報導有關消息。沒想到他進入巴格達僅僅四天就遇難了，當時，他正在記者站樓頂準備作現場報導。

塔利克遇難前幾天，在約伊邊境難民營採訪時，我倆還相互問候。離開前，他說，埃咪娜，明

塔利克犧牲後約旦舉行的反戰抗議活動。

天我就要進巴格達了，你們不去嗎？我很想跟他一起去，但終因沒有配置相關設備，即使深入戰地一線也無法進行報導而放棄。僅僅四天之後，他卻永遠地離開了，幾乎所有熟悉他的人都無法相信這個事實。那天分別時他站在帳篷區路邊，回身向我揮手告別的身影總在我眼前晃動。

很快，我抽出時間去探望塔利克的父母並報導他的葬禮。他的父親強壓著喪子的悲痛對我說：我們的兒子是為報導這場戰爭犧牲的，他做了自己應該做的事，我們為他感到光榮，感到驕傲。但是，我們詛咒這場戰爭，我們控訴美國發動這場戰爭，控訴美國軍隊對無辜記者的傷害，是戰爭帶走了我們這麼優秀的兒子。他的母親沉默地坐在一旁，雙眼哭得紅腫不堪。

塔利克家門口搭起了兩個靈棚，供男女賓客和親朋好友前來弔唁。中午時分，我到靈棚弔唁，這裡已經聚集了很多他的家族親人、生前同事好友以

及左右鄰居。靈棚的外面掛著一個木牌，上面寫著「烈士塔利克喜喪」。我很奇怪，這麼年輕卻飛來橫禍，人都死了，留下二老雙親和嬌妻幼女，喜從何來？經過詢問才搞明白，原來穆斯林習慣把為英雄舉辦的喪事稱為「喜喪」：一來因為他是英雄，親朋好友應為他感到榮耀；二來因為他是好人，他將永遠活在人們的心裡，而且他已經進入了天堂，應該為他高興。

六十六歲的父親納伊姆個子不高，瘦小的雙肩承擔不起這巨大的打擊，雖然已經沒有了眼淚，但我從他臉上和眼睛裡讀出了一位父親所能承受的所有悲傷。母親法特梅也已年過六十，兒子的死，給了她致命的打擊，使她痛不欲生，但她還得堅強地活下去，因為她已經有了可愛的小孫女，為了這可憐的孩子，她必須堅強。

最痛苦的恐怕要屬塔利克年輕的妻子迪邁。結婚才三年，小夫妻恩愛如初，相敬如賓，膝下有了可愛的女兒法特梅。幾天前，夫妻倆告別時，迪邁再三叮囑丈夫多加小心，塔利克抱著剛一歲三個月的小女兒依依不捨，誰承想這一走竟成了永別。小女兒不明白家裡發生了什麼事，本該無憂無慮的孩子只因看到大人們都淚眼婆娑，也沒有了往日的活潑歡樂，乖乖地依偎在媽媽懷裡，不哭也不鬧。

約旦電視台記者薩米爾是我朋友，也是塔利克的好朋友。塔利克葬禮的當晚，他長時間坐在我房間裡不肯走，一直和我談論這位受人尊敬的烈士。

塔利克是一九九八年到卡塔爾半島電視台工作的。此前，他曾在《約旦時報》、《約旦意見報》、約旦電視台、黎巴嫩電視台、阿拉伯 ANN 消息網以及英國、美國的通訊社等多家媒體做記者、編輯等工作，在阿拉伯記者範圍內較有名望，被認為是優秀記者。由於他業務精湛，工作過的媒體多，工作也很努力，所以他的朋友很多，人際關係也很好，受到周圍人的高度讚賞，大家都喜歡和他打交道。

塔利克的遇難在約旦以及阿拉伯國家引起了巨大反響。約旦記者協會以及在當地採訪的外國記者當天就舉行了示威遊行。示威者高舉著一幅幅烈士生前的畫像，表達對烈士的懷念，同時強烈譴責美國軍隊對記者的傷害，要求調查事實真相，並要求美國對這件事負全部責任。示威者表示，即使有人犧牲，也封不住我們的嘴，我們不會沉默，將繼續報導戰爭真相。約旦記者協會還要求驅逐美國、英國和以色列駐約旦大使。

約旦新聞部、約旦最高新聞委員會、約旦外國記者俱樂部、巴勒斯坦文化新聞部、巴勒斯坦記者協會以及埃及、黎巴嫩等其他阿拉伯國家的文化新聞部長都立刻發表了聲明，嚴厲譴責美國傷害記者的行徑，強烈譴責美國違反了日內瓦公約關於保護非戰鬥人員安全的條款，要求確保在巴格達採訪的所有記者的人身安全和採訪自由。

遭遇踩踏，約旦人助我逃生

回憶在約旦那六十多個緊張忙碌的日日夜夜，令我最難忘的是，在一次當地群眾舉行反戰遊行時，警民發生衝突，現場一度失控，發生嚴重踩踏事件，我在現場遭遇嚴重踩踏，險象環生。危急時刻，是幾位約旦人和巴勒斯坦人奮力施救，助我逃生，讓我躲過了一場滅頂之災。約旦人、巴勒斯坦人、中國記者、陳永龍大使，我永遠對他們懷有感恩之心。

那是開戰後的一個星期五，我剛剛在安曼鬧市區東方旅行社採訪完伊拉克人踴躍回國參戰的新

梁玉珍被踩踏前拍攝的反戰遊行的照片

聞，緊接著，人們做完星期五聚禮之後，就紛紛湧向街頭舉行聲勢浩大的反戰遊行。當時現場比較混亂，導致防暴警察與遊行群眾發生衝突，在場的幾名中國記者都被沖散了。我正在跟後方編導通話，準備做現場連線報導，冷不防被奔跑的群眾撞倒，緊接著無數人的雙腳猛然從我身上踩踏而過。

我已年過半百且體弱多病，加上那些天超強度工作，體力早已嚴重透支，當時實在無力從眾多青壯年腳下掙扎出來。和我同時倒下的還有其他人，我感覺到有人自己掙扎著爬起來，也有人被別人拉起來。最初，有人伸手在拉我，有幾次已經抓住我的手，但由於踩踏過於猛烈，沒等我抬起身就再次被踩倒，緊接著又有一撥人壓在我身上。那時，我心裡很恐慌，悲哀地想著我可能會被他們踩死、壓死。後來，那些壓在身上的人都被拉起來，而我已經渾身疼痛，軟弱無力。但我不死心，仍舊掙扎著一次次伸出手去，極力想抓住身邊的人，想藉助人家的力量爬起來，可反覆多次都沒成功。

到最後，我已完全沒有力氣掙扎，只記得自己用雙手緊緊地抱著頭，把頭埋在胸前，同時夾著胳膊肘護住臉，就像嬰兒在母腹裡的姿勢一樣，曲身躺在地上。我不想就這樣被人踩死，心裡特別悲涼、特別無助，非常渴望被救。

我感知不到自己昏迷和被解救的全過程，但我知道當時的形像一定很狼狽。因為當我完全清醒過來時，發現自己正躺在醫院的急救床上吸氧，渾身

上下濕漉漉的，很不舒服。接著我又發現，自己的外衣也已破損，身上的設備包以及採訪用的話筒和台標也都不同程度遭到損壞。

事後得知，是幾位當地人齊心合力把我從踩踏中奮力拖拽出來，抬到路邊一家店鋪門口，然後叫了出租車把我送進醫院急救。醫生診斷為：休克、輕度腦震盪，上呼吸道少量出血，肢體多處擦傷。

當時對我施救的有約旦人、巴勒斯坦人，還有我們中國的記者。《國際先驅導報》記者安立事後告訴我，當時他也在現場，衝突發生後，他也跟著跑起來，後來發現有個人被抬到路邊放在地上，就趕緊追了過去。本想抓個現場消息，但當他正準備拍照時，發現我上衣前胸上佩帶的中國國旗徽章，就此判斷我是中國記者，再仔細一看，才認出是開戰之前在大使館開會時見過面的央視記者梁大姐！他立刻放棄了拍照，和當地人一起把我送到醫院進行搶救。

中國駐約旦大使陳永龍得知這一情況後，特意到我住處看望，並介紹一位中國按摩師為我免費治療。

經過治療，我得以康復，迅即回到第一線工作。

震驚世界的兩大事件

劉寶萊

（中國前駐約旦大使）

侯賽因國王謝世

一九九九年，對約旦哈希姆王國來說是極不尋常的一年。二月七日十一時四十三分，素享良好國際聲譽、執政近四十六年的侯賽因國王與世長辭。約旦電視台廣播員以沉痛心情宣讀了約旦政府的訃告，宣布全國哀悼四十五天。

侯賽因國王長期超負荷工作，致使積勞成疾，遭受病魔的痛苦折磨。從八○年代末起，他已感到身體異常。一九九二年八月，他突然尿血，遂前往美國明尼蘇達州小城羅切斯特的梅奧醫療中心進行體檢，確診為癌症。經過治療，切除了左輸尿管和左腎。康復後，國王回國，受到安曼百萬市民的夾道歡迎。

一九九八年初，他常感到焦躁不安、食慾不振，體重下降，精力不濟，老出虛汗。七月，他去美國梅奧醫療中心複查，醫生發現他舊病復發，體內癌細胞擴散，建議他長期住院治療。在長達半年多的治療期間，醫生為他做了六個療程的化療和骨

中國和約旦 的·故·事 | 298

一九九七年元旦，侯賽因國王、努爾王后和子女們合影。

髓移植手術。手術非常成功，當地媒體報導，國王已經康復。為此，江澤民主席曾致電侯賽因國王，祝賀他康復。

一九九九年一月十九日，侯賽因國王回國。二十五日，在他宣布廢黜哈桑王儲、重立其長子阿卜杜拉親王為王儲後的第二天，他的「非何傑金氏淋巴瘤」突然復發，隨即重返美國梅奧醫療中心搶救。當日晚，約旦國家電視台轉播了國王離約前包括哈桑親王夫婦在內的全體王室成員和政要前往機場送行的畫面。當時，國王身著黑色毛大衣，頭戴翻毛皮帽，同他們一一握手。結果，這竟成了最後的訣別。

二月四日，根據他的意願，在努爾王后和工作

人員陪伴下，國王乘專機回國。下機時，人們發現國王一直握著努爾王后的手。二月五日，約旦王室宣布國王已腦死亡，由阿卜杜拉王儲出任攝政王。二月七日，侯賽因國王停止了呼吸，撒手人寰，享年六十三歲。

侯賽因國王執政近四十六年（1953 年 5 月加冕），是世界上執政時間最長的君王之一。他積極致力於國內經濟建設和中東乃至世界和平，贏得了國際社會的普遍讚許，成為二十世紀最重要的國際風雲人物之一。

在國際舞台上，他縱橫捭闔，善於應付，巧於心智，搞平衡，靈活務實，以明智和勇敢著稱。他經歷了四次中東戰爭，並親臨約以前線指揮抗以戰鬥。巴以和談後，他又不失時機地同以色列簽訂和約，結束戰爭狀態，收復失地，建立外交關係，實現了兩國關係正常化，並從以色列免費獲得每年三千萬立方米的飲用水。

海灣戰後，他為推動中東和平進程發揮日益重要的作用，甚至抱病前往美國懷伊莊園撮合了阿拉法特和內塔尼亞胡恢復和談。在國內，他勵精圖治，大力發展民族經濟和文化教育事業，打擊不法犯罪，維護社會治安，在不長時間內，將一個貧窮落後的沙漠王國建設成一個欣欣向榮的國家。首都安曼，昔日的一座小山城，已發展成為高樓林立、綠樹成蔭、街道寬闊、交通發達、市場繁榮、人口眾多的現代化城市。

值得一提的是，約旦治安狀況良好。儘管周邊鄰國經常發生這樣那樣的爆炸、動盪事件，但約旦則安然無恙，從而大大推動了旅遊事業的發展。每年，來自世界各地的百餘萬遊客進入這片神奇的土地，參觀名勝古蹟，回顧它那五千年的文明史。

　　此外，侯賽因國王文質彬彬、平易近人、風度翩翩、多才多藝、善解人意，這些都增加了人們對他的崇敬。參加葬禮的有來自世界各地的八十多位國家元首和政府首腦等，其中有聯合國秘書長安南、美國總統克林頓、法國總統希拉克、俄羅斯總統葉利欽、英國首相布萊爾以及阿拉伯、伊斯蘭世界的眾多元首。二月七日夜，對安曼來說是最忙碌

侯賽因國王同摩洛哥哈桑二世國王在一起。

的一夜。各國代表團乘坐的專機劃破夜空，紛紛降落在安曼國際機場或馬爾卡軍用機場。

這裡還有些小插曲，耐人尋味，令人深思。比如，俄羅斯原定由普里馬科夫總理參加國王葬禮，這是俄駐約大使親口告訴我的，但臨行前，葉利欽總統突然決定自己前往。當時，他身體欠佳，仍堅持飛抵安曼。八日，他乘車到王宮下車時，高大的身軀晃動了一下，差一點摔倒。俄保安和醫務人員趕緊扶他回到車裡去。全世界數億人從電視上看到了這一鏡頭，不由肅然起敬。

另外，敘利亞原定由哈達姆副總統出席國王葬禮，並已將其乘坐的小轎車運抵安曼，最後時刻，阿薩德總統決定還是由他親自出席，以了結他同侯賽因國王的個人恩怨。

二月七日，當約旦電視台宣讀侯賽因國王逝世的政府訃告時，約外交部禮賓司來電話，問及參加國王葬禮的我國政府代表團抵達的時間，我立即報告國內。不一會兒，國內指示要我儘快摸清國王葬禮日期，以便國內定奪。當時，約政府機關陷入一片混亂，人們已無心上班。我連續打電話給約旦王宮典禮局、外交部禮賓司及宮廷總管和外交大臣等，均無人接電話。後來，我找到了禮賓司長哈爾杜先生，他說，迄今尚無消息。最後，我終於給首相塔拉維奈打通了電話，他證實，國王葬禮將於八日上午舉行。我馬上報告國內，並建議儘快通報代表團抵達時間，以便通知約方和使館作好接待準

備。八日凌晨五時（北京時間 11 時），國內通知，由我以中國政府特使身分參加國王葬禮。

八日上午八時三十分，我同黃傑民參贊趕到王宮。宮內面積很大，占了整整一個山頭，各類宮殿式的建築依山就勢，自成體系，彷彿一幢幢別墅，周圍建有厚厚的高大圍牆。我們先被請入一個小院，院內搭了一個大帳篷，約旦各界頭面人物早已在那裡等候。我一見到哈爾杜司長便向他送交照會，說明了我的身分。他對此很重視，隨即把我安排在外國代表團行列之中。

進入二樓大廳，我看到眾多代表團成員靜坐等待。廳大，人多，暖氣燒得熱，同室外零下的氣溫形成明顯反差。由於天氣預報是陰冷，有小雨，我既穿了毛衣，又穿了大衣，在廳裡熱得難受，只好到外邊走走，透透氣，呼吸一下新鮮空氣。

大約十時三十分，侯賽因國王的靈柩從和平宮緩緩運出，由龐大的軍樂隊和儀仗隊伴隨。樂隊奏起哀樂，加上陰冷的天氣、濕漉漉的道路，使整個安曼市籠罩在悲哀的氣氛之中。靈車按規定路線穿過市區三、四、六環大道，然後再進入王宮。

是日，百餘萬市民和來自全國各地的民眾自發地站在路旁含淚目送國王。許多人擁上前去，將靈車攔住，要求瞻仰國王遺容，甚至將車隊分成好幾段。人們悲痛欲絕，哭聲四起。此情此景，催人淚下，我們在王宮裡都能隱約聽到街上人們的哭泣聲和哀樂聲。

轉眼間，天空有些放亮，太陽從陰霾中露出來，給陰冷的大地帶來了一線生機。然而，天氣依然很冷，許多僅穿單薄西裝的人士凍得發抖。他們在外面待一會兒，就趕忙回到廳裡暖和一下。

　　十三時整，禮賓官請我們去拉格丹宮瞻仰國王遺容。由大廳到該宮僅有三十米之遙，但因代表團多、陪同多、保安人員多，行動十分不便。我足足花了半個小時才到宮門，看到各國代表團正排隊入宮。瞬間，我也進入大廳，那裡停放著侯賽因國王的靈柩。阿卜杜拉二世國王及親王們站在一旁。人們行禮向國王遺體告別，然後匆匆離去。

　　待我步出大廳，院內已站滿人。各國元首、政府首腦、部長等依次排列。不一會兒，靈柩被抬上炮車，阿卜杜拉二世國王和親王們緊緊跟在靈車後邊。軍樂隊奏起哀樂，我作為送葬隊伍的一員隨靈車向皇家陵園走去。

　　從王宮至陵園約三公里，一路上坡。儘管道路平坦，但爬起來依然吃力。科威特王儲兼首相薩阿德僅走了大約五十米，便大汗淋漓，大口喘氣，無法繼續向前，只好坐在路邊石階上休息。巴林埃米爾也面色蠟黃，氣喘吁吁，一屁股坐在薩阿德身旁。周圍站滿了二人的隨行人員、陪同人員和保安人員。送葬隊伍約千餘人，大家都神情嚴肅地走著、走著，沉默、沉默……

　　一小時後，前面突然停下來，由八位軍人將國王靈柩抬進約旦武裝部隊的清真寺，阿卜杜拉二世

國王等王室權貴、伊斯蘭國家元首和政府首腦們均入內為國王做最後一次祈禱。然後，由阿卜杜拉二世國王和親王們將棺木抬至清真寺門口，再轉由八位軍人抬上靈車，送入皇家陵園下葬。

下葬前，有兩位軍人抬出一塊裹著紅色絲絨布的長方形木板，上邊掛滿國王生前榮獲的各類勛章，以向送葬者展示國王一生的榮譽；同時，牽來國王生前的坐騎——一匹白馬，馬似通人性，看到如此場面，一點也不驚慌，竟向國王靈柩發出了兩聲哀鳴。據說，這匹馬將被作為「功臣」飼養起來，直至「壽終正寢」。

接著，傳來一片槍聲和十五響炮聲，聲音很大，震耳欲聾。最後，舉行下葬儀式，將國王遺體掩埋。伊斯蘭教明文規定，不管帝王將相還是平民百姓，一律薄葬，「我們本屬真主，我們應回到真主身邊去」。因此，伊斯蘭文化一般都是展現在清真寺裡，而不像中國的帝王將相那樣建「地下宮殿」，擺放大量文物和日用品，以圖在另一個世界繼續過奢侈的生活。

葬禮結束時，天色已晚，約近下午六時。天空陰雲密布，開始下雨，氣溫驟然下降，我與同作為特使的印尼、菲律賓兩國大使一道，匆匆同國王和親王們再次握手致哀後，便直奔納德瓦宮。穆巴拉克、阿拉法特等阿拉伯國家元首們早已在那裡休息，等候車來送他們去拉格丹宮會見阿卜杜拉二世國王。一會兒，車來了，我們也搭車前往，見到了

在旁廳休息的阿薩德總統。敘利亞代辦告訴我，由於敘與以色列無任何關係，故阿薩德總統不能同內塔尼亞胡住在一起，便在這裡休息。

說話間，阿卜杜拉二世國王從墓地趕回來，開始接見各國代表團團長和主要隨行人員。於是，元首們、政府首腦和政要們穿梭式地往來於接見大廳，我同印尼、菲律賓兩國大使均為政府特使，只能耐心等待。禮賓官不時過來同我們聊天，並說快輪到我們了。結果，我們足足等了三個小時。

當我進入接見大廳時，已是當晚九時。國王一見我，倍感親切。他緊緊握著我的手，對我作為中國政府特使參加其先王葬禮一再表示感謝。我說，侯賽因國王陛下是中國人民的老朋友，曾兩度訪華，對促進中約兩國關係的全面發展作出了不可磨滅的重大貢獻。作為特使，我代表中國政府對侯賽因國王陛下逝世表示沉痛哀悼。中國國家主席江澤民先生閣下已向國王陛下發了唁電。同時，我祝賀他榮任約旦哈希姆王國的國王，並歡迎他在方便的時候訪華。

阿卜杜拉二世說，十分感謝中國政府派特使參加先王葬禮。他將繼承先王遺志，繼續奉行先王制定的內外政策，努力完成先王未竟事業，並積極推動約中關係的全面發展，爭取年內訪華。他又說，江澤民主席閣下發來的唁電和賀電他已看過，特表示謝意，請轉達對主席閣下的親切問候和良好祝願。

六月四日至六日，吉佩定副外長訪問約旦。五日，阿卜杜拉二世國王會見吉副外長。當我陪吉副外長抵達王宮時，早已有幾個代表團正等待國王接見。我們被安排在一個小會客室裡。不一會兒，我的老朋友卡巴裡蒂宮廷總管過來打招呼。卡巴裡蒂先生用英語同吉副外長進行交談，兩人談得很投機。不覺一小時過去了，典禮官來請代表團去見國王。

　　接見大廳裡，只有國王和卡巴裡蒂總管。國王用生硬的阿拉伯語表示歡迎吉副外長訪約，吉副外長便請阿語譯員小王翻譯。正在這時，卡巴裡蒂先生笑著對吉副外長說，閣下英語講得很好，建議用英語同國王陛下直接交談。國王很高興，遂用英語講起來。他說，約中關係很好，他曾三次訪華，給他留下了深刻印象，因此，他視吉不僅僅是中國副外長，而且還是江澤民主席的特使和約旦人民的朋友。吉副外長即轉達江澤民主席對國王的親切問候

一九九九年六月五日，劉寶萊大使（左3）陪同吉佩定副外長（右3）會見約旦首相拉瓦比德先生。

一九九九年六月五日，劉寶萊大使（前排左2）陪同吉佩定副外長（前排左3）向侯賽因國王陵墓敬獻花圈並致哀。

和良好祝願及正式邀請，希望他在雙方方便的時候訪華，並向國王轉交了江澤民主席致國王的親筆信。國王很有禮貌地打開信，看了一遍，然後交給了卡巴裡蒂。他對江主席的邀請表示感謝，當即愉快地接受了邀請，並初定年底成行。

會見結束時，吉副外長贈送國王一幅肖像畫。國王凝視再三，讚嘆地說，畫得很傳神。由於還有幾個外國代表團等著接見，我們便同國王匆匆告別。國王握著我的手，十分高興地說，今年，他一定去中國，具體時間要我同卡巴裡蒂先生直接聯繫。同時，他再三感謝我國政府的援助。

吉副外長還會見了約旦首相、副首相兼計畫大臣和外交大臣，並同副首相兼計畫大臣簽署了中國政府向約旦政府提供三千萬元人民幣長期無息貸款和五百萬元人民幣贈款的兩個協議。

當晚，約旦國家電視台詳細報導了國王會見吉副外長的消息，並全文播發了江澤民主席致國王的

親筆信。次日，約各大報刊均發表了這封信，還刊登了國王、首相、副首相兼計畫大臣和外交大臣分別會見吉副外長的照片。

新君登基

一九九九年一月二十四日，侯賽因國王突然決定免去哈桑親王的王儲之位，立其長子阿卜杜拉親王為王儲，此決定「石破天驚」，震動了約旦朝野。這一突如其來的決定改變了阿卜杜拉親王的命運，以致於他本人也未曾想到。據說，他被任命的前一天才得知此事。

阿卜杜拉親王生於一九六二年一月三十日。他出生不久便被冊封為王儲，一九六五年又被哈桑親王取代。對於這次侯賽因國王的決定，阿卜杜拉親王未預料到是可以理解的。阿卜杜拉曾一再表示願做一名軍人，不願從政。結果，福從天降，未想到的事情發生了。

同年二月七日，侯賽因國王逝世。當日下午，約旦議會召開緊急會議，阿卜杜拉正式宣誓繼承王位，成為約旦哈希姆王國第四代國王。由於其曾祖父阿卜杜拉為第一代國王，故他改稱阿卜杜拉二世國王。接著，阿卜杜拉二世主持召開王室會議後，鄭重宣布立其同父異母的年滿十八歲的胞弟哈姆扎親王為新王儲。當晚，新國王阿卜杜拉向全國發表電視講話，強調他將遵循父王遺志，努力建設一個

強大的約旦。

　　阿卜杜拉二世在兩週之內由親王升為王儲，又由王儲榮升為國王，客觀地講，算是受命於國家危難之際，壓力很大，日夜不安，既要防明槍，又要躲暗箭。

　　首先，他面臨的最大難題是，約旦經濟困難，失業率居高不下，貧困弱勢群體大增，加之飲水短缺，底層生活更是雪上加霜，怨聲四起，社會騷動，飢民鬧事。約旦因受一九九七年東南亞金融危機和政府舉措的一些失誤的負面影響，一九九八年GDP 僅增長 0.8%，失業率猛增至 27%。從約旦的國情來說，有「四無」，即一無豐富的自然資源，僅有鉀肥和磷酸鹽；二無良好的投資環境，人口少，市場小，周圍強鄰環伺，時有動亂；三無先進科技；四無門類齊全的工業體系。因此，解決經濟困難，談何容易。

　　其次，上年約旦降雨量稀少，又未下雪，面臨嚴重缺水。約旦全國每年需水量約五點三八億立方米，其中飲用水二點八三億立方米，灌溉及其他方面用水二點五五億立方米。按約以協議規定，每年以色列向約旦供應飲用水三千萬立方米。當時，以方以乾旱少雨和太巴列湖水位大幅下降為由，表示要減少對約供水份額。約方對此反應強烈，斷然拒絕同以方商談此事。

　　另外，阿卜杜拉二世系行伍出身，自幼學習軍事，尚無從政經驗，即使刻苦學習，「臨時抱佛

腳」，也難以立竿見影。加之約旦政府公文均以阿拉伯文為準，他阿語水平有限，讀起來吃力，真有點「苦不堪言」。

當然，約旦朝野不少人士也懷疑他的執政能力，大都持觀望態度，以致出現機關管理混亂，官員們出工不出力的現象。

上述情況，對當時阿拉伯世界這位最年輕的國王來說，既是機遇，更是挑戰。如處置得當，則一帆風順，一通百通，否則將難以穩住陣腳。

執政伊始，阿卜杜拉二世國王燒了「四把火」，使世人刮目相看。第一把火是重整朝綱，穩定王室內部，確立新君主導地位。根據已故國王侯賽因的遺訓，即刻任命其同父異母的弟弟哈姆扎親王為王儲。同時，他任命其夫人拉尼婭公主（祖籍巴勒斯坦）為王后，以密切同約籍巴人的關係。對

前王儲哈桑親王，他做了些安撫工作，肯定其作出的貢獻，盡量化解矛盾。一遇大事，他先同哈桑商量，以體現王室內部團結，一致對外。同時，對諸位親王、公主均作了安排，以發揮他們的作用，形成以他為主導的領導核心。

第二把火是穩定政局，大刀闊斧地進行上層人事變動。一是改組內閣，換上了大批新人；二是調整軍、警、特上層領導班子；三是實施全國大赦；四是主動同反對派頭面人物對話，共商國是。

第三把火是關心民間疾苦，大搞救濟，「開倉放糧」，穩定人心。積極鼓勵民營企業發展，開源節流，大張旗鼓地打擊貪官污吏，懲治腐敗，給廣大人民帶來希望。當時，國王經常微服私訪，解決民間熱點問題，一時被人們傳為佳話。

第四把火是發動外交攻勢，積極開展全方位外交。約旦全國致哀日剛過，國王便訪問埃及、利比亞及阿拉伯海灣國家，力爭向利比亞、阿聯酋和沙

特輸出五萬勞務人員，以緩解國內就業壓力。據說，三國均作出了積極回應。同時，國王訪問了敘利亞，同敘商談向約提供飲用水事宜。敘方即同意通過靠近約方的德拉市水庫向約供水，該水庫蓄水量為八百五十萬立方米。以方聞訊，也同意按協議規定向約方供水。約旦媒體為此廣為宣傳，起到了穩定人心的作用。

當然，國王仍將出訪重點放在美、英等西方國家，積極尋求軍事經濟援助，以解燃眉之急。通過上述努力，取得了一些成效，比如失業率有所下降，據報刊報導，已降至百分之十。人心惶惶的局面有了改觀，政局趨於相對穩定，經濟有了回升。二〇〇〇年，約旦 GDP 約為八十三點三七億美元，比一九九九年增長百分之四，通貨膨脹率百分之一點一，外匯儲備二十七點六三億美元。

此外，國王分別於一九九九年十二月和二〇〇二年二月兩次訪華，推動了兩國關係的全面發展。為此，我特賦詩一首：

新王受命危難中，積重如山難理清。

市井蕭條飲水缺，舉國民眾盼穩定。

興利除弊樹新風，勤政務實重菁英。

緩解熱點合民意，月照前川看中興。

我和中國：我創造的不是錢財，而是歷史！

馬爾旺・蘇達哈

（阿拉伯作家和記者中國之友國際協會創始人

兼主席，約旦

中國和俄羅斯問題專家）

　　恰逢約旦哈希姆王國與中華人民共和國建交四十週年之際，在提筆寫下這篇文章，講述我與中國的友好故事，訴說我的家人、親戚對中國的眷戀之前，我想先講講我與中國、中國有關機構的歷史情緣，重新翻開塵封在內心深處的記憶。幾十年來交往的中國朋友們是我的心靈知己，我答應他們，「哪怕」只為中國和阿拉伯讀者寫上區區幾千字。於是，我開始使勁「擠壓」我的記憶，讓表達傾瀉而來，展現我與中國歷久彌新的關係，特別是如何創立一個履行職責、實現戰略目標的協會。我要用這篇文章向中國領導人和人民證實，在約旦與中國正式建交前，偉大的中國就因為它的豐富、偉大、文化、文明、友好而在約旦深入人心了。

　　我與中國的淵源很長、很有趣，需要專門寫一本書來收錄其中的點滴。故事在兩國正式建交前就

在慶祝中約兩國建交
四十週年之際，中國
駐約旦大使潘偉芳會
見馬爾旺·蘇達哈並
接受其採訪。

開始了。一九七七年四月七日，中國駐約旦大使館
在安曼開館，成為兩國和兩國人民創造的歷史性跨
越。這對我而言更是意義非凡。我與中國的交往擴
展到了黨派、外交和政府層面，這讓我切身體會到
中國在我的祖國約旦設立大使館的好處。官方的認
可為我邁向中國開闢了大道、鞏固了關係，我能夠
借此實現我一半以上的宏偉目標，與中國在各個層
面建立合作。我高興地看到，對於共產黨執政和建
設中國，即便某些官方和社會機構有過批評質疑，
然而事實是，共產黨帶領中國在各領域不斷取得成
功。

　　我個人與中國的關係取得的最大成功，充分體
現在我創立了一個國際機構，匯聚了阿拉伯與伊斯
蘭國家以及中國國內的友好人士。這一機構就是阿
拉伯作家和記者中國之友國際協會，通過它，我們
阿拉伯與中國一同努力穩固兩國關係的根基，由衷

期待它成長為一個提升約中、阿中乃至伊斯蘭國家與中國關係的真正槓桿和可靠平台。

有必要強調的是，對於那些企圖挑撥中國及有關國家與約旦、阿拉伯人、穆斯林和基督教徒關係的行為，國際協會的建立是一種切實的有力反擊。企圖排擠中國的野心在一些衝動的遊行中表現得淋漓盡致，某些國際勢力煽動遊行，打著別有用心的歪曲口號，發動反華新聞攻勢。阿拉伯某些人士不遺餘力把破壞、醜化民眾眼中的中國形象作為首要的任務，尤其是企圖妨礙中國進步和「一帶一路」倡議在亞洲、第三世界國家、發展中國家的實施。近年來，我們發現阿拉伯國家的恐怖主義組織數量不斷增加，極端的思想、宗教、政治蔓延，它們得到某些可疑的國際金主的資助，狂熱地製造消極影響，竭力阻礙我們與中國的戰略關係。但我們將一如既往地心向中國，跟那些支持中國、與中國合作的力量站在一起。

我非常高興能發表這篇文章，供阿拉伯世界和中國的讀者閱讀，尤其包括我當年的同學，如工程師法魯克・艾尤布・扈利兄弟，著名學者艾伯特・西蒙尼安兄弟。他們見證了我的政治道路和與中國的交往歷程，每天都跟我保持聯絡。我能專心工作並取得這樣的成就，要歸功於我親愛的朋友們：中國前駐約旦大使劉寶萊、中國駐約旦大使館現任政務參贊張海濤（邁哈迪）及其他工作人員。感謝劉大使和張參贊力薦我來撰寫這篇文章，將其載入約

旦和中國共同的史冊。

　　我個人認為，劉寶萊大使的倡議和中國駐約旦大使館對撰稿工作的高度重視，反映了這項任務的重大意義。無疑，這項文化活動具有前所未有的重要性，它通過一本夯實兩國和兩國人民關係的新書，來讓子孫後代了解兩國共同的歷史。這一項目任重而道遠，有著非凡的重要性。它的應運而生，體現了參與者們的睿智、他們對於約旦和中國發展的密切關注以及他們長遠的政治、歷史和文化眼光。

　　作為一名愛國、進步、信仰社會主義的約旦公民，我堅信，在國外發表的這篇文章和這本書收錄的其他文章，將讓阿拉伯與中國社會看到，從政治、文化、新聞的角度來說，這本身就都是一次非凡的成功，必定加快我們與中國關係的深化。當今世界，條條大路通北京，就像古代的羅馬一樣。此外，對於兩國政府和人民關係的鞏固和加強，個人

馬爾旺・蘇達哈夫婦和國際協會成員、作家穆罕默德・哈桑・特維米謝赫（左 2）父子參加中國駐約旦大使館舉辦的紀念中約建交 40 週年招待會期間，與政務參贊張海濤（右 3）等使館工作人員合影。照片前景是由 CRI 阿拉伯語頻道出版的《友誼港》雜誌。

的政治和社會影響的重要性日漸凸顯；更多的人了解到，美國在阿拉伯世界特別是在亞洲的阿拉伯國家有著政治軍事的負面影響，中國和很多阿拉伯國家共存於亞洲大陸，它們都遭受著美國的敵視，現在已升級形成壓迫。

如今，中華人民共和國已經成為經濟、貿易和科技大國，它保持自身在經濟、發明創造及各種能力領域的領先地位，憑藉城鎮化和燦爛的文明成功吸引了各國人民的支持。其互利共贏、各民族無論大小一律平等的政策得到世界範圍內的廣泛支持，充分體現了與西方政治經濟發展完全不同的方向——西方政治總是試圖強加於各國人民、控制他們，形成長期制約束縛他們的國際基地，使得他們遠離將精神置於首位、物質置於其次的中國理想模式。

約中關係：史料的匱乏

在準備撰寫這篇長文之前，我已開始動筆寫一部手稿，它基於差不多半個世紀的現實、職業、社會活動、政治、歷史的記憶和經驗積澱。由於年事已高，經歷過一些痛心事件，回憶往事讓我感到吃力、困難重重。不過，我還是回憶起來了。我的心仍在跳動，因為自己與中華人民共和國及其執政黨長久的個人、政治和媒體關係對我來說才是最重要的，它給了我力量去完成重大的任務。

雖然我沒有找到約中兩國關係溯源的任何參考資料和文獻，也沒得到客觀透徹的答案來解釋一九七七年約旦哈希姆王國與中華人民共和國建立外交關係的直接原因，但是我得出了有關這一領域重要的推論和觀點。

　　在約旦，找到有關與中國的關係特別是政治關係的參考資料十分困難。最重要的原因，可能是約旦的政治方針與中國完全不一樣。過去，約旦與美國有著堅實的政治聯盟，約旦所有領域的方向、決議都與美國的方針政策一致，不管是地區、阿拉伯事務還是全球事務。

　　自二〇一一年以來敘利亞發生的一系列令人痛心的事件和中國與敘利亞及其他遭受外來恐怖主義蹂躪的阿拉伯國家的關係推動了約旦的變化，特別是約旦堅定了中國打擊國際恐怖主義的決心，使其堅決站在敘利亞等友邦一邊。約旦人民和阿拉伯各國人民認為，中國在思想和政治上保持堅定立場對於維護約旦以及全體阿拉伯人的利益十分重要。安曼和北京在政治以外各領域的關係也取得了飛速發展。二〇一三年雙方達成在約旦合建中約大學的協議是史無前例的，對於阿拉伯、伊斯蘭國家來說均屬首次。目前，雙方正在進行高層面的建設事項安排。

　　值得一提的是，建立中約大學的倡議是由國王陛下親自提出的。圍繞這一倡議，阿卜杜拉二世國王在和習近平主席會晤時達成了協議。

同樣值得注意的是，中國邁出與約旦關係舉足輕重的另外一步，是決定在約旦建立中國文化中心。阿拉伯地區觀察員認為，這是「關鍵性的、質變的」一步，至關重要，史無前例，對於進一步推動兩國友誼將產生重大作用。

設立中約大學和中國文化中心，有助於中國吸引約旦不同階層的人們，特別是富人和中產階級，以及信任中國、強烈希望了解中國的人士，通過貿易、投資、文化、教育和學術活動幫助約旦擺脫困難。

約中交往的歷史點滴

與中華人民共和國相比，約旦哈希姆王國是一個面積小、人口少的國家，但如今，它已與中國建立了非常良好的關係。在政治觀察家和媒體評論家看來，約旦官方的立場為發展與中國的民間關係提供了便利，約旦民間有著日益明顯的傾向中國的勢頭。中國城鎮持續平衡穩健的發展、不斷拓展的廣闊前景、向新領域的躍進探索，證明了尊重主權、獨立，大小國家一律平等，以及以人為本、加強文化交流等政策的英明和成功。這正是中國對約旦和其他國家採取的政策。

我認為本文的意義在於，我於約中建立外交關係前十年起就開始關注中國，並長期保持與中國黨政各界的交往。中國的發展空間十分廣闊，兩國不

斷發展的關係前景也是如此。一九七七年以前，約旦國內曾有過與中國的些許敵對（僅為個別現象），尤其涉及政治黨派、民族問題、馬克思列寧主義，更不用說各種形式的伊斯蘭主義了。這些力量對中國在約旦的形象產生了負面影響，它們以歪曲的政治邏輯和深層意識形態編造了很多關於中國的謊言。

當時，由於一些政治原因，我個人遭到逮捕、監禁，甚至遭受酷刑。一九七七年，即約中建交那年夏天，我被逮捕並短暫關押在拘留所裡。在安曼「拉格雅」山區（彩虹街）警察局，局長本人動手狠狠地鞭打我，指控我信仰違禁的共產主義思想。後來，在約旦共產黨前成員、德高望重的法里德・戈蘇斯博士介入，與約旦安全部門舉行多輪會談後，我才被以「政治交易」的名義釋放出來，條件是我的言論或寫作都不得涉及約旦國內事務，不得加入任何破壞性組織。所謂「破壞性組織」，指的便是共產黨和社會主義團體，以及任何在約旦不被法律承認的黨派或團體。

然而，監禁、拷打、禁止參與政治組織或信仰相應的思想並沒能阻止我實現我曾信仰並捍衛的願望和思想，甚至在接受安全調查期間。儘管他們阻止我作為記者繼續從事媒體工作，阻止我進入工作場所，工會也沒有捍衛我正當的工作權利，但是後來，再也沒人能阻止我繼續從事國內外政治文化活動。

當時的約旦當局、傳統的政治勢力、親西方人物都十分害怕共產主義和各種社會主義黨派，因為這些黨派與外國民族勢力、基督教勢力、列寧主義勢力有瓜葛。當時的共產黨人按照蘇聯為中心的政策，根據莫斯科的指示行事。自從蘇聯領導人約瑟夫·斯大林逝世後，莫斯科就與北京、與中國共產黨徹底敵對了。眾所周知，斯大林為支持中國共產黨領導人民解放中國、擺脫外國占領和在中國建設社會主義，特別是擺脫妄圖永遠奴役中國人民的日本軍國主義作出了卓有成效的貢獻。在蘇中兩國的努力和軍事抵抗下，最終挫敗了日本著名的旨在通過大馬士革、傑里科和開羅占領西亞，與納粹德國會師中東進而共同主宰世界的「田中計畫」，拯救了亞洲，拯救了約旦。然而，絕大多數約旦人並不知道那件事，也不了解第二次世界大戰背後的祕密，更不清楚其對阿拉伯世界和約旦的影響。

二〇一〇年四月十九日，中國前駐約旦大使劉寶萊在約旦出席皇家宗教研究院會議期間，與馬爾旺·蘇達哈會面。

一九七七年前，約旦在每個領域都經歷了蘇聯思想影響，如意識形態、政治術語與方針、思維方式、巴勒斯坦政治軍事鬥爭策略等。於是，巴勒斯坦和中國建立了軍事聯繫，一些活躍在約旦的巴勒斯坦組織用中國製造的武器武裝自己，在中國培訓自己的一些人才，從政治和思想上作準備。我就是在安曼軍事訓練營裡接受過中國武器訓練的約旦人之一。提到中國武器，我們會說「它適合我們」，比蘇聯武器更早應用在巴勒斯坦抵抗運動的鬥爭中，毛澤東政治、組織、軍事思想也隨之一起逐步、間接、有限地傳播開來。隨後幾年，毛澤東思想在約旦傳播的範圍不斷擴大，但又很快消失、湮滅了。

　　自上世紀九〇年代以來，約旦與中國的關係不斷發展，特別是在官方的政治、文化、教育領域和民間層面，但兩國關係仍然低於雙方的期望值。

　　在民間層面，約中關係尚未達到我個人希望的那樣，因為雖然約旦國內大多數黨派、政治社會文化組織——它們的數量多達幾千個——被委以發展約旦人民與國際朋友的友誼的重任，但它們無法制定現實可行的計畫，通過真正的友誼和平等原則實現利益、保障平等的權利。它們中的絕大多數認為與中國的關係就是單方面、也就是自己這方面獲取利益，而不去探索在合作中能給中國帶來什麼利益。這些機構與西方的關係就是一種實現單方利益的關係，所以它們認為類似關係對中國也是可行

的。這就是我未能說服很多約旦人的一點，他們只喜歡「一味索取卻不給予」。

於是，我們可以觀察到，有了境外非政府組織的資助，這些團體在約旦實現了極大繁榮，因為約旦是一個很大程度上依賴外國援助和服務業的國家。這些社會組織有了西方的直接資金支持而得以發展，而這種支持通常來自美國——它進行了大面積資助。

在此有必要指出，這種資助很久以前就開始了。對約旦共產黨領導層的資助也由來已久，已故的約共前總書記雅各布·齊耶丁博士也發現了這一現象，他曾就此向每個想要知曉黨內祕密的人發送黨內文件。齊耶丁在聲明中提到了與西方有牽連的約旦共產黨人士。這一現象揭示了美國對共產黨的戰略性腐蝕，這是有預謀、有組織的政治行徑，在導致中國思想退出約旦的問題上產生了重要影響。

通過羅列雅各布·齊耶丁博士聲明的部分段落，我可以確定他的觀點。他曾向卡塔爾報紙《旗幟》透露，聲明的部分章節講述了約旦共產黨人與中國共產黨人的關係。

齊耶丁去世前說過：我們黨與中國共產黨沒有關係，儘管他們曾邀請我個人去訪華，我在那裡逗留了一個星期。即便如此，我們在觀念上未達成一致。

關於訪華，他提到了自己遇到的一件事：我向那邊的黨組織負責人提出為我們的學生去他們的大

學學習提供獎學金，但他們拒絕了，解釋是：我們還有七千萬人忍饑挨餓，我們得先給他們吃飽飯，再考慮別人。我同意他們的這一說法。

齊耶丁博士繼續談他的中國之行：中國人對我很慷慨、很尊敬，當時是一九九一年，最初，他們讓我住在一所單獨的房子裡，第二天帶我去上海，讓我住在毛澤東住過的地方。我們一起吃午餐時，他們告訴我：我當時坐的椅子是英國女王坐過的。在首都北京，我與一位中共中央政治局委員就中國形勢討論了兩個小時。後來得知，他由於腐敗而被檢舉、開除黨籍。我想說，如果蘇聯人能夠自省，進行批評和自我批評、自我監督，也不至於淪落到後來的地步。

儘管政治方面有些混亂，但是我們可以看到，約旦與中國的關係在經濟、金融、投資和貿易方面都取得了進步，這是由中國與約旦國際合作的原則主導的。我很期望約旦官方能認真考慮目前這樣的狀態，即約旦與美國結成穩固的政治戰略盟友，同時與中國結為經濟戰略夥伴。我們看到，約旦市場上的中國產品琳瑯滿目。此外，大量約旦學生完成高中學業後希望進入中國大學深造。中國外交官在一些聲明中提到，目前在中國高等教育機構學習的約旦學生已經超過一百名。

初始：在邁向中國的正道上！

　　我邁向中國的歷史性徵程上的「第一個千里」，至少可以追溯到中國駐約旦大使館開館前八年。我記得這條路並不平坦，並不像在我關注中國之初認為的那麼簡單。因為中國距離約旦非常遠，遠到我不能輕易地到達那裡。要不是我喜愛的 CRI（中國國際廣播電台）的電波每天便捷地到達我在安曼的臥室，我幾乎覺得它好像在另一個星球。

　　上世紀六〇年代，我們還沒有電視機，收音機是與世界相聯繫的唯一紐帶。那時我就夢想著去北京，不過夢想是一回事，現實又是另外一回事。那時，我是安曼市米思達爾區國家宗法學院的一名學生，而一個青少年到中國去的路「並不是暢通無阻的」，困難包括政治、經費和經驗等各方面。但是，我已故的父親穆薩·薩利姆·穆薩·蘇達哈當時不斷地鼓勵我，讓我向 CRI 阿拉伯語欄目投稿，並與之交往。那時，他很肯定我即將實現我的夢想，不斷幫助我去完滿地實現它。願真主垂憐於他，無論何時我都十分感謝父親。

　　另一方面，約旦共產黨的創始人兼總書記、從我們家租住了一套房的福阿德·拿薩爾對我產生了重要影響。拿薩爾是我的政治和個人行為的榜樣，他卓爾不群、冷靜穩重、見多識廣、與前社會主義陣營關係密切。我很驕傲自己認識了他，他也非常珍視跟我的友誼，儘管當時我年紀輕輕。他讓我渴

望能在文化傾向和與包括中國在內的社會主義國家交往的活動上效仿他，我熱血沸騰地努力了解有關的一切，了解偉大的中國。我迷戀、熱愛以中華人民共和國和蘇維埃社會主義共和國聯盟為首的社會主義國家，決定前往我嚮往的其中一個國家上大學，以便直接擁護它、毫無爭議地支持它。

我的父親是北京和莫斯科共同的「天然」朋友，他熱愛「有人文主義的」社會主義，立志為人類、為全天下所有人而奮鬥。因此，我父親與拿薩爾建立了牢固的友誼。我傳承著這一友誼，從家人那裡聽到有關拿薩爾的故事，至今還記得，且永遠也不會忘記。

一九七〇年九月的不幸事件後，福阿德‧拿薩爾離開了約旦。此後不久，我出於個人意願並先於同期大多數人的政治覺悟，突然「發現」了約旦—蘇聯友好協會，它位於安曼的歐斯福爾大街。我很自豪，能在一九七〇年很快發現了還在建設中的蘇聯文化中心。此後，我經常去那兒，跟管理層和許多工作人員結下了友誼。其中有我的朋友尼達勒‧麥迪葉先生，當時他是中心副主任，在文化中心落成開放之前很多年前，他就在蘇聯駐安曼的領事館工作。中心把我作為先行者接待，直到上世紀九〇年代初因戈爾巴喬夫改革時期清算資產而關閉，我都眷唸著它。

我與約蘇友協、蘇聯文化中心的關係是日常的，簡單而深厚，後來又延伸出文化、政治關係，

在我成為共產黨員之後又有了組織關係。我家就位
於這些機構中間，這個地段一直以來都是約旦首都
的重要區域，遍布阿拉伯、伊斯蘭和其他各國大使
館及其文化機構，約旦各大部委、議會和名校也在
這裡。我每天可以步行到這兩個機構，能有大把時
間受益於文化中心和友協的圖書館、活動廳，參加
在走廊舉行的各種吸引人的有趣活動，大多數是文
化政治活動。

　　當時，我為經常去文化中心和友協感到自豪和
驕傲，儘管我尚且是一名年輕的學生，但已經開始
用邏輯和政治方式思考問題，從政治和哲學角度解
釋不同的現象，閱讀馬克思列寧著作，瀏覽大哲學
家如恩格斯、黑格爾、康德的作品，還閱讀阿拉伯
和穆斯林哲學家的著作，購買莫斯科、大馬士革、
開羅和巴格達出版的書籍。然而，這些蘇聯機構與
中國沒有關係，確切地說，當時的莫斯科和北京正
處於嚴重交惡和對抗之中。

　　對於歷史、真相、個人經歷，我認為有必要複
述一下我與中國的關係，就像二〇一六年秋在北京
接受中國中央電視台（CCTV）訪談時講述過的那
樣。當時中國方面為我安排了電視訪談，製作成紀
錄片，在中國共產黨建黨九十五週年、我與中華人
民共和國交往五十週年之際，由中央電視台以中文
播出。

　　我有必要在此說明，我並不熱衷於研讀論述莫
斯科與北京之間分歧和衝突的蘇聯書籍，這對我來

說是「討厭的問題」。我從不在意，也不研究著名的改革開放前中國國內遇到的曲折，我想繼續做一名中國的「天然支持者」，拋開思想、政治和黨派分歧。完全出於對中國的熱愛，我收集了當時關於她的一切，在蘇聯文化中心圖書館和約蘇友協圖書館貪婪地閱讀各種畫冊、多個語種出版的有關書籍，因為我一直擁有與中國戰略結盟的目標。中國對我來說是一個偉大的國家，它的文明深深地扎根在大地與歷史中。我希望它一直保持這樣，希望中國和俄羅斯共同創造更好的未來，結盟實現兩國決定性的戰略任務，為全人類鋪設高尚的國際道路，實現政治、社會和階級解放。我的夢想與願望正在實現，這一天終於來臨了，我們終於在中國、俄羅斯和全世界的土地上看到、感受到了成功，我為此感到驕傲！

為了證明我在約旦、在蘇聯讀大學期間便萌生了希望莫斯科和北京結盟這一想法，我想講一個終生難忘的故事：在校學習期間，我堅持給各個社會主義國家電台阿拉伯語欄目寫信（包括南斯拉夫、羅馬尼亞、阿爾巴尼亞、古巴、民主德國等），那是上世紀六〇到八〇年代及以後的事情。八〇年代在列寧格勒國立大學新聞系學習時，有一天我通過蘇聯郵政向阿爾巴尼亞地拉那電台阿拉伯語欄目寄一封掛號信時，支付了超出正常情況的郵費——當時向社會主義國家寄信便宜，往資本主義國家寄信則相反。一番討論之後，蘇聯郵局的女工作人員仍

不相信我擺在她面前的關於阿爾巴尼亞的事實，堅持說它是一個純粹的資本主義國家！我當時很詫異，也十分生氣，因為這個工作人員的政治覺悟有限且膚淺，她還讓我花費了比額定費用更多的盧布（這幾個盧布對於俄羅斯和外國學生、公民來說足夠買一斤黑大餅了）。我只得馬上寄了一封掛號信給蘇共中央總書記列昂尼德·勃列日涅夫，向他解釋我與這個工作人員之間發生的事，並批評她文化和政治水平有限，特別是關於阿爾巴尼亞的認識。阿爾巴尼亞是當時中國的社會主義友好國家，執政的是阿爾巴尼亞勞動黨第一書記恩維爾·霍查（1908-1985）。在信中，我批評了這位蘇聯工作人員對政治的無知，要求勃列日涅夫總書記加強蘇聯公民的政治和文化教育。

短短幾天後，蘇聯共產黨中央委員會給我寄來了一個書面回覆，還在有些詞語上畫了重點標識，肯定了我正確的政治態度，表示黨已經批評了那位郵局工作人員。那位工作人員也跟我聯繫表示了道歉，要求我儘快去郵局在收款單上簽字，領回我提到的六盧布——向資本主義國家和社會主義國家寄信的差額。我拒絕去郵局，因為去那裡花的路費比領回來的六盧布還多，但工作人員擔心黨組織採取處罰行動，堅持要我去，以免影響她的工作。我答應了她的請求，到郵局簽字領回了那筆錢，還不忘提醒她注意我的正確政治立場和她的錯誤態度，要求她在政治方面多加學習。

在記錄與中國交往的個人歷史時，有必要指出，我首先是通過蘇聯文化中心和約蘇友協圖書館了解中國和其他國家，還有尊敬的 CRI 阿拉伯語欄目也幫助我增加了對中國的了解。我通過平郵給電台寫信，電台隨後在節目中播發了我的信件、回答我提出的問題，讓我感到無比激動。與中國電台的交流互動讓我肯定，它尊重我、向我表示友好。我意識到「中國人跟我一樣」，尊重每一個人，無論他的年齡、社會地位和文化水平如何。這促使我更加尊重和熱愛中國，繼續給電台寫信，並在約旦介紹中國。中國對於我——作為少年、學生和普通人的我——來說，是學習的榜樣和指路的星星，我努力把中國介紹給我的同輩、熟人和親朋好友，無論長幼。

雖然令人很痛心，但我不得不指出，在一九七七年四月七日之前，沒有一個約旦人系統地、有意識地發展與中國的交往、友誼和盟友關係，更沒有任何團體、部門、機構、組織把中國視為約旦和阿拉伯民族的戰略盟友。同時，約旦沒有接近中國的真正傾向，也未曾意識到中國對於約旦人民的重要性。從民間到官方，中國在約旦處於「被封鎖」狀態，整個國家僅有我個人領導的一家機構——中國電台朋友俱樂部，作為為國外通訊愛好者了解中國文化和媒體而設立的組織。此外，我還領導著其他電台之友俱樂部，如莫斯科、塔什干、巴庫、埃里溫、華沙、貝爾格萊德和布拉格電台等。捷克斯洛

伐克電台阿拉伯語欄目為我提供了免費遊覽布拉格的機會，我代表約旦出席各種友好的政治聯誼文化活動。如「世界和平理事會」建立三十週年大會（印度人羅密西·錢德拉主持）一九七九年在布拉格舉辦，我很好地代表了約旦，因為除了我沒有其他約旦人參加這些會議。主辦方為我乘坐的豪華總統座駕插上約旦國旗，駛過了四分之一個捷克斯洛伐克，我當時才二十一歲！

　　上世紀六七十年代的約旦政治人物夜以繼日地尋求與莫斯科結盟，為了保衛約旦和其他馬什裡克阿拉伯國家（指阿拉伯地區東部，相對於馬格里布即西部地區而言）免受猶太復國主義、西方的殖民和占領。此外，蘇聯為約旦人提供了教育、文化、旅遊等諸多便利，幫助進行國家人才建設；而中國在約旦卻不見蹤影，沒有一個約旦學生去中國學府深造，也未曾組織過任何旅遊或文化代表團訪問對方。我當時通過 CRI 阿拉伯語節目，還用從父親那兒得到的零花錢購買《中國畫報》和《今日中國》雜誌來了解中國的新聞報導。而今，《今日中國》雜誌每月在埃及定期發行。這些是我面對約中兩國官方和民間場合發表講話時曾指出的。前不久，受中國駐約大使館盛情邀請，我出席了二〇一七年五月八日由中國駐約大使館和《觀點報》研究中心在安曼君悅酒店舉辦的約中建交四十週年招待會。

　　這篇文章僅僅是一個漫長故事的部分節選，是用友愛寫就的故事，講述了我自童年開始一直持續

在葉麗娜·利祖納尼庫·穆馬尼博士（左4，國際協會成員）與阿拉伯作家和記者中國之友國際協會主席馬爾旺·蘇達哈的努力下，阿文版《今日中國》雜誌分發到約旦大學俄語系學生手中。

數十年的精神眷念。這種聯繫本來只是一種愛好，後來演變成一種恪守，到最後轉化為一個實體機構——以一個人的意志創建的機構，接著靠幾個人的意志將其完善：以親愛的兄弟暨同志穆罕默德·利亞教授（黎巴嫩）為首，在阿拉伯世界遼闊的土地上，他們深知中國的重要性、它在世界上正在發揮和即將發揮的作用，他們承諾自己將作為永遠向前的阿中務實關係建設的橋樑。

一九九五至一九九九年，我曾任中國駐約旦大使。在任期間，我同約旦兩代君王──侯賽因國王和阿卜杜拉二世國王均建立了良好關係，並與王室主要成員、政要和各界人士往來密切；我踏遍了約旦的山山水水，走訪了許多城鎮，參觀了名勝古蹟，並瀏覽了綺麗的風光，留下深刻的印象，至今仍不時在腦際浮現。我不會忘記在安曼度過的日日夜夜；我更不會忘記那些真誠友好的朋友、扣人心弦的故事和軼事趣聞。

提起約旦，即約旦哈希姆王國（The Hashemite Kingdom of Jordan），國人並不陌生。它位於亞洲西部、阿拉伯半島的西北，西鄰巴勒斯坦、以色列，北靠敘利亞，東北與伊拉克交界，東南和南部與沙特阿拉伯相連；西南角瀕臨紅海的亞喀巴灣，海岸線長四十公里，亞喀巴港是約旦唯一出海口。約旦處於「一帶一路」西端，戰略地位重要。擁有八點九萬平方公里國土的約旦，自然生態惡劣，東部和東南部為沙漠，約占全國面積的百分之七十八；人口九百五十萬（含巴勒斯坦、敘利亞、伊拉克難民），百分之九十八為阿拉伯人。國教是伊斯蘭教。首都安曼，人口二百五十三萬。官方語言阿拉伯語，通用英語。約旦哈希姆王國實行世襲君主立憲制，國王是國家元首、三軍統帥。政府機構實施行政、立法和司法三權分立原則。議會設參、眾兩院，實行多黨制。二〇一一年西亞北非地區局勢發生動盪後，曾一度波及約旦。面對複雜形勢，阿卜杜拉二世·本·侯賽因國王採取果斷措施，更換內閣，懲治腐敗，修改部分法律，擴大民主，改善民生，提前舉行議會選舉，收到了良好效果，平息了騷亂。目前，約旦政局相對穩定，被譽為中東的「安全島」。作為發展中國家的約旦，經濟基礎薄弱，工農業落後，自然資源匱乏，主要依賴進口。國民

經濟主要支柱為僑匯、旅遊、外貿和外援。二〇〇九年以來，受國際金融危機和地區動盪局勢的影響，約旦經濟增長乏力。然而，約政府進行了經濟改革，出台了有關優惠政策，取得了較好成效。二〇一五年，國內生產總值（GDP）為三百七十億美元，人均 GDP 約三千九百美元，經濟增長率百分之二點五。

一九七七年四月七日，中約建立外交關係。今年正值兩國建交四十週年，為此，中國國家主席習近平和約旦國王阿卜杜拉二世互致賀電。習主席在賀電中表示，四十年來，兩國關係持續發展，政治互信不斷增強，高層交往頻繁。雙方在地區和國際事務中保持良好溝通，在經貿、文化、教育等領域交流合作取得豐碩成果。阿卜杜拉二世國王在賀電中表示，約中建交以來，雙邊關係日益緊密，成果豐碩。

在兩國建交四十週年之際，五洲傳播出版社與外交部老幹部筆會合作編輯出版《中國和約旦的故事》一書，其主要目的有三：一是紀念中約建交四十週年，較系統地記載兩國關係發展里程和展望光輝的未來。二是推動中約共建「一帶一路」，使之在約旦落地生根、開花結果。正如阿卜杜拉二世國王在賀電中說的那樣，「約方願在『一帶一路』倡議下，繼續同中方開展合作，更好造福兩國人民」。鑑此，約方願將其二〇二〇年發展戰略規劃同中國的「一帶一路」倡議對接，以加強同中方在基建、交通、新能源、港口、水電等方面的互利合作。三是促進雙邊文化交流，增強兩國人民之間的心靈溝通，從而使兩國人民的共同願望和才智在「一帶一路」上活躍起來，發展起來，融合起來。當前，中約關係發展正處在新的起點上。相信在雙方的共同努力下，在「一帶一路」引領下，兩國關係將會有更大的發展。

本書內容豐富多彩，文筆流暢，通俗易懂，生動活潑，大多都是各位作者親身經歷，其中不乏鮮為人知的故事。它凝聚了二十四位中約老外交官、知名專家學者、友好人士的心血。約旦外交與僑務大臣艾曼·薩法迪先生和中國外長王毅先生分別為該書作序；兩國大使也撰寫了文章。中國外交部西亞北非司、中國駐約旦大使館、約旦駐華大使館、中國五洲傳播出版社等有關方面和吳富貴、劉元培兩位教授均為此作出了不懈努力。在此，我一併表示感謝。

　　「開卷有益」，相信廣大中外讀者會有收穫。

劉寶萊

二〇一七年九月

一帶一路研究叢刊　AA301013

中國和約旦的故事

作　　　者	劉寶萊	
版權策畫	李煥芹	
責任編輯	呂玉姍	
發 行 人	陳滿銘	
總 經 理	梁錦興	
總 編 輯	陳滿銘	
副總編輯	張晏瑞	
編 輯 所	萬卷樓圖書股份有限公司	
排　　版	菩薩蠻數位文化有限公司	
印　　刷	維中科技有限公司	
封面設計	菩薩蠻數位文化有限公司	

出　　版　昌明文化有限公司

桃園市龜山區中原街 32 號

電話 (02)23216565

發　　行　萬卷樓圖書股份有限公司

臺北市羅斯福路二段 41 號 6 樓之 3

電話 (02)23216565

傳真 (02)23218698

電郵 SERVICE@WANJUAN.COM.TW

大陸經銷

廈門外圖臺灣書店有限公司

　　電郵 JKB188@188.COM

ISBN 978-986-496-455-0

2019 年 3 月初版

定價：新臺幣 500 元

如何購買本書：

1. 轉帳購書，請透過以下帳戶

　　合作金庫銀行 古亭分行

　　戶名：萬卷樓圖書股份有限公司

　　帳號：0877717092596

2. 網路購書，請透過萬卷樓網站

　　網址 WWW.WANJUAN.COM.TW

大量購書，請直接聯繫我們，將有專人為您

服務。客服：(02)23216565 分機 610

如有缺頁、破損或裝訂錯誤，請寄回更換

國家圖書館出版品預行編目資料

中國和約旦的故事 / 劉寶萊著. -- 初版. -- 桃
園市：昌明文化出版；臺北市：萬卷樓發
行, 2019.03
　　面；　　公分
ISBN 978-986-496-455-0(平裝)

1.中國外交 2.約旦

574.18356　　　　　　　　　108003195

本著作由五洲傳播出版社授權大龍樹（廈門）文化傳媒有限公司和萬卷樓圖書股份有
限公司（臺灣）共同出版、發行中文繁體字版版權。